戦略としての企業価値

注記

　本書における個別企業についての記載は、すべて公表されている情報のみに基づくものです。それらの記載は、当該企業の経営について何らかの評価を行おうとするものではありません。本書における企業価値の算出などは、あくまで簡易な例示であって、その正確性を保証するものではなく、何らかの投資や売買などを推奨するものでもありません。本書における見解は、すべて著者個人のものであり、著者が所属あるいは関係する企業や機関や学校の見解や意見ではありません。

はじめに

いまこそ求められる思考とスキル

　本書「戦略としての企業価値」では、いわゆる戦略とファイナンスという2つの視点を同時に持つことによって、企業や事業の全体像を理解し企業価値を創造していくために必要になる思考とスキルについて説明していく。すなわち、事業によって企業価値を創造していく「事業家」の思考に加え、お金の流れによって企業や事業を俯瞰して理解する「投資家」の思考を併せ持って実践していくためのヒントを提示していく。

　このように言うと、「事業家というのは、いわゆるスタートアップ企業やファミリー企業を経営している人たちのことだろう」といった疑問があるかもしれない。また、「企業でビジネスを行っているのに、投資家であるべきとはどういうことか」という異論もあるかもしれない。

　それでも、これからの日本企業の経営者は、事業家的な思考と投資家的な思考を併せ持って企業経営を実践していくべきなのである（**図表0-1**「経営者は事業家であり投資家でもある」を参照）。はじめに、その意図するところを説明していくことにしよう。

　なお、この思考とスキルが必要なのは、経営者にとどまらない。志さえあれば、中堅社員、あるいは若手社員まで含む。また、経営企画や経理・財務に限らず、研究、営業、人事など職種を問うものでもない。さらには、大企業であるか、中堅・中小企業であるかといった企業規模や上場しているか否かを問うものでもない。

成長と稼ぐ力を高める戦略によって企業価値を創造する

　企業価値を創造するというとき、いわゆる「戦略」がその基礎になる。企業全体の針路を決める全社戦略であり、それぞれの事業の事業戦略であり、マー

図表0-1 | 経営者は事業家であり投資家でもある

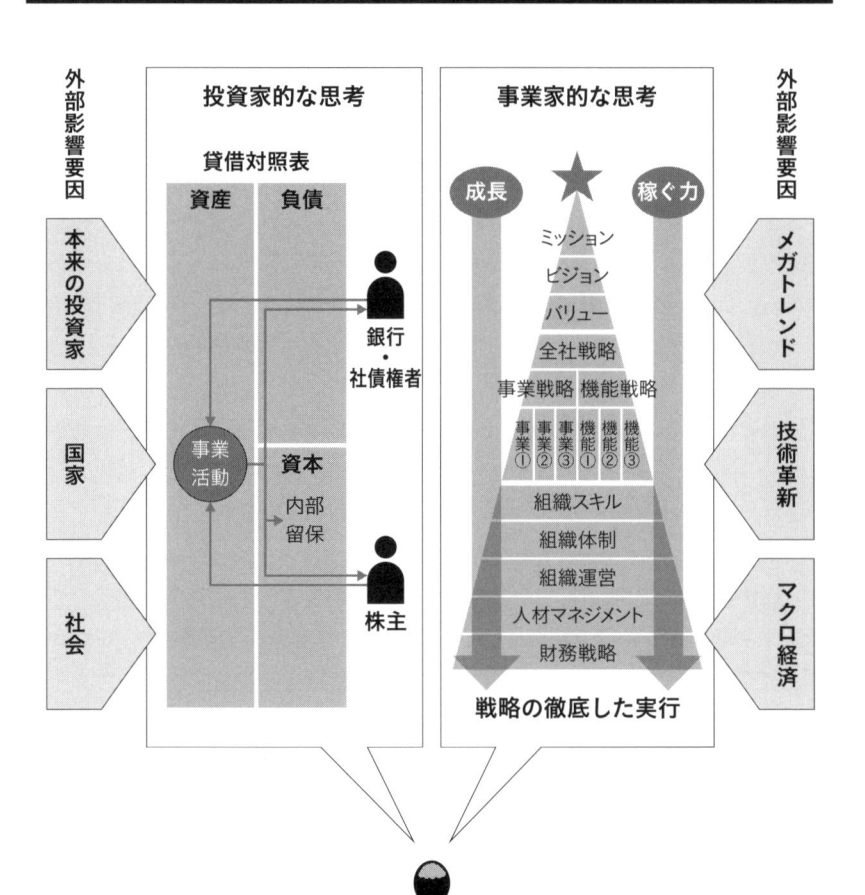

ケティングやサプライチェーンといった事業横断での機能戦略である。また、資本政策や資金調達といった財務戦略もある。これらの戦略が、企業価値のベースとなるキャッシュフローの大きさ、キャッシュフローが生まれるタイミング、そしてキャッシュフローの大きさのぶれ幅を左右する。

そうであるのに、この「戦略」という概念は実に曖昧である。「戦略」という言葉が日常会話における一般名詞のように使われ、海外事業戦略、新規事業戦略、R&D戦略、営業戦略、M&A戦略、人材戦略、デジタル戦略など、まるで何かを語るときの枕詞のように気軽に使われてしまっている。

また、戦略の立案は事業部門を起点に行おうということになりやすく、事業の現場にいる人たちにとって目に見えている課題や取り組みやすい課題に対するものになりやすい。その結果、企業の全社戦略のあらわれの一つである中期経営計画でさえ、それぞれの事業部門で作成される事業戦略をホッチキス留めしたかのようなものになりがちだ。

このように十人十色ともいえる企業の「戦略」であるが、その全体構造を定義できる。まず、企業の存在意義である「ミッション」、そのミッションを達成するために企業が将来ありたい姿である「ビジョン」、その実現に向けて進んで行く中で企業が大切にする価値観である「バリュー」という三つが戦略の上位概念となる。なお最近では、ミッションとビジョンを合わせたような概念が「パーパス」と呼ばれることも多くなっている。

そして、企業の事業ポートフォリオ構成や経営資源配分を決める「全社戦略」のもと、事業別の「事業戦略」や事業横断での「機能戦略」があり、これらの戦略を実現していくために組織として構築する組織スキルや組織体制・組織運営や人材マネジメントなどが続いていく。

日本企業においては、そもそも、この戦略の全体構造が十分に理解されているとは言い難い。さらには、戦略といえば暗黙のうちに事業戦略を意味していて、全社戦略や機能戦略という概念は、たとえば経営企画部門においても明確には意識されてこなかった。

企業価値は、企業の「成長」と「稼ぐ力」を軸として、この戦略の全体構造によって、事業から利益などとして生み出されるキャッシュフローをもとに創造されていく。

　具体的には、「成長」とは、事業規模の拡大であり、売上高の増加などによって表される。また「稼ぐ力」とは、事業の運営から生み出される利益の大きさであり、その事業の構築・運営のために投下している資本の大きさに対する水準として表される。そして、稼ぐ力は、株主からの資本の調達にかかるコストと銀行などからの負債の調達にかかるコストの平均である加重平均資本コストと呼ばれるものを上回らなければならない。

　この「成長」と「稼ぐ力」こそが、戦略を考えていく際の要諦になる。これらについて深く理解することなく、あるいはこれらをはっきりと意識しないままに、何気なく戦略を語っていては、企業価値の創造にはつながっていかない。それなのに、この「成長」と「稼ぐ力」を徹底して追求する戦略を考えている日本企業の経営者がいまだに多くはない。成長と稼ぐ力をはっきりと意識すること、そしてそれらを徹底的に追求することを突き詰めていかねばならない。

　成長と稼ぐ力を軸とする戦略は、その内容が具体的でアクショナブルであることも必要である。それなのに、公表されている中期経営計画などの資料を見ると、「新興国市場への進出」「製造コストの合理化」「営業の効率化」といった戦略が、体言止めの箇条書きで羅列され、抽象的に語られていることが多い。もちろん、公表資料において自社の戦略を詳らかに記述しすぎれば、競合企業に自社の手の内を明かすことにもなるので、意図して抽象的な記述にとどめているのかもしれない。それでも、その記述の背後に、成長と稼ぐ力という戦略の要諦を押さえた深い検討があって、具体的なアクションにつながるだけの明確な内容が存在するのかといえば、疑問がないとは言いきれない。

　戦略が抽象的なままであったり多くの曖昧さを残していたりすると、現場において狙い通りの実行にはつながらない。たとえ現場がどれだけ強い実行力を持っていたとしても、その実行力が発揮されないままになってしまうのである。

「お金の流れ」で企業価値を創造する経営を語る

　本書において、もう一つの軸となるのが、いわゆるファイナンスの理解である。戦略は経営における「原因行為」といえ、そうした戦略による事業の構築・運営によって生み出される利益などからのキャッシュフローや企業価値が「結果」といえる。キャッシュフローや企業価値を扱うには、お金の流れで経営を語るファイナンスの理解が欠かせない。

　どのような企業も、お金の流れで見れば、同じような構造を持つ。すなわち、株主、あるいは銀行や社債権者などの負債の提供者から資金を調達し、その資金を資本として投資することによって事業を構築し、それらの事業を運営することによってキャッシュフローを生み出し、企業価値を創造していく。

　それでは、日本企業の経営者は、いわゆる本来の投資家と呼ばれる人たちのごとく、そうした資本の投資について客観的かつ厳格な判断を行えているだろうか。また、自社の事業が生み出すキャッシュフローや企業価値の水準を冷徹に見ることができているだろうか。

　これらを実践できている日本企業の経営者は多くはない。日本企業においては、とかく日々の事業の運営に気を取られがちであり、事業内容に興味と関心を持つだけにとどまりがちであって、お金の流れを冷徹に見て経営の全体像を語って舵取りする経営者は多くはないのである。

　また、日本企業では、企業規模が大きくなるほど事業部門ごとの組織縦割り意識が強くなるうえ、まるで事業部門からの「最後の昇進」のように社長に就任するというような傾向も続いてきた。そのため、社長といえども自社全体を俯瞰する眼を持つことが容易ではなかった。また社長に就任しても、長年にわたって携わってきた出身事業以外には遠慮もあって踏み込めないままになり、全社成長や全社最適を追求しきれないということも続いてきた。

　あらゆる企業や事業は「お金の流れ」という共通の枠組みで見ることができる。投資ファンドなどの本来の投資家は、企業に対して投資を行い、その経営

改革や事業改善によって企業価値を創造し、そこからリターンを得ていく。た
とえば、このプロセスの中で、企業の経営者が投資ファンドと対等かつ効果的
な議論を展開するには、お金の流れによって経営の全体像を理解し、かつ語れ
なければならない。

　これまで、投資家と面談した企業の経営者からは、極端な例ではあるが、次
のようなボヤきも聞かれた。
「投資家の連中は、わが社の事業のことなんかロクに理解しようともしていな
いんだよ。口を開けば、やれキャッシュが何だ、やれ資本がどうだ、やれ企業
価値はこうだと、小むずかしい議論ばかり吹っかけてくるんだから、ほんとう
に始末が悪い」

　この経営者の場合も、お金の流れによって経営の全体像を語り、成長と稼ぐ
力を実現する戦略のもとで事業から十分なキャッシュフローを生み出すことに
よって企業価値を創造していくことの意義が理解できていれば、このような投
資家との面談からも、何らかの経営のヒントを得られたであろう。

　お金の流れによって経営を理解する際には、ファイナンスの概念や理論が
「共通言語」となる。

　会計が、会計原則や会計基準といった一定のルールに従って企業の業績を年
度単位で記録・報告するものであるのに対し、ファイナンスは、事業から生み
出される将来のキャッシュフローというお金の流れによって企業価値まで考え
ていくものである。そして、ファイナンスの概念を「単語」、ファイナンスの
理論を「文法」として用いることで、ファイナンスを日本語や英語といった自
然言語と並ぶ言語のように活用して、経営者の思考や意思決定を語ることがで
きるのである。

　これまで、ファイナンスの概念や理論は、投資ファンドや投資銀行など一部
の専門家のためのもの、あるいは企業においては経理部門や財務部門のための
ツールであると誤解されやすかった。しかし、ファイナンスの概念や理論は、
企業の経営者にとってもメリットが大きいことを強調しておきたい。企業の経

営者こそ、経営を議論する際の共通言語として、ファイナンスの概念や理論を
使いこなせるようになっておくべきなのである。

　そうすれば、企業経営におけるお金の流れを、企業価値評価の枠組みに沿っ
て頭の中でシミュレーションできるようになる。そして、現代のように事業環
境が速く大きく変化する時代においても、企業価値を持続的に創造する経営の
舵取りを機敏かつ機動的に続けることができる。また、短期的な株主資本主義
とは一線を画して、長期的に企業価値を創造していく本格的な経営にも進んで
いける。

事業家であり投資家でもある経営者

　この点、欧米の経営者の中には、まるで事業家のように、自社のミッション、
ビジョン、バリューを企業経営の羅針盤として踏まえ、成長と稼ぐ力という観
点から、企業が進んでいく道筋としての全社戦略を説き、それを具体的でアク
ショナブルな事業戦略や事業横断での機能戦略へと落とし込んでいける経営者
が少なからずいる。

　そして、そうした戦略を徹底して実行しきっていくことによって、どれだけ
の大きさのキャッシュフローを生み出し、どれだけの大きさの企業価値を創造
していくのかを、首尾一貫したストーリーとして、まるで投資家のようにとて
もうまく語る。

　こうして事業を生み、育て、発展させて、企業価値を創造し続ける経営者は、
たとえ大企業の経営者であろうとも、まさに事業家であり投資家であるといえ
る。

　日本企業の経営者は、目の前にある事業を実直に運営することだけに終始せ
ず、このような事業家ならびに投資家として、強烈な情熱を持ちながら、成長
と稼ぐ力を軸とする戦略によって企業価値を創造していくべきである。事業家
であり投資家でもある経営者は社会・経済・産業の価値創造にも大きく貢献が
でき、まさに次の世の中を創っていける。それによって、日本企業や日本もま

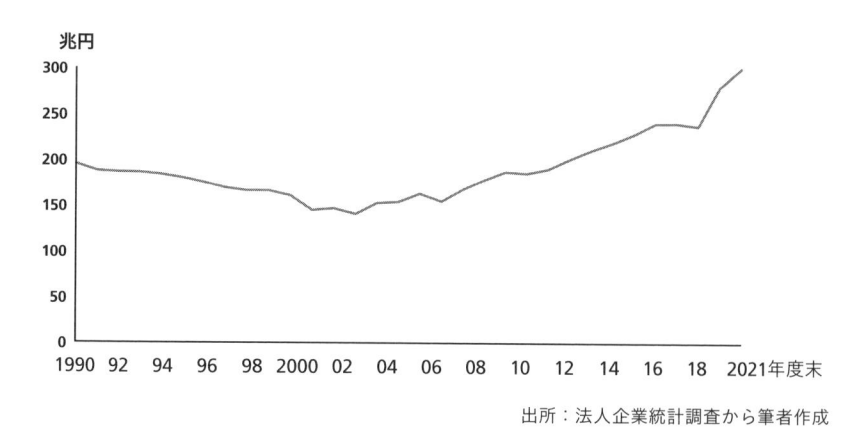

図表0-2 | 日本企業の保有する現預金（短期保有の有価証券を含む）金額

兆円

出所：法人企業統計調査から筆者作成

た元気になるのである。

　日本企業は、成長の種を見つけられないまま、現金だけが大きく積みあがっている。2021年度末の時点で、日本企業には現預金が300兆円も蓄積されているのである（**図表0-2**「日本企業の保有する現預金（短期保有の有価証券を含む）金額」を参照）。日本の国内総生産（GDP）が2021年は541兆円であったので、これはその半分強の規模である。

　また、日本企業の設備投資金額が2021年度は年間45兆円であったので（**図表0-3**「日本企業の年間設備投資金額（金融機関を除く営利法人；ソフトウェアを除く）」）、およそ6年間の設備投資金額に相当する現預金が蓄積されていることになる。

　成長する事業領域を特定して、必要な時にはリスクまで取りながら具体的な事業を構築していくことを不得手とする日本企業は多い。それにも増して、そうした成長する事業領域において、一番乗りになって勝者総取りを実現しようという気概を持てない日本企業も多い。どうしても現行の事業の延長線ばかりに目が行ってしまい、社内での検討も現行の事業の改善の範疇にとどまってし

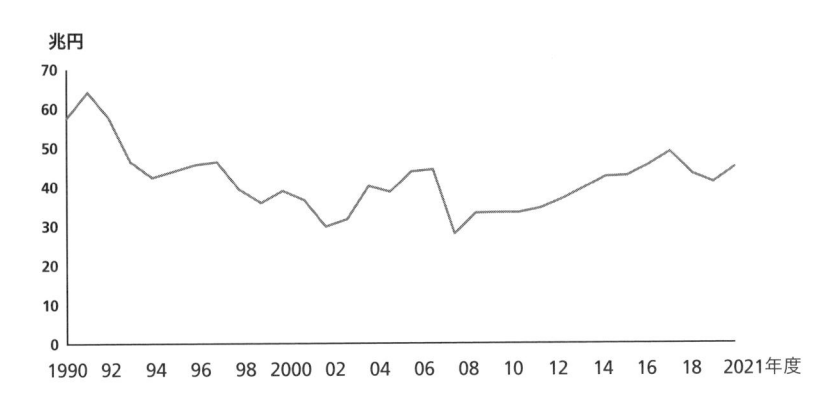

図表0-3 | 日本企業の年間設備投資金額（金融機関を除く営利法人；ソフトウェアを除く）

出所：法人企業統計調査から筆者作成

まっている。そして、企業として、次なる大きな成長を実現できないままになってしまっている。

　これからは、ミッションやビジョンという企業経営の羅針盤を確認のうえ、たとえばグローバルなメガトレンドに乗って成長していくこと、そのためにはM&Aや事業売却まで積極的に活用して一気呵成に事業を構築していくことなどが必要になる。トップダウンの発想による全社戦略によって企業が成長と稼ぐ力を実現するために進んでいくべき道筋を描き、実際にその道を進んでいくことが求められるのである。

　もちろん、この全社戦略をはじめとする戦略も、事業環境が速く大きく変化する現代においては、それを作成した時点における社会・経済・産業等についての情報を踏まえた「仮説」にすぎない。そのため、まさに朝令暮改すら健全なものとして、戦略についての仮説の検証とそのアップデートを継続的に行いながら、前向きに進んでいかねばならない。そして、経営者は経営をストーリーとして語り、ステークホルダーとの対話を通じて彼らの頭さえも借りながら、機敏かつ俊敏な経営の舵取りを行っていくべきなのである。

本書の構成

　本書は、事業家と投資家の視点を併せ持つ経営のために（**図表0-4**「事業家でもあり投資家でもある経営者による経営」を参照）、大きく３部から構成されている。

　第Ⅰ部「成長と稼ぐ力を高める戦略によって企業価値を創造する」（第1章～第8章）は、企業価値を創造する戦略を立案し実行していくための手法を解説する。経営者が企業価値を創造する経営を行うにあたって、企業価値の源泉となる「成長」と「稼ぐ力」という要諦をいかにして戦略の立案と実行に反映していくかについて、理解を深めていく。

　第Ⅱ部「お金の流れによって企業価値を創造する経営を俯瞰して語る」（第9章～第12章）は、ファイナンスの観点から企業価値のポイントを説明する。経営を語る共通言語となるファイナンスの概念や理論について、これだけ理解しておけばまずは十分という内容を、言語として使いこなせるように直感的かつコンパクトに提示する。そして、ファイナンスの観点からも成長と稼ぐ力が企業価値の創造を牽引していくことを示していく。

　第Ⅲ部「企業価値と戦略を自己検診しながら進んでいく」（第13章・第14章）は、業界構造や競争環境が絶えず目まぐるしく変化していく現代において、企業価値や戦略を自己検診しながら進み、企業価値を持続的に創造していく経営をいかにして実現していくかについて考えていく。

　最後の補論では、成長と稼ぐ力を軸とする戦略によって企業価値を創造する経営をお金の流れによって俯瞰して語り、実際に企業価値を創造していくことにおける日本企業の課題を、日本の経営環境の変遷、日本企業の組織、およびビジネスパーソン個人という視点からひもといていく。そして、それらの課題をいかに効果的に克服していくことができるのかを検討する。

　本書を通じて、日本企業の経営者が、事業家であると同時に投資家となって、

図表0-4 | 事業家でもあり投資家でもある経営者による経営

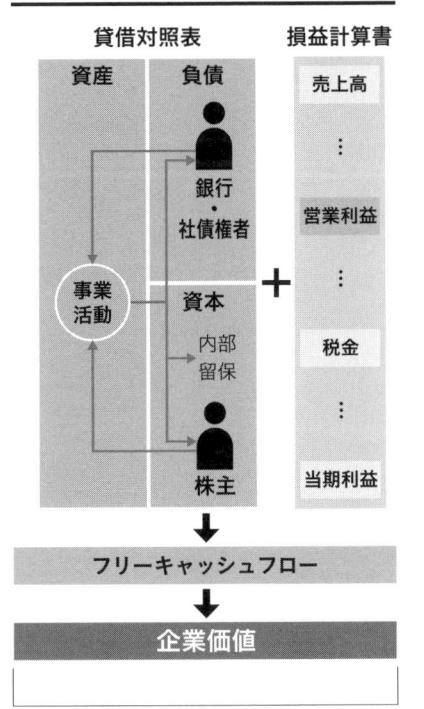

事業家的な思考: 戦略の全体構造と要諦	投資家的な思考: ファイナンスで見るお金の流れ

成長 ★ **稼ぐ力**

ミッション
ビジョン
バリュー
全社戦略
事業戦略　機能戦略
事業①　事業②　事業③　機能①　機能②　機能③
組織スキル
組織体制
組織運営
人材マネジメント
財務戦略

戦略の徹底した実行

貸借対照表　　損益計算書

資産　負債

銀行・社債権者

事業活動　資本
内部留保

株主

売上高
⋮
営業利益
⋮
税金
⋮
当期利益

フリーキャッシュフロー

企業価値

第Ⅰ部
戦略における成長と
稼ぐ力を理解する

第Ⅱ部
お金の流れで経営の全体像を
俯瞰し、企業価値を理解する

第Ⅲ部
企業価値創造型経営について理解する

企業価値を持続的に創造していく経営を実現し、世界のトップレベルの経営者や投資家に伍していく一助になれば幸いである。そして繰り返しになるが、ここでは経営者と言っているものの、その志があれば、それは、中堅社員、あるいは若手社員にとっても同じであり、研究、営業、人事などの職種や企業規模を問うものでもない。

はじめに　3

第I部
成長と稼ぐ力を高める戦略によって企業価値を創造する

第1章｜企業価値を生み出す戦略の全体構造

戦略の軸　22

戦略の全体構造　23

ミッション、ビジョン、バリュー　25

全社戦略　29

全社戦略と事業戦略の振り子　31

Case Study
味の素グループのミッション、ビジョン、バリューと戦略　33

第2章｜「成長」と「稼ぐ力」を追求する戦略をいかに作成するか

成長の追求①　メガトレンドに乗る成長　35

成長の追求②　事業ポートフォリオのマネジメントによる成長　35

成長の追求③　エコシステムの構築による成長　36

稼ぐ力の向上①　利益水準が高い事業領域への進出　37

稼ぐ力の向上②　機能戦略の推進　39

Column
組織的なスキルの構築と展開の具体的な方法　40

第3章 | メガトレンドに乗って持続的に成長する

グローバルなメガトレンドとは何か　43

メガトレンドを捉えるための自社の強み　45

メガトレンドを捉えた事業構築における誤解　47

将来の社会や産業の姿を打ち出す　49

Column

戦略は仮説にすぎない　51

Column

パーパス経営のもとでの企業による
社会課題の解決という潮流　52

第4章 | 事業ポートフォリオを再構築する

事業ポートフォリオのマッピング　56

日本企業によく見られる4つの類型　59

Case Study

富士フイルムの事業ポートフォリオマネジメント　65

Case Study

富士フイルムの成長と稼ぐ力の軌跡　71

第5章 | M&Aと事業売却をどのように活用すべきか

M&Aと事業売却の活用　73

M&Aの3つのステップ　74

プロアクティブなM&A　76

M&Aスキルに関する経営者の経験学習　77

M&Aスキルに関する組織の経験学習　80

Case Study

日立製作所における事業ポートフォリオの入れ替え　82

第6章 | ROICの視点で稼ぐ力を高める

稼ぐ力はROICに表れる 89
ROIC分解ツリー 91
稼ぐ力にこだわる 94
稼ぐ力を高める際に陥りがちな3つの罠 98
Case Study
オムロンにおけるROICの活用 104

第7章 | 機能スキルによって稼ぐ力を高める

機能スキルの差で生じる利益の格差 107
機能スキルの本質を理解し活用する 109
Case Study
資生堂における稼ぐ力への取り組み 115

第8章 | デジタルとアナリティクスで稼ぐ力を高める

デジタルとは? アナリティクスとは? 120
デジタルとアナリティクスの3つの効果 122
デジタルとアナリティクスの担う3つの分野 123
デジタルトランスフォーメーションは働き方改革 126
トランスレーターによる
デジタルトランスフォーメーションの推進 127

第II部
お金の流れによって企業価値を創造する経営を俯瞰して語る

第9章 | 経営をお金の流れで理解する PL&BS一体型思考

貸借対照表と損益計算書　130

経営をお金の流れで俯瞰して見る　133

PL&BS一体型思考への転換　134

投資家との共通言語を体得する　136

従来のキャッシュフロー経営の先へ　137

第10章 | 企業価値評価の基礎知識（1） フリーキャッシュフローと金利・割引

フリーキャッシュフローとは　139

運転資本をさらに分解する　141

押さえておきたい「金利」と「割引」　142

Column

資本市場における価格発見機能　150

第11章 | 企業価値評価の基礎知識（2） DCF法とマルチプル法

企業価値の算出　152

株主価値および理論株価の算出　156

Column

企業価値評価に「正解」があるという誤解　157

マルチプル法の考え方　158

マルチプル倍数の算出　160

マルチプル法による企業価値評価　162

DCF法で算出された企業価値のチェック　164

Column

　DCF法における継続価値のマルチプル法による算出　169

Case Study

　アサヒグループホールディングスの企業価値評価例　170

第12章 企業価値の源泉は「成長」と「稼ぐ力」である

将来のフリーキャッシュフローの増加　175

加重平均資本コストの低下　177

成長はどこから来るのか　177

成長は長続きするのか　179

稼ぐ力とは何か　180

稼ぐ力の水準のちがい　184

企業価値のシミュレーション　186

成長と稼ぐ力の企業価値への影響　186

第III部 企業価値と戦略を自己検診しながら進んでいく

第13章 セルフ・デューデリジェンスによる自己検診と経営改革

自己検診としてのセルフ・デューデリジェンス　190

セルフ・デューデリジェンスにおける分析　191

セルフ・デューデリジェンスからの企業価値創造の見立て　197

投資家からの期待に対するギャップの理解　198

経営の両輪となる事業改革と財務改革　201

事業改革の4段階　202

財務改革の2施策　203

第14章｜企業価値と戦略の効果的なコミュニケーション

「知りたいこと」と「言いたいこと」　205

コミュニケーションにおける留意点　208

Column
3つの自分を持っておく　214

Column
人格を攻撃されていると誤解しない　214

Case Study
コニカミノルタの統合報告書　215

補論｜企業価値創造型経営の実現に向けて 乗り越えるべき3つの課題

1. 日本の経営環境の変遷からくる課題　217

2. 企業の組織が内包する課題　221

3. ビジネスパーソン個人における課題　225

おわりに　233

謝辞　240

索引　242

第Ⅰ部

成長と稼ぐ力を
高める戦略によって
企業価値を創造する

第1章　企業価値を生み出す戦略の全体構造

「はじめに」で見てきたとおり、企業価値は成長と稼ぐ力を高める戦略の作成と実行によって創造されていく。さらなる詳細は「第Ⅱ部 お金の流れによって企業価値を創造する経営を俯瞰して語る」においてファイナンスの観点から証明するが、あえて比喩を試みるなら、人間の身体が次第に大きくなり（成長）、その身体が筋肉質でもあれば（稼ぐ力）、強靱なアスリートになれるというようなイメージになる。

戦略の軸

それでは、成長と稼ぐ力を高めて企業価値を生み出す戦略を作成し実行していくには、どのようにすればよいのであろうか。

「成長」と「稼ぐ力」を高めて企業価値を生み出す戦略の内容は次の点を踏まえて作成され、そして徹底して実行されるべきである。

- 成長と稼ぐ力という要諦をはっきりと意識したうえで、これらを軸にしている。
- 徹底して実行でき、そしてキャッシュフローを生み出していけるように、具体的でアクショナブルなものになっている。
- どのような因果関係を経て原因行為である戦略が結果としてのキャッシュフローにつながっていくのかが明らかになっている。

日本企業では伝統的に事業部門が強く、日本企業の戦略は、どうしても事業の現場に近い人たちによるものになり、「新興国進出戦略」「製造コスト合理化

戦略」「マーケティング高度化戦略」「営業効率化戦略」など、戦略という言葉を何かを語るときの枕詞のように抽象的に使っていることが多い。

　これでは、成長と稼ぐ力という戦略の「軸」が曖昧模糊としたものになってしまう。いったい何を目指して、何に取り組み、どれくらいの効果を実現しようとして進んでいくのかがはっきりしない。そのため、現場のそれぞれの社員が、各自で戦略を解釈して、各自ができる限りのことを一生懸命に実行するだけになってしまう。これでは、戦略から最大限にキャッシュフローを生み出し、企業価値を創造していくことにはつながりにくい。

　成長と稼ぐ力という戦略の要諦を押さえて、具体的でアクショナブルな戦略を考えることができ、事業運営においてその戦略をとことん徹底して実行できれば、その結果として十分なキャッシュフローを生み出し、企業価値を持続的に創造することができる。

戦略の全体構造

　戦略の概念は、10人いれば10通りの定義がある、といわれるほど多様な状況が経営学の世界でも続いており、いまだに決定的な定義は存在していないとされる。それでも企業の戦略とは、事業環境と自社の経営資源を踏まえたうえで、企業としての目標とそれを実現するための道筋である、という共通認識が概ねある。

　最初に、こうした戦略の全体構造を確認しよう（**図表1-1**「戦略の全体構造」を参照）。

　戦略の全体構造では、まず上位概念（ピラミッドの頂点）として、企業の存在意義である「ミッション」、そのミッションを達成するために企業が将来ありたい姿である「ビジョン」、そのビジョンの実現に向けて進んでいく中で企業が大切にする価値観である「バリュー」がある。

　そして、企業の事業ポートフォリオ構成や経営資源配分を決める「全社戦略（企業戦略と呼ばれることもある）」という企業の骨格となる戦略がある。こ

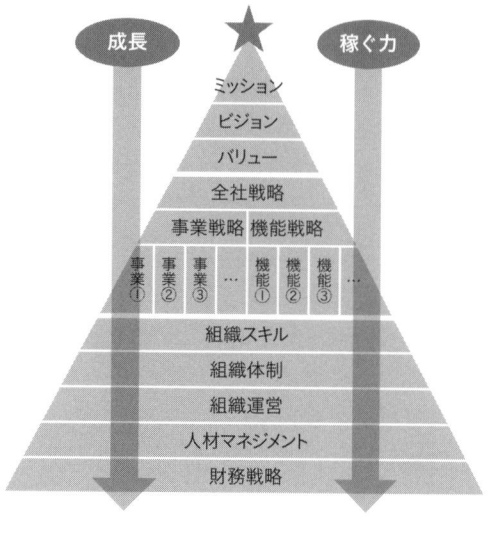

図表1-1 ｜ 戦略の全体構造

の全社戦略のもとで、それぞれの事業の「事業戦略」や、マーケティング、サプライチェーン、購買・調達などの事業横断での「機能戦略」がある。さらに、これらの全社戦略や事業戦略や機能戦略を実行していくために、企業が組織として構築する組織スキル、組織体制や組織運営、人材マネジメントなどがある。

　この戦略の全体構造のもとで、全社戦略、事業戦略、機能戦略などのそれぞれが、つながりをもって作成され、徹底して実行されていく。そして、それぞれの戦略の内容は成長と稼ぐ力という戦略の要諦を軸としつつ、戦略からキャッシュフローへのつながりや、ひいては企業価値の創造までを明らかにして、具体的でアクショナブルなものとして作成され、徹底して実行できるのが理想である。

　それでは、ミッション、ビジョン、バリュー、さらに全社戦略と事業戦略について、さらに詳しく見ていこう。

図表1-2 | ミッション・ビジョン・バリュー

ミッション

自社の存在意義・使命・任務
- あなたが大いに共感できるものか？
- これから100年後でも十分に通用するものか？
- 行動を取る・取らないの判断の拠り所になるか？
- 他人に対して誇りを持って話せるか？

ビジョン

ミッション達成のために一定期間のうちに自社がなりたい姿
- ミッションとつながっているか？
- 分かりやすく、説得力があるか？
- あなたにとってわくわくするものか？
- 社内・社外の人たちのモチベーションを生むか？

バリュー

自社が大切にする価値や原則
- ミッションとつながっているか？
- あなたにとって大切なものと言えるか？
- 今後すくなくとも10年間は意義のあるものか？

ミッション、ビジョン、バリュー

　現代のように社会情勢、経済動向、産業構造、競争環境、消費者行動などが速く大きく変化する中にあっては、外部環境に振り回されることなく自信を持って進んでいくために、ミッション、ビジョン、バリューがその企業にとっての経営における羅針盤となる。

　また、企業が営利的な存在であるだけでなく、社会的な存在でもあるべきだ、という気運が高まってきている中で、ミッションやビジョン（あるいはパーパス）の意義はますます重要になってきている（**図表1-2**「ミッション・ビジョン・バリュー」、**図表1-3**「ミッションおよびビジョンの例」を参照。各企業の単語の選択や文章の組み立ても味わっていただきたく、英語の原文のまま掲載していることをご容赦いただきたい）。

図表1-3 ミッションおよびビジョンの例

	ミッション	ビジョン
グーグル	To organize the world's information and make it universally accessible and useful.	To provide access to the world's information in one click.
マイクロソフト	To empower every person and every organization on the planet to achieve more.	To help people and businesses throughout the world realize their full potential.
テスラ	To accelerate the world's transition to sustainable energy.	To create the most compelling car company of the 21st century by driving the world's transition to electric vehicles.
ウーバー	We ignite opportunity by setting the world in motion.	Transportation as reliable as running water, everywhere for everyone.
イケア	To create better everyday life for the many people.	Offering a wide range of well-designed, functional home furnishing products at prices so low that as many people as possible will be able to afford them.
ウォルマート	To help people save money so they can live better.	To become the worldwide leader in retailing.
コカ・コーラ	Refresh the world. Make a difference.	Craft the brands and choice of drinks that people love to refresh them in body & spirit. And done in ways that create a more sustainable business and better shared future that makes a difference in people's lives, communities and our planet.
ネスレ	Make better food so that people live a better life.	To bring consumers foods that are safe, of high quality, and provide optimal nutrition to meet physiological needs.
テトラパック	We commit to making food safe and available, everywhere.	We work for and with our customers to provide preferred processing and packaging solutions for food.

出所：各社ウェブサイトなどをもとに筆者作成

◉──ミッション

　ミッションは、その企業が存在する意義、あるいは世の中におけるその企業の使命や任務ともいえる。これから50年後や100年後の未来においても通用するような内容が望ましい。まさに、企業にとって "Why" we exist なのである。そして、企業が持続的な成長を求めて事業領域を特定していく際には、その大きな道筋を決めていくための羅針盤になるものでもある。

　ミッションがはっきりしていなければ、将来を容易には見通せない現代のような時代において、信念を持って事業領域を特定してブレなく進んでいくことはできない。あるいは、そもそも、そうした第一歩さえ踏み出すことができない。

　ミッションは、かつては「自社の投資家に対して比類なきリターンを生んでいく」などといった経済的な内容のものが多かったが、最近では社会的な内容のものが多くなった。たとえば、スポーツ用品の世界的な大手企業であるナイキのミッションは、次のとおりだ。

Bring inspiration and innovation to every athlete* in the world
(*if you have a body, you are an athlete.)
「世界中のすべてのアスリート*にインスピレーションとイノベーションをもたらすこと（*体ひとつあれば、誰もがアスリートだ）」

　スポーツ用品を売っていくこと、たくさんの利益を稼いでいくこと、といった経済的な内容ではなく、人類すべてに対する貢献を謳っている。

　ミッションは、その企業の経営の羅針盤になるとともに、社員にとっても自分事化したうえで行動の羅針盤になる。ミッションを体現するのは企業であり、究極的には社員一人一人なのである。そのため、ミッションは社員が自分の行動に落とし込んでいける内容でもあるべきで、ミッションは次の3点を意識して定められるのが望ましい。

- 簡潔さ、そして抽象的すぎず具体的すぎない適切な抽象度。
- 社員各自が、それぞれの仕事の文脈で解釈して自分事化できる。
- 社員各自が、それぞれのアクションを考えられる。

さきほどのナイキのミッションでいえば、世界中のアスリートたる人々に対して、自分はどのようなインスピレーションやイノベーションをもたらすことができるのか、個々の社員が自分事化して考えることができ、そしてそれぞれが担当する事業においてアクションにつなげることができる。

●──ビジョン

ビジョンは、ミッションを前提として、今後の一定期間のうちに、どのような企業になりたいかという将来の姿を示す。それも、企業が、社員が、世の中が、それぞれワクワクするような将来の姿である。まさに、企業にとって"Who"-to-become である。企業が持続的な成長の結果として一定期間のうちに到達していきたい姿なのである。

ビジョンは、ミッションを何となくぼんやりと踏まえたうえで、「将来のいつかの時点で、このような企業になっていればよいなあ」という経営者の漠然とした思い、あるいは経営者の主観的な願望ではないかと誤解されがちである。

ビジョンも、経営の羅針盤の一つとなるものであり、その企業の社内外から支持されるべきものであって、そこには客観的な裏打ちが必要である。社会情勢、経済動向、産業構造、競争環境、消費者行動を踏まえた将来への論理的な推論をベースに、経営者の明確な志なり高い目標なりを加味して、5〜10年後などという到達までの時間軸を持って、決めていくものである。

●──バリュー

バリューは、その企業にとっての根本的な規範であり、その企業の行動、そして社員の行動を律していくものである。ミッションとつながっていることを

前提に、社員にとっても、企業にとっても、社会にとっても意味のあるもので
なければならない。まさに、その企業にとって "What" -to-value なのである
（**図表1-4**「バリューの例」を参照）。

　バリューは、日本企業においても、行動規範として定められている場合があ
る。しかしながら、そうした行動規範はしばしば創業の精神や綱領のように一
般的な「善」を謳っているだけにとどまっており、ミッションとつながってい
るか、現代的に意味のある内容であるのか、疑問がないとはいえない。

　また、バリューを定めても、それをお題目とするだけで終わらせず、確実に
実現しなければ意味がない。そのためには、社員それぞれがバリューをどのよ
うに解釈するかを議論しあったり、社員それぞれの日々の行動がバリューを体
現しているかをフィードバックしあったり、社員の業績評価にバリューをどれ
だけ体現しているかという要素を加えていくことなど、組織に根づかせる仕組
みも大切になってくる。

全社戦略

　企業の戦略として、ミッション、ビジョン、バリューに続いて、大きく全社
戦略（企業戦略と呼ばれることもある）と事業戦略の2つがある。

　日本企業、特に大企業では、事業部門ベースでの組織縦割り経営が行われて
いるため、事業部門ごとの事業戦略はあるものの、経営者が意思を込めたトッ
プダウンでの全社戦略が存在しないか、存在するとしても弱いものになってし
まいがちである。端的に言えば、それぞれの事業戦略はあっても、企業として
の経営全体の大きな舵取りを行う全社戦略がない、あるいは事業部門の作成し
た事業戦略を経営企画部門がホチキス留めしたようなものにすぎないという状
況に陥っていることがある。日本市場が大きく成長していた時代においては、
事業戦略があれば十分といえなくもなかった。一方、市場の大きな成長が期待
できないばかりか、事業環境が速く大きく変化して、成長も一筋縄ではいかな
いこれからの時代には、全社戦略をしっかりと意識していかなければならない。

図表1-4 | バリューの例

	ミッション	バリュー
グーグル	To organize the world's information and make it universally accessible and useful.	**Ten things we know to be true** • Focus on the user and all else will follow. • It's best to do one thing really, really well. • Fast is better than slow. • Democracy on the web works. • You don't need to be at your desk to need an answer. • You can make money without doing evil. • There's always more information out there. • The need for information crosses all borders. • You can be serious without a suit. • Great is just isn't good enough.
コカ・コーラ	Refresh the world. Make a difference.	**Our values serve as a compass for our actions and describe how we behave in the world** • Leadership: The courage to shape a better future. • Collaboration: Leverage collective genius. • Integrity: Be real. • Accountability: If it is to be, it's up to me. • Passion: Committed in heart and mind. • Diversity: As inclusive as our brands. • Quality: What we do, we do well.

出所：各社ウェブサイトなどをもとに筆者作成

　全社戦略では、企業のミッション、ビジョン、バリューのもとで、その企業全社として目指す姿、進むべき道筋、その進み方を描いていく。具体的には、どのような企業になっていきたいのか、どのような目標を定めるのか、その目標の達成に向かってどのような事業ポートフォリオを構築していくのか、その事業ポートフォリオを構築していくためにどのような経営資源配分を行うのか、そしてどのように経営管理を行っていくのか、などを示す。

　ミッションやビジョンとして、自社の存在意義や将来ありたい姿が明らかになっていることが、全社戦略を作成していくための第一歩となる。ミッションやビジョンがあって初めて、その企業の究極的な行き先や進んでいく道筋の共通認識を持つことができるのであり、成長や稼ぐ力を高めるように企業経営や事業運営を強力に推進していけるのである。ミッション、ビジョン、バリューを簡潔かつ理解しやすく定め、これらをピラミッドの頂点として、全社戦略のもとで、事業戦略、機能戦略などへと連なっていく戦略の構成を実現していくことになる。全社戦略は、成長する事業領域にポジショニングを続けていくこと、稼ぐ力を高めていくこと、そのために最適な経営資源配分を行っていくことなどにおいて大切になる。全社戦略のもとで、それぞれの事業の事業戦略や事業横断での機能戦略によって事業を推進して、十分なキャッシュフローを生んでいくのである。

全社戦略と事業戦略の振り子

　もちろん、全社戦略と事業戦略は並存する。そして、どちらに軸足を置くかは、その企業が置かれている状況によって、振り子のように変化していく（**図表1-5**「全社戦略と事業戦略」を参照）。

　すなわち、主要な既存事業が成熟したり衰退することによって、企業として将来にわたる持続的な成長や稼ぐ力が期待できなくなり、事業ポートフォリオの見直しや入れ替えを検討するようなタイミングでは、全社戦略に大きく軸足を置くことになる。これに対して、既存事業の市場が伸びていて、そこでの成

図表1-5｜全社戦略と事業戦略

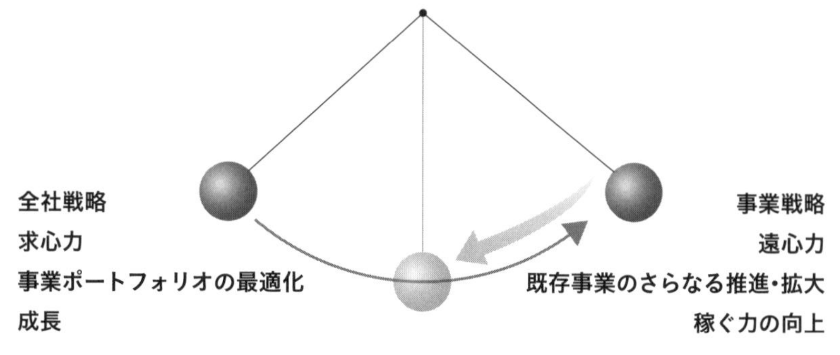

全社戦略
求心力
事業ポートフォリオの最適化
成長

事業戦略
遠心力
既存事業のさらなる推進・拡大
稼ぐ力の向上

長と稼ぐ力の向上を徹底していくようなタイミングでは、事業戦略に軸足を置いていけばよいことになる。

　まさに、全社戦略と事業戦略という求心力と遠心力が、どちらに軸足を置くかによって、振り子のように行ったり来たりするのである。そして、日本企業は、今後が不透明な時代における持続的な成長へ向けて、いまこそ全社戦略という求心力を働かせていくべき時なのである。

味の素グループの
Case
Study
ミッション、ビジョン、バリューと戦略

　日本企業の事例として、味の素グループを見てみよう。

　味の素グループでは、2016年に統合報告書の公開を始めた時点から、統合報告書の冒頭において、ミッション、ビジョン、バリュー、戦略というつながりがピラミッド構造で明示されている。このミッション、ビジョン、バリューを経営の羅針盤として、持続的な成長を追求しているのである。

　ミッションは、「『アミノサイエンス』で、世界中の人々のウエルネスを実現すること」である。アミノ酸に関するサイエンスという味の素グループのいちばんの強みを据え、世界中の人々のウエルネスを実現するという文言は、その社会的な意義に共感できるものであり、社員一人一人が自分事化してアクションにもつなげていけるものである。

　ビジョンは、「先端バイオ・ファイン技術が先導する、確かなグローバル・スペシャリティ食品企業」である。ミッションで謳っているアミノサイエンスからの先端バイオ・ファイン技術を活かして、付加価値の高い食品を世界中に提供していく企業でありたい、という姿が明確に示されている。そして、これは経営者の主観的な願望というようなものではなく、アミノサイエンス技術からの客観的な裏打ちがある。そして、「確かな」というところに、経営者の志も感じることができる。

　バリューは、Ajinomoto Group Shared Value（ASV）と銘が打たれて特に大切にされているようであり、事業を通じて社会価値と経済価値を共創する取り組みを称するものであって、経営の基本方針（ASV経営）となっている。具体的には、「新しい価値の創造」「開拓者精神」「社会への貢献」「人を大切にする」である。これらも、ミッションである「『アミノサイエンス』で、世界中の人々のウエルネスを実現すること」とつながって

いる。開拓者精神を持って新しい価値の創造に邁進することによって社会への貢献を実現していく、その過程では人を大切にする、というものである。そして、統合報告書（2022年版）によれば、「調味料・食品」「冷凍食品」「ヘルスケア等」という事業領域において6つの重点事業を戦略的に定めている。

　こうしたミッション、ビジョン、バリューの全体を包摂するコーポレートメッセージが「Eat Well, Live Well.」と定められている。これは、味の素グループからの人類に対するメッセージであり、そして社員に対するメッセージでもあろう。

第2章　「成長」と「稼ぐ力」を追求する戦略をいかに作成するか

それでは、成長と稼ぐ力を追求する戦略を作成するための勘所とは何か。まず「成長」を追求する戦略として大きく3つの方向性がある。また、稼ぐ力を追求する戦略として大きく2つの方向性がある。それぞれについて次章から詳しく説明していくが、まずはその概要を挙げてみよう。

成長の追求① メガトレンドに乗る成長

成長する事業領域にポジショニングするためには、グローバルなメガトレンドを捉えていけばよい。

メガトレンドとは世の中の大きな潮流であり、社会や経済や産業における中長期的な大きな課題につながるものである。たとえば、世界的な人口の増加、高齢化の進展、地球環境の保護などである。メガトレンドによる課題を解決する事業は大きく成長していく。

こうしたメガトレンドを、全社戦略のもとで、自社の独自の強みを活かして捉え、社会的・経済的な課題の解決につながる事業を構築して、中長期にわたって十分なキャッシュフローを生み出していくのである。これは、自社のミッションやビジョンのもとで、明確な経営の意思を持ったうえで、必ずしも既存事業の延長線上にないビジネスの構築を進めていくことになる場合も多い。

成長の追求② 事業ポートフォリオのマネジメントによる成長

成長する事業領域へ経営資源を配分していくためには、事業の新陳代謝が進むように事業ポートフォリオのマネジメントを進める必要もある。

持続的に成長する事業を事業ポートフォリオに追加することによって、十分

なキャッシュフローを得ていく。その一方で、今後の成長も稼ぐ力も大きくは期待できない事業に対して構造改革・撤退・売却などの対策を行うことによって、キャッシュの流出を止める場合もある。

こうした事業ポートフォリオのアクティブなマネジメントも、全社戦略のもとで行うものである。事業戦略だけでは、既存事業の緩やかな延長線上に成長がとどまってしまうことになる。また、それを担っている事業部門には、既存事業の撤退や売却という意思決定はなかなかできるものではない。

成長の追求③ エコシステムの構築による成長

自社単独でなくエコシステムを構築してパートナー企業を呼び込む方法もある。エコシステムを構築するためには、自社がダントツとなる強みによって独自の差別化を実現してデファクトスタンダードとなるプラットフォームを築く。そこにパートナー企業を呼び込んで事業規模を拡大することによって、その事業から大きなキャッシュフローを生み出していくのである。

この点で最も理解しやすい事例は、アマゾン（Amazon.com）であろう。それまで存在していなかった規模で、全米のどこにでも最短1～2日で配送できるという物流ネットワークを、自社の倉庫や配送センターを約150拠点も建設して構築した。

この物流ネットワークが自社固有の唯一無二の強みとなり、競合企業に対してダントツの差別化を実現している。そして、その物流ネットワークを活かして販売する商材を、書籍にはじまって、日用品、オフィス用品、そして生鮮食品などにまで広げ、顧客の囲い込みを実現している。

その結果、厚みのある顧客基盤、豊富な顧客データの解析によるインテリジェンス、倉庫保管・荷造り・配送というフルフィルメントのサービスをビジネスサポートとして提供するプラットフォームとして、パートナー企業の出店を受け入れて、さらなる成長を実現しているのである。

加えて、その大規模かつ複雑な情報マネジメントをもとにしたAWSという

図表2-1 | 戦略の要素

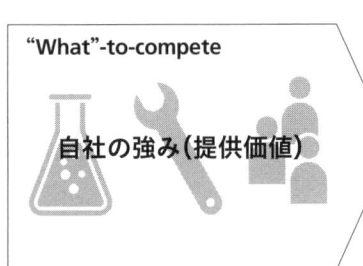

"Where"-to-compete

市場選択・市場創造

"What"-to-compete

自社の強み（提供価値）

"How"-to-compete

持続的な
差別化の実現

クラウドサービス事業を生み出し、大きな利益を生んでいる。アマゾンは、まさしくエコシステムを実現しているといえる。

稼ぐ力の向上① 利益水準が高い事業領域への進出

　事業の稼ぐ力を高めて十分なキャッシュフローを生み出していくためには、利益水準が高い事業領域を特定して、全社戦略あるいは事業戦略によって事業を構築し運営していく手法がある。たとえば、事業戦略において下記の3点を突き詰めていくのである（**図表2-1**「戦略の要素」を参照）。

- Where：どのような具体的な市場において事業を行うか
- What：何を自社の強みとして事業を行うか
- How：どのようにして競争優位のための持続的な差別化を実現していくか

　詳しくは本書の第 II 部において説明するが、稼ぐ力は、その事業を構築・運営するための投下資本に対する事業からの利益として、投下資本利益率（ROIC: Return on Invested Capital＝税引後営業利益÷投下資本金額）によって計測する。その事業の元手に対して、どれだけの利益を生み出しているかという尺度と理解すればよい。この投下資本利益率（ROIC）が高い市場の一例は、ニッチ市場である。ニッチ市場における事業こそ、適切な「市場選択・市場創造」、そして「自社の強み（提供価値）」による参入障壁の構築、そして「持続的な差別化」を実現する事業モデルを作っていく典型的な例といえる。

　こうした利益水準が高いニッチ市場の事業モデルについては、実務家の間では、「小さな池の大きな鯉」とたとえられることが多い。

　ニッチ市場という小さな池を狙い、たとえば固有の技術力などによって高い参入障壁となるような生け垣をその池の周囲に作って競合企業の参入を阻みながら、トップ企業である大きな鯉になることによって稼ぐ力を高く維持できる。大きくても数百億円から1,000億円前後という規模であるニッチ市場という小さな池で、大きな鯉になって悠々と泳ぎ、高い利益率を実現することによって事業から十分な利益を稼いでいく事業モデルである。

　こうしたニッチ市場における事業は、その顧客にとっては、たとえばそれらの素材や部材や部品などの供給がないと自社の魅力的な製品やサービスを実現できないという不可欠の要素であると同時に、原価構成の中ではそれほど大きな割合を占めないこともあるので、顧客から相応の利益マージンを払ってもらえる。日本企業が世界トップクラスのマーケットシェアを誇っている事業領域は、ほぼこの類型といえる。下記に例を挙げよう。

- HOYA（HDD用ガラスディスクサブストレートの世界シェア約80％、光学レンズ・光学ガラス材料の世界シェア約20％、2021年度全社連結売上高6,615億円、営業利益率50.1％（注: IFRS会計から推計）、税引前ROIC 81.2％）

- 村田製作所（積層セラミックコンデンサの世界シェア約40%、2021年度全社連結売上高1兆8,125億円、営業利益率23.4%、税引前ROIC 21.1%）
- ファナック（工作機械用CNC装置の世界シェア約50%、2021年度全社連結売上高7,330億円、営業利益率25.0%、税引前ROIC 20.8%）
- 日本電産（電動パワステ用モータの世界シェア約30%、2021年度全社連結売上高1兆9,182億円、営業利益率8.9%、税引前ROIC 9.4%）

稼ぐ力の向上② 機能戦略の推進

　稼ぐ力の向上は、マーケティング、サプライチェーン、購買・調達などの高度化を事業横断で実現する機能戦略の推進によることも有力である。

　たとえば、日本のB2B企業では、そもそもマーケティングという概念がなく、営業一辺倒であったりする。そこで、機能戦略においてマーケティングの推進に取り組み、事業が稼ぐ力を高め、キャッシュフローを増やしていくことができる。

　B2B企業によるこれまでの営業では製造原価に一定の利益率を上乗せして値決めをしたうえで、顧客と押し問答のような価格交渉を繰り返してきた。ここで、マーケティング機能戦略のもとで「価格設定」を「プライシング」として見直すことによって、原価積み上げ型の値決め以外にも戦術が広がる。

　たとえば自社の製品やサービスから顧客が受け取る便益である提供価値をベースにして値決めをし、この提供価値ベースの値決めで顧客と妥結していくための交渉術まで策定することによって、その製品やサービスの利益マージンを増やし、事業からのキャッシュフローを増加していくのである。ここで、顧客が受け取る便益である提供価値とは、自社の素材や部材や部品などによって顧客の製品の生産において歩留まりが改善するとか、顧客が高性能・高価格で販売できる製品を生産できるようになるといった、顧客側でのコスト削減あるいは売上高増加による利益アップを意味している。

　また、購買・調達の高度化に取り組み、製造原価や販売費に含まれる直接材および間接材のコスト削減によって事業の競争力を高め、事業の利益水準を改善して、事業からのキャッシュフローを増加させることもできる。気合と根性による精神論ではなく、競合企業のコスト水準を踏まえ、自社がどれだけのコスト競争力を持つべきかを客観的に理解して、明確な目標を設定のうえ、確かな手法によってコスト競争力を高めていくのである。

　機能戦略を推進していくにあたっては、その機能についての組織的なスキルを構築し展開して、現場の取り組みを支援・推進することが極めて重要になる。

　これまで日本企業においては、スキルは先輩の背中を見て盗むもの、集合研修で習うもの、あるいは自助努力で身につけていくもの、とされてきた。ただ、機能戦略の実行において必要となる組織スキルは、それまで当該企業には存在しないか、存在しても一部の専門家だけが職人技として持っているようなものであった。

　そのため、先輩の背中を見ていて得られるものではなく、事業の実践と離れた集合研修における座学で概念的に習うものでもない。企業として、組織的に、かつ事業への当てはめを意識して効果的に構築し展開していくべきものである。

Column
組織的なスキルの構築と展開の具体的な方法

　日本企業におけるスキル構築は、大きく「オフ・ザ・ジョブトレーニング」と「オン・ザ・ジョブトレーニング」によって行われてきた。

　「オフ・ザ・ジョブトレーニング」は、人事部による研修として行われるのが通例である。それは、役職別に課される階層研修や、さまざまなトピックについて選択して受講する任意研修などである。これら研修については、日々の事業運営に対して、どのような体系で行われるのか、どのよう

な効果を狙っているのか、その効果をどのように測るのか、などが曖昧なことが多い。

「オン・ザ・ジョブトレーニング」も、昔ながらに「先輩の背中を見て盗め」であるとか、現代風には先輩がいわゆるメンターやコーチになって後輩を指導する、というかたちで行われている。ただ、そうした先輩の背中が本当に見習うべきものであるのか、メンターやコーチになる先輩自身のマインドやスキルにおける限界をどう乗り越えていくのか、などの問題もある。そして、そうした先輩も、新しい事業領域や機能領域については、そもそもスキルを持ち合わせていないはずである。

スキルは本来、全社戦略や事業戦略を実行するために、それらの戦略に紐づいて、組織的に構築され展開されるべきものである。すなわち、全社戦略や事業戦略を推進していくために必要なスキルが何であるかを特定し、そのスキルを構築するプログラムを組織的に開発し、当該プログラムをパイロットによって試して磨き込み、その後に全社で本格的に展開していく（**図表2-2**「組織スキルの構築と展開」を参照）。

そこでは、①スキル構築の目的・目標と実行ロードマップ、②スキル構築のプログラム、③スキル構築の教材やツール、④スキル育成効果の測定方法、⑤スキル構築を進める際に講師となれる社内トレーナー、そして⑥モデルとなる現場を作っていく。グローバル企業では、これらは、Center of Excellence（CoE）やCorporate Academyと呼ばれることもある。これによって、全社戦略や事業戦略の実行に必要となるスキルについて、組織的な構築と展開を進めていくのである。

このように、組織スキルは全社戦略や事業戦略を効果的に実行するために、意図を持って、組織的に構築し展開していくものである。人事部による研修として、研修の実施自体を目的として行っていくものではない。

図表2-2 ｜ 組織スキルの構築と展開

①スキル構築の目的・目標と実行ロードマップ

目的・目標　　　　実行ロードマップ

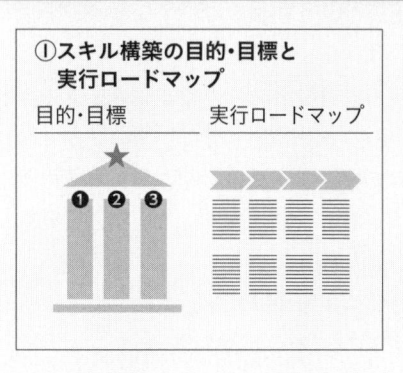

②スキル構築のプログラム

プログラム全体像　個別カリキュラム

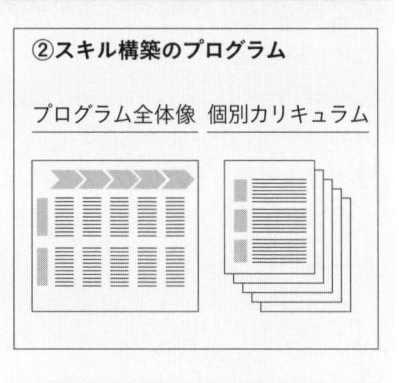

③スキル構築の教材やツール

教材　　　　　　　ツール

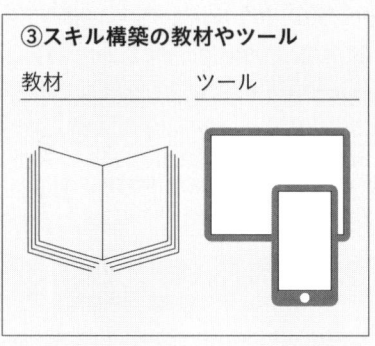

④スキル育成効果の測定方法

レベル
1　2　3　4　5

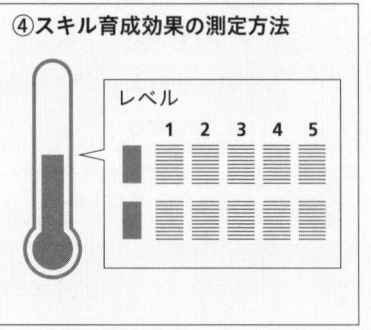

⑤社内トレーナー

トレーナー　　　トレーナーの育成

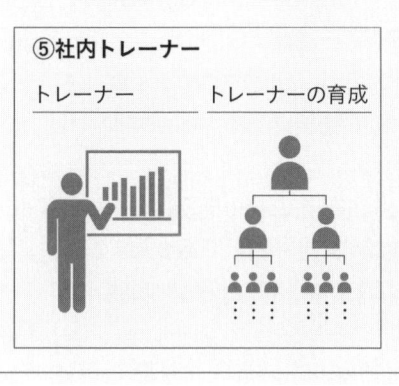

⑥モデルとなる現場

第**3**章　メガトレンドに乗って
持続的に成長する

　この章では、「成長」する事業領域を獲得するためにグローバルなメガトレンドに乗る、という全社戦略の発想について、詳細に説明していく。主要なメガトレンドとして、サステナビリティ、エネルギー、食料・栄養・農業、人口増加・都市化、新興国の台頭、新興国における中間層、ヘルスケアという7つを取り上げる。これらのトレンドをうまく捉えて持続的な成長を実現していくには、どのようにすればよいのだろうか。

グローバルなメガトレンドとは何か

　成長する事業領域は、今後数年間という短期間ではなく中長期間にわたって成長が持続し、十分なキャッシュフローを生んでいくものでなくてはならない。そのようなものとして、いわゆるグローバルなメガトレンドによる課題を解決していく事業領域がある。

　グローバルなメガトレンドとは、社会的または経済的な大きな潮流である。例を挙げれば、世界の人口が2050年には100億人という大台に向かって増加していく中での都市化の進行、新興国における中間層の拡大、食料・栄養・農業への需要の増加、世界的に高齢化が進む中での製薬・ヘルスケアへの需要の増加、そして、気候変動のもとでの脱炭素化をはじめとするサステナビリティの必要などである（**図表3-1**「グローバルなメガトレンドの例」を参照）。

図表3-1 | グローバルなメガトレンドの例

❶ サステナビリティ	脱炭素化の環境問題、水問題、人権問題など、環境・社会・経済の面からの持続可能性
❷ エネルギー	地球に優しいクリーンなエネルギーへの転換、エネルギー自体の確保
❸ 食料・栄養・農業	食料への需要や栄養への需要の増加、農業の維持・拡大
❹ 人口増加・都市化	人口の増加の継続、新興国を中心とした急速な都市化の進行
❺ 新興国の台頭	世界経済や産業の重心の新興国へのシフト
❻ 新興国における中間層	新興国における消費者層の拡大など、新たな消費者層の台頭
❼ ヘルスケア	高齢化の進行などによる、製薬・ヘルスケア需要の増加

　グローバルなメガトレンドのもとでは、それらにまつわる課題の解決を通じて事業領域が生まれる。そのような伸びゆく事業領域へ進出できれば、持続的な成長が期待でき、十分なキャッシュフローを生んでいくことができる。

　たとえば、アメリカ合衆国の3MはもともとMinnesota Mining & Manufacturingというミネソタ州の鉱山会社であった。鉱山業がエネルギー革命によって廃れていく中で、先進国における中間層の台頭による大量消費社会の到来というメガトレンドに乗って化学事業に進出した。そして、消費者の成熟によって化学事業がコモディティ化する中で、スペシャリティ化学事業、その後には消費者に近い製品事業へと進出し、いまでは「ポスト・イット」という付箋などの製品でなじみ深いイノベーション企業として成長を続けている。

　また、オランダのRoyal DSMも、3Mと類似の成長の軌跡をたどっている。もとはDutch State Minesという鉱山会社であったが、その後は先進国における中間層の台頭による大量消費社会の到来において化学事業に進出し、現在は

人口増加や高齢化というグローバルなメガトレンドを捉えて、栄養事業（ニュートリション事業）によって成長を継続している。

　将来に目を向けると、**図表3-1**におけるグローバルなメガトレンドのもとでは、たとえば次のような事業領域が考えられる。

①サステナビリティ（エネルギー関連を除く）：脱炭素化を進める技術・素材・製品・サービス、カーボンリサイクル、電気自動車などのモビリティ、水マネジメント、廃棄物マネジメント、生物多様性マネジメント、ダイバーシティ・アンド・インクルージョン、教育など

②エネルギー：再生可能エネルギー（太陽光発電や陸上・洋上風力発電など）、蓄電池、水素、アンモニア、分散電源、送配電、エネルギーマネジメントなど

③食料・栄養・農業：食料サプライチェーン、食品廃棄削減、人工肉等の代替食品、ビタミン、種子・肥料・農薬、スマート農業など

④人口増加・都市化：都市インフラ、都市交通、上下水道、熱供給、リサイクル、スマートシティなど

⑤新興国の台頭：新興国市場への生産市場あるいは消費市場としての参入、新興国での人材育成と登用、新興国発のリバースイノベーションなど

⑥新興国における中間層：食品、衣料品、日用品、レジャー・娯楽、通信、教育、健康・医療サービスなど

⑦ヘルスケア：抗体医薬、医薬品受託製造（CDMO）、再生医療、医療機器、介護、デジタルヘルスなど

メガトレンドを捉えるための自社の強み

　グローバルなメガトレンドは、どの企業の眼前にもある。それにもかかわらず、グローバルなメガトレンドをうまく捉えて持続的な成長を実現できる企業とそうではない企業に分かれてしまう。

図表3-2 ｜ メガトレンドを捉えた持続的に成長する事業の構築

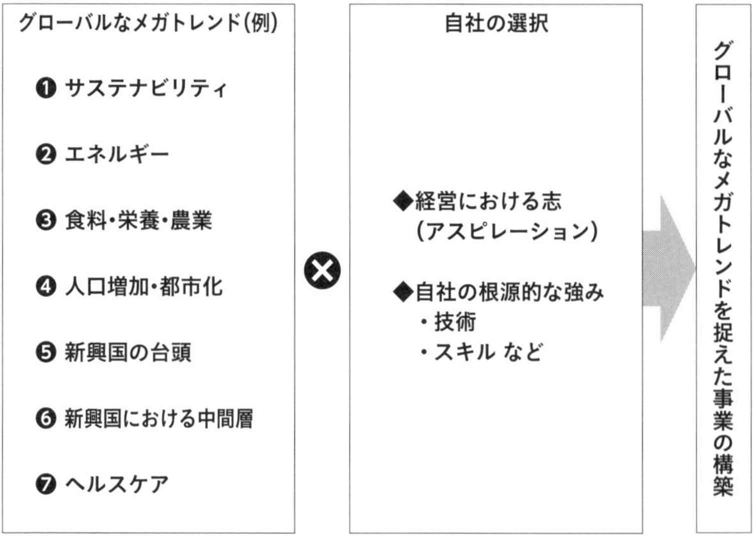

グローバルなメガトレンド(例)	自社の選択	グローバルなメガトレンドを捉えた事業の構築
❶ サステナビリティ ❷ エネルギー ❸ 食料・栄養・農業 ❹ 人口増加・都市化 ❺ 新興国の台頭 ❻ 新興国における中間層 ❼ ヘルスケア	❌ ◆経営における志 　（アスピレーション） ◆自社の根源的な強み 　・技術 　・スキル など	

　グローバルなメガトレンドに関連する事業領域において持続的な成長を実現していくためには、まずは自社が狙うメガトレンドを自社に引き寄せていく必要がある。そして、自社に引き寄せたトレンドのもとで、そのメガトレンドによる社会的な課題や経済的な課題を解決していくような成長事業を構築して、その事業から十分なキャッシュフローを生み出していく。このようにメガトレンドを自社に引き寄せること、そして事業を構築することを推進するものは、自社の根源的な強みと経営者の経営における志である（**図表3-2**「メガトレンドを捉えた持続的に成長する事業の構築」を参照）。

　自社の根源的な強みとは、競合企業が持ちえない唯一無二である自社に固有の強み、あるいは競合企業と比較して相対的に優位性のある強みである。それは、技術的な強みや顧客基盤の強みであったり、何らかのスキルの強みであったりする。

　また、自社の根源的な強みによって捉えられるメガトレンドが複数にわたることも少なくない。そこで、自社の根源的な強みと同じくらい重要になるものが、経営者の経営における志（アスピレーション）である。企業として、どのような社会的な課題や経済的な課題の解決を先導していきたいのか。そういう経営者の志からも、自社が捉えていくメガトレンドを選択するのである。

　第4章で説明するが、たとえば富士フイルムは、2000年代初頭から、フィルム市場やアナログのカメラ市場の急速な衰退に直面した。そこで、これらの事業で培ってきた技術を1年間かけて棚卸しして、自社の根源的な強みを客観的に評価した。そして、フィルム関連やカメラ関連からの技術力というダントツの強みによって捉えることができるグローバルなメガトレンドのうち、経営者の経営における志もあった医薬医療関連領域を経営の意思をもって選択し、そこでの事業構築を進め、大きなキャッシュフローの創出および企業価値の創造に努めている。

メガトレンドを捉えた事業構築における誤解

　ここで、メガトレンドを自社なりに捉えていくことの意味を理解しておかなければならない。

　グローバルなメガトレンドというとき、それらが「どこからか、やって来るもの」と日本企業は思いがちである。そして、いかにすればその波にうまく乗っていくことができるか、という受け身の態度になってしまう。

　一方で、欧米の意欲的な企業などは、グローバルなメガトレンドであっても誰かがその具体的な姿を作っていくものと考えて、主体的かつ能動的な態度で動いていく。まさに、未来はどこかからやって来るものではなく、誰かが創っていくもの、という考え方である。

　そして、一番手であるファースト・ムーバーとして事業を構築のうえ、勝者総取りを実現して、事業からの大きなキャッシュフローを得ていこうとする。このように、グローバルなメガトレンドを先導していくリーダーになっていく

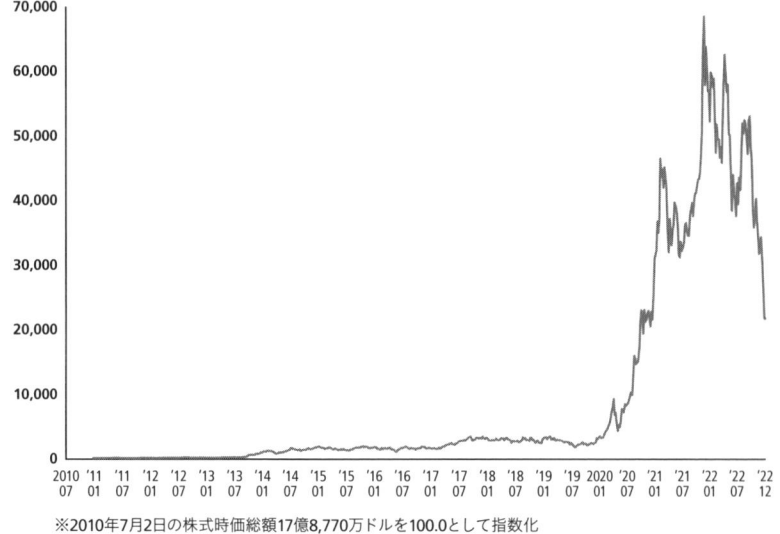

図表3-3｜テスラの株式時価総額の推移（2010年7月2日＝100として指数化）

※2010年7月2日の株式時価総額17億8,770万ドルを100.0として指数化

出所：株価データから筆者作成

　ことが重要なのである。

　たとえば、脱炭素化というトレンドのもとで電気自動車（EV）について誰よりも先んじてリーダーとして取り組んできたテスラでは、その評価の一つとしての株式時価総額が、脱炭素化の世界的な潮流が成熟してきた2020年初めから飛躍的に増加している（**図表3-3**「テスラの株式時価総額の推移（2010年7月2日＝100として指数化）」を参照）。

　それでは、グローバルなメガトレンドのもとで、未来の社会や産業を創っていくリーダーとして取り組む事業構築とは、どのようなものなのであろうか。

　例として、気候変動問題、地球環境問題、そして、人権、ダイバーシティ、生物多様性などまでを含むサステナビリティというグローバルなメガトレンドを考えてみよう。これは、経済が大きくなって、社会、そして環境が、この大

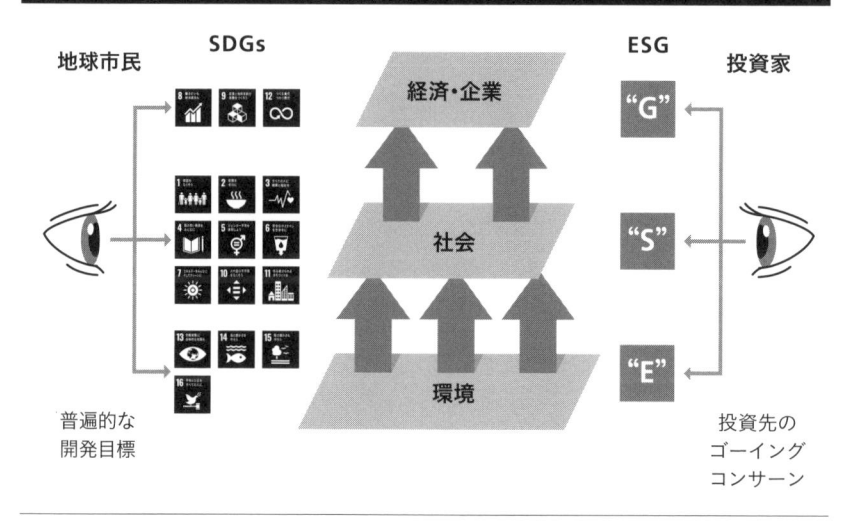

図表3-4 | サステナビリティにおける事業構築

きな経済を支えきれなくなってきている中で、社会や環境も含めた持続可能性
に取り組もうというものである（**図表3-4**「サステナビリティにおける事業構
築」を参照）。

　このサステナビリティにおいて、日本企業は、まずは二酸化炭素などの温室
効果ガス排出量削減という世界的な要求にいかに対応するかという規制対応で
考えが一杯になってしまいがちである。あるいは、温室効果ガス排出量削減関
連の事業という狭い領域から考えが大きく広がっていかない。

　これに対し、欧米の意欲的な企業などは、サステナビリティを実現する世の
中とはどのような姿になるのか、そのためには何をしていくべきなのか、とい
う大きな絵（ビッグピクチャー）を示して、パートナー企業を呼び込み、門構
えを大きくとっていち早く事業の構築を進めていくのである。

将来の社会や産業の姿を打ち出す

　主体的かつ能動的に大きな絵（ビッグピクチャー）を示して、グローバルな

メガトレンドを捉え、さらにはそうしたメガトレンドを創っていき、他社も巻き込みながら事業の構築を進めていくということが、日本企業にも求められる。これまでの日本企業は、いわば規制対応型であるといえるが、今後は欧米の意欲的な企業のように、いわば将来の社会や産業の大きな絵姿を描くデザイナー型になっていくことが求められる。

　この点では、たとえば、将来のサステイナビリティの姿を示そうとしているトヨタ自動車のウーブン・シティ構想（Woven City／網の目のように道が織り込まれ合う街という意味）が注目される。人々の暮らしを支えるあらゆるモノやサービスがつながる実証都市を東富士（静岡県裾野市）に設置して、トヨタの従業員やプロジェクトの関係者をはじめ、2,000名程度の住民が暮らす計画である。

　そこでは、人々が生活を送るリアルな環境のもと、自動運転、モビリティ・アズ・ア・サービス（MaaS）、パーソナルモビリティ、ロボット、スマートホーム技術、人工知能（AI）技術などを導入・検証していく。人々の暮らしを支えるモノやサービスが情報でつながっていく時代を見据え、この街で技術やサービスの開発と実証のサイクルを素早く回すことによって、パートナー企業も巻き込んで、新たな価値やビジネスモデルを生み出していく。まさに将来の社会の姿を描くデザイナー型で、どのような事業の構築が進み、どれだけのキャッシュフローを生み出していくのか興味深い。

　こうしてグローバルなメガトレンドを自社の強みによって捉えた事業領域において事業を構築していく場合は、その全社戦略のもとで当初は社長（あるいはCEO）直轄の事業として推進される。それは、買収によって事業を構築していく場合も同様である。そして、軌道に乗ってきたところで、事業部門に移っていくことが多い。

Column　**戦略は仮説にすぎない**

　現代では、事業環境がこれまでになく速いスピードで、かつ大きく変化している。その背景はさまざまであり、国家間での地政学的な要因、金融政策や為替政策などのマクロ経済的な要因、目まぐるしく変わる産業構造的な要因などによる。グローバルなメガトレンドに関連した事業領域では、将来の不確実性が高く、技術革新も日進月歩で進んでいる。

　そのため、グローバルなメガトレンドを捉える戦略は、その戦略の作成時点の情報に基づく仮説と位置づけ、その仮説を継続的に進化させていく必要がある。いまや、戦略といえども、日々の検証が必要な「仮説」にすぎない。戦略という仮説を継続的に検証していくことによって、戦略を絶えずアップデートして進化させ続けることが求められるのであり、いわば、よい意味での朝令暮改こそが推奨される。

　そして、この仮説としての戦略構築とその継続的な検証と進化は、企業が持つあらゆる情報チャネルを活用して行われるべきものである（**図表3-5**「仮説としての戦略の検証と進化」を参照）。

　たとえば、自社の研究者が参加している学会や研究発表大会では、最新の技術動向が議論されているかもしれない。自社の顧客は、誰よりも自社の競合企業の情報を熟知しているかもしれない。定期的に面談するアナリストは、自社の事業の属するバリューチェーン全体の変化を予想しているかもしれない。こうした場において得られる情報や知見によって、戦略としての仮説を検証し、その仮説をアップデートして進化させていくのである。

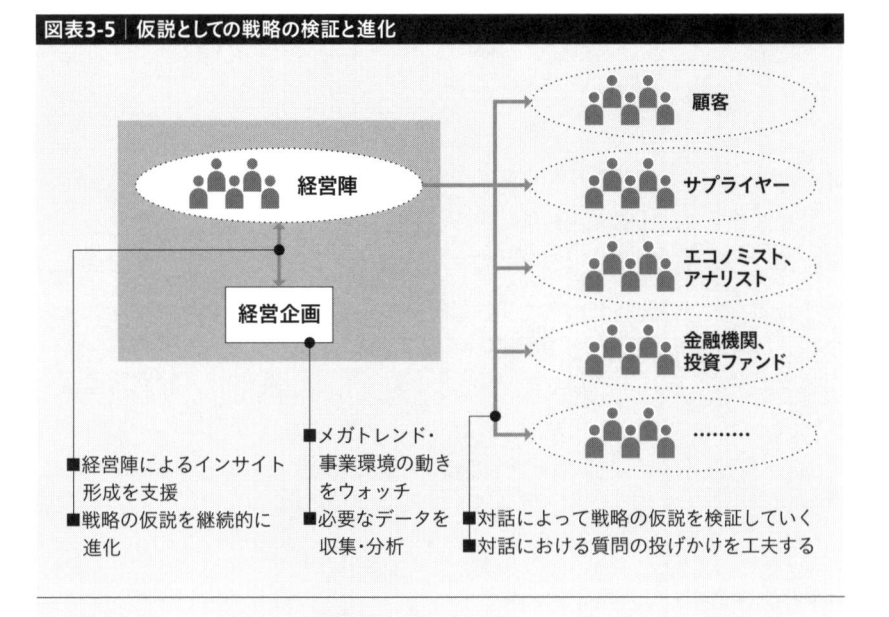

図表3-5 ｜ 仮説としての戦略の検証と進化

Column

パーパス経営のもとでの
企業による社会課題の解決という潮流

　経済学の新自由主義を代表するシカゴ大学教授ミルトン・フリードマンは、ニューヨークタイムズマガジン1970年9月13日号に掲載された "A Friedman Doctrine: Social Responsibility of Business is to Increase its Profit" という論考において、株主は企業の所有者であり、経営者は株主のための従業員である、そして企業は少しでも多くのカネをリターンとして株主にもたらすべきだ、という内容の主張を行った。その後、株主資本主義のもとで、企業はいかに多くの利益を得ることができるか、そしていかに多くのリターンを株主にもたらすことができるかが重視されてきた。

図表3-6 | パーパス経営のもとでの企業の意義の変化

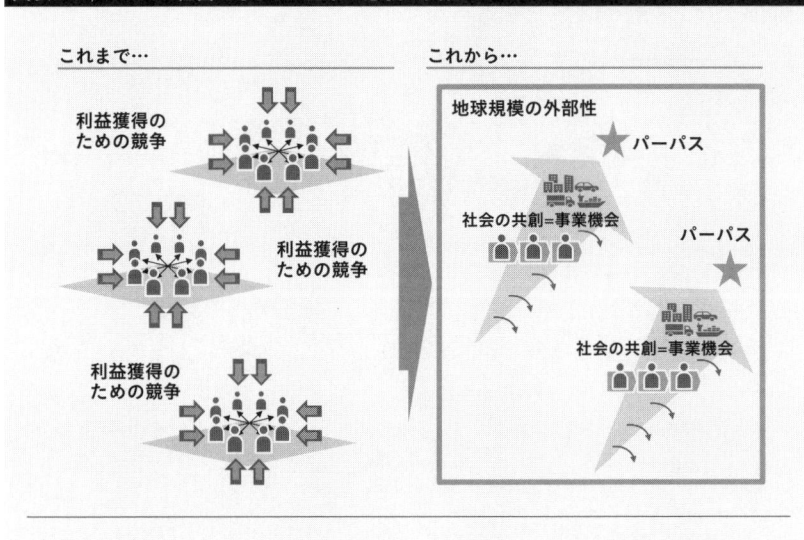

　株主資本主義に対して、最近ではステークホルダー資本主義が叫ばれるようになった。企業は株主に貢献するだけではなく、顧客、社員、社会などのさまざまなステークホルダーや地球環境への貢献が大切であると言われるようになってきたのである。そして、企業もパーパスを持って経営されるべきだというパーパス経営が議論されるようになっている。パーパスは志や存在意義といったような意味で、本文におけるミッションやビジョンと類似の概念である。そして、企業はパーパスを持って社会に貢献していく存在であるべきだと理解され始めている。

　企業は、それぞれの産業やそれぞれの市場において、地球環境などの外部の資源も使いながら利益を獲得していく存在であったものが、これからはパーパスのもとで地球環境や社会の持続可能性などに積極的に貢献しながら共創する存在であると、大きな方向転換が叫ばれているわけである（**図表3-6**「パーパス経営のもとでの企業の意義の変化」）。この背景には、社会や産業が物質的に成熟してきたことに加え、温室効果ガスによる気候

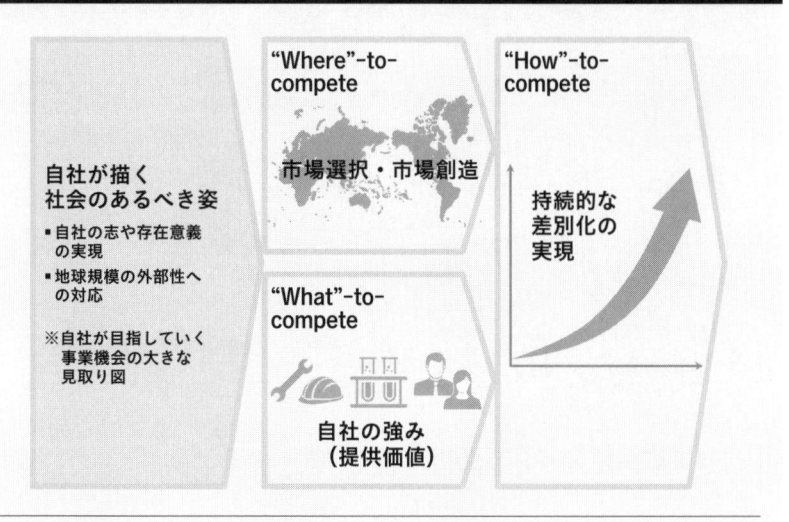

図表3-7 | パーパス経営時代の戦略の要素

自社が描く
社会のあるべき姿
- 自社の志や存在意義
の実現
- 地球規模の外部性へ
の対応

※自社が目指していく
事業機会の大きな
見取り図

"Where"-to-
compete

市場選択・市場創造

"What"-to-
compete

自社の強み
（提供価値）

"How"-to-
compete

持続的な
差別化の
実現

変動問題をはじめとするプラネタリー・バウンダリーと呼ばれる「地球規模での外部性」が企業経営や事業運営において考慮すべき大きな要件になってきたことがある。

このようなパーパス経営のもとでは、企業は自社の志や存在意義であるパーパスを明らかにすることに加えて、自社の強みを活かして、具体的にどのような社会を作っていきたいのかを示していくべきである。そして、これから自社が創出し獲得していく事業機会の大きな見取り図にするのである。このような新たな事業機会の創出と獲得という視点は、パーパス経営においても、経営者は常に心にとどめておかなければならない。

パーパスといえ、ミッションやビジョンといえ、自社を主語にして、自社の固有の強みを活かして、具体的にどのような社会を共創していくかを示すことで、そのような社会の実現に向かって歩み始めることができる。その歩みにおいて、新たな事業機会を具体的に創出して獲得していくのである。このような具体化があれば、パートナーとなる他社も歩み寄ってく

図表3-8 ｜ 産業構造の変化

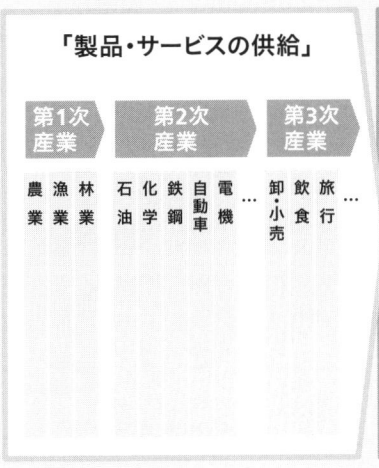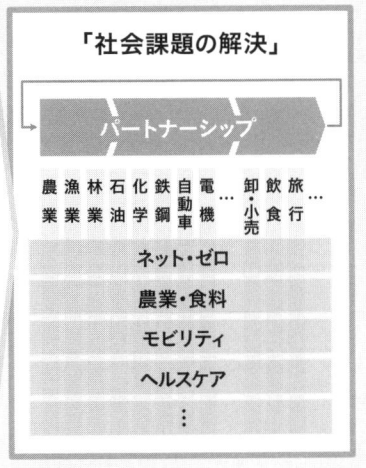

る。「**図表2-1** 戦略の要素」で示したものに対して、パーパス経営においては、その大前提として、自社が描く社会のあるべき姿、すなわち自社が目指していく事業機会の大きな見取り図が加わってくる（**図表3-7**「パーパス経営時代の戦略の要素」）。

　こうした流れが進むと、産業構造はこれまでの第1次産業・第2次産業・第3次産業といった業種別での縦割り型から、ネット・ゼロ（カーボンニュートラル）、農業・食料、モビリティ、ヘルスケアなどの社会課題を軸に、その解決へ向けた事業機会にあわせて業界横断型のものに変化していくと考えられる（**図表3-8**「産業構造の変化」）。そして、企業も、これまでのようにそれぞれの産業の中で競争を繰り広げるという構図から、**図表3-6**の右側に示したように、サプライチェーンを意識してパートナーシップを組んで、社会課題の解決による社会の共創という大義のもとでの事業機会の創出と獲得に進んでいくのではなかろうか。

第4章　事業ポートフォリオを再構築する

　持続的な成長を実現するには、ただ単に現行の事業を継続するだけにとどまらず、事業ポートフォリオの見直しや入れ替えを積極的かつ能動的に行って、事業ポートフォリオの新陳代謝を図っていくことが不可欠である。この章では、事業ポートフォリオマネジメントと呼ばれることもある手法の要諦を説明したうえで、日本企業が陥りがちな好ましくない事業ポートフォリオの4つの類型を紹介しよう。

事業ポートフォリオのマッピング

　多くの企業は、複数の事業を運営しており、その構成を「事業ポートフォリオ」と呼ぶ。

　各事業の状況を理解するうえでは、「成長」を表す売上高成長率を縦軸に、「稼ぐ力」を表す投下資本利益率（ROIC）を横軸にとって、それぞれの事業が創出するキャッシュフローの近似値となるEBITDA（Earnings Before Interest, Taxes, Depreciation and Amortization／利払前税引前償却前利益）を円の大きさとするマトリクスによってマッピングすると理解しやすい（**図表4-1**「事業ポートフォリオのマッピング」を参照）。

　そして、それぞれの事業が生み出すキャッシュフローの企業としての総和を最大限にまで大きく、そして安定したものにするには、事業ごとにいかなる手を積極的かつ能動的に打っていくべきかを考えていく。これが事業ポートフォリオのマネジメントである。

　この事業ポートフォリオのマッピングにおいて、横軸の基準値には全社ベースの加重平均資本コスト（WACC）、縦軸の基準値には全社ベースで目標とす

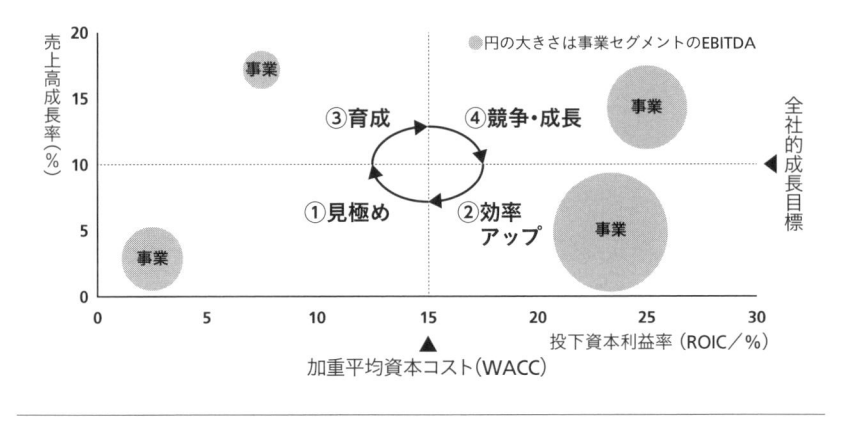

図表4-1｜事業ポートフォリオのマッピング

る売上高成長率や経済成長率としてのGDP成長率などを設定する。

　WACCとは、事業の構築・運営のために投下する原資となる株主からの資本の調達にかかるコストと銀行などからの負債の調達にかかるコストの平均である。企業はこれらの株主資本と負債を元手にして事業を構築し運営して利益を生み出していく。この構造を踏まえて、事業の稼ぐ力は、事業からの営業利益をその事業への投下資本金額で割り算した投下資本利益率（ROIC）で測るのであった。詳しくは第Ⅱ部で説明するが、このため、ROICがWACCを上回っていれば企業価値を創造しているといえる。そこで、事業ポートフォリオのマッピングにおける横軸では、それぞれの事業のROICをたとえば全社ベースのWACCと比較する。もちろん、本来はそれぞれの事業ごとにリスク特性を反映した資金調達コストと比較することが望ましいのであるが、ここでは全社ベースの事業ポートフォリオの可視化という観点から全社ベースのWACCと比較する。また、縦軸では、あるべき成長が実現できているかを比較する。

　そして、この事業ポートフォリオのマッピングにおいて、**図表4-1の象限①〜④**は、それぞれ次のように解釈できる。

①象限：成長も稼ぐ力もない事業である。抜本的な構造改革、撤退、あるい
　　　は売却という見極めと対応が求められる事業である。
②象限：かつてのコア事業などである。今後の成長は見込めないが大きな利
　　　益を稼いで十分なキャッシュを生み出している、いわゆるキャッシュカウ
　　　事業である。コスト削減の徹底などによって事業の効率性を高めて稼ぐ力
　　　をさらに向上させ、事業からのキャッシュを収穫しきっていく事業でもある。
③象限：これからの新規事業などであることが多い。事業構築の初期段階に
　　　あって成長力こそ高いが、稼ぐ力はまだ低い状態にある。成長を継続して
　　　促しつつ、稼ぐ力も培って育成していく事業である。
④象限：当該企業の現時点での成長と稼ぐ力を大きく牽引しているコア事業
　　　である。成長を維持あるいはさらに推進しながら、競争優位性の強化など
　　　によって稼ぐ力をさらに高めていく事業である。

　事業ポートフォリオのマネジメントにおいては、②象限において潤沢なキャ
ッシュを生み出してくれているキャッシュカウ事業からのキャッシュを、③象
限における新規事業や④象限におけるコア事業における投資に振り向けて、そ
れらの事業を育成し推進していくことが大切である。もちろん、①象限におけ
る不振事業への対応も、キャッシュの流出の抑制や自社内の儲かっている事業
からの社内補填の解消という観点からは大切になる。
　なお、このような事業ポートフォリオのマネジメントができていれば、いわ
ゆる「コングロマリットディスカウント」に陥るリスクも軽減できると考えら
れる。コングロマリットディスカウントとは、複数の異なる事業を行っている
企業の企業価値が、それらの個々の事業が単業として営まれている場合の事業
価値の合計よりも小さくなるというものである。
　コングロマリットディスカウントの原因としては、さまざまなことが言われ
ている。たとえば、多くの事業に対して、経営者が等しく意識や注意を向けら
れない、経営資源の配分を適時かつ適切に行っていけない、企業としてあまり

に異なるスキルを持ちきれない、などである。

　それでも、アクティブな事業ポートフォリオのマネジメントを行えていれば、事業ポートフォリオのマップ上の事業それぞれについて経営者の意識や注意は向けられやすい。経営資源の配分も是々非々で検討され、成長や稼ぐ力のため組織的なスキルの構築や展開も議論されているはずである。

日本企業によく見られる4つの類型

　日本企業によく見られる事業ポートフォリオの類型には、「ゆでガエル型」「後ろ髪引かれ型」「ジリ貧型」「下手な鉄砲型」の4つがある（**図表4-2**「日本企業によく見られる事業ポートフォリオの類型」を参照）。

- ゆでガエル型：昔から本業として営んでいる事業群を、経済環境や産業構造が変化しても、それに対応しないまま継続しているだけになっている。かつては、どの事業も成長し、利益も稼いでいたのであろうが、現時点では、今後の成長を期待できず、稼ぐ力であるROICもWACCを下回って乏しくなってきている。それでも、次の一手に踏み切れないままであり、早晩、企業全体の浮沈の問題につながりかねない。
- 後ろ髪引かれ型：いくつかの低成長かつ低利益の事業を抱えたままになっている。そうした事業は、祖業であったり、中興の祖といわれる人物が始めた事業であったり、社長経験者の現役時代の花形事業であったりする。社内には成長あるいは稼ぐ力に優れた事業がほかにあるため、それらの事業からのいわば社内補填によって生きながらえてはいるが、抜本的な対策が先延ばしになっている状態である。
- ジリ貧型：いわゆるコア事業が一つあるが、それ以外には、今後の大きな成長が期待できる事業も、稼ぐ力が強い事業も、見当たらない状態である。このコア事業が、現時点ではそこそこの成長や稼ぐ力を維持できているため、社内でも本格的な危機意識が芽生えにくくなっている。ただ、そのコ

図表4-2｜日本企業によく見られる事業ポートフォリオの類型

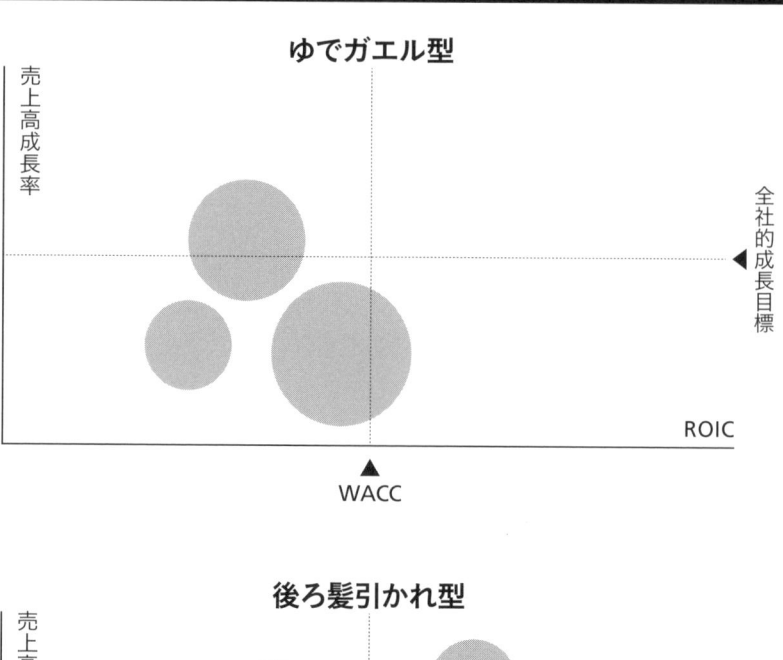

ゆでガエル型

売上高成長率

全社的成長目標

ROIC

▲ WACC

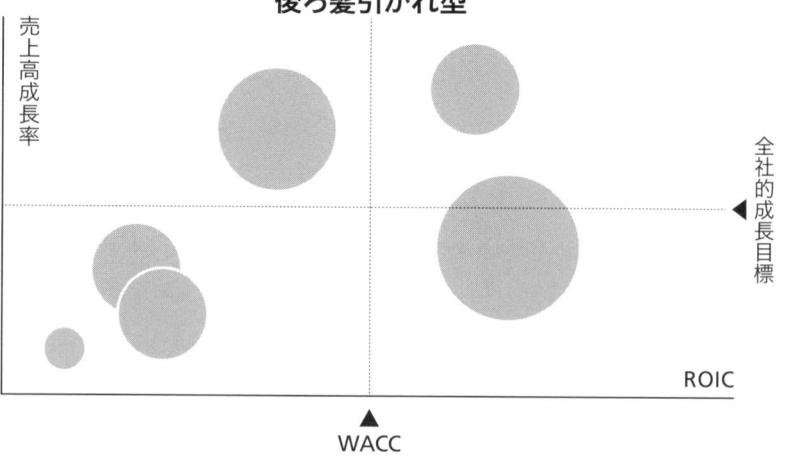

後ろ髪引かれ型

売上高成長率

全社的成長目標

ROIC

▲ WACC

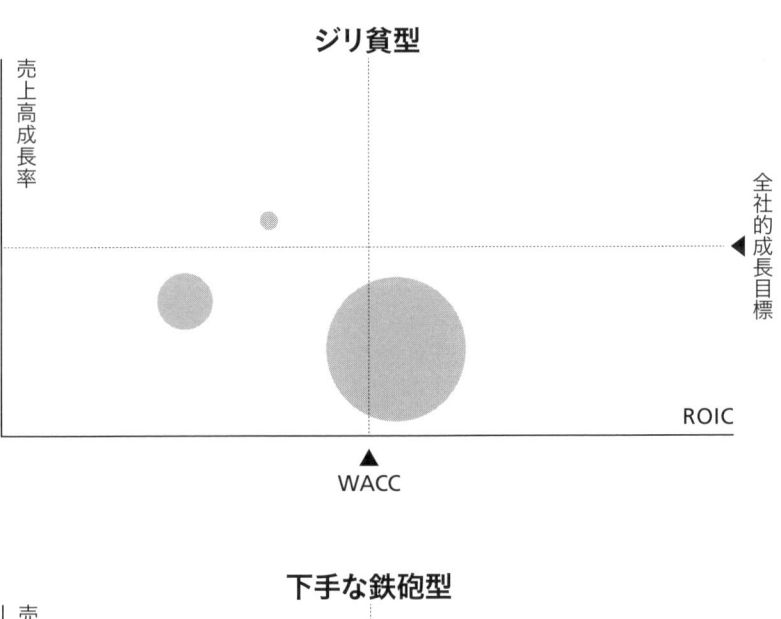

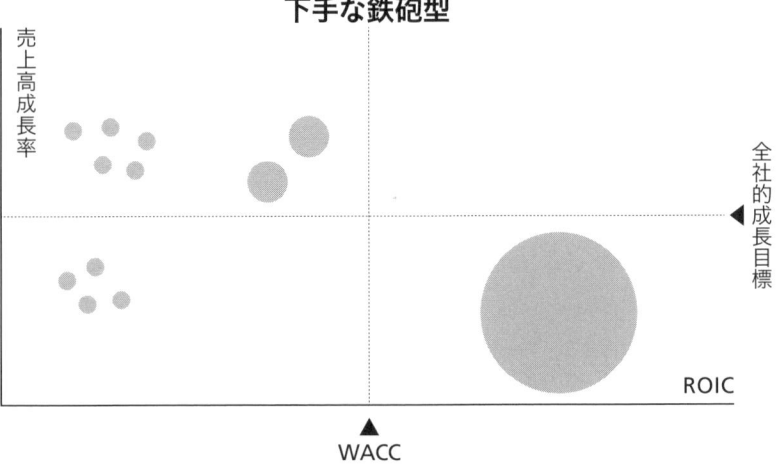

ア事業がコモディティ化していったり、徐々に競争力を失ったりしていくようであれば、今後の飛躍のタネがないまま、企業全体が苦境に立たされていくことになる。

- 下手な鉄砲型：ダントツに稼いでいる事業があるため、そこから創出されるキャッシュを原資として、多くの新規事業に投資を行っているが、それらの新規事業がどれも大きくなりきらないままである。さまざまな新規事業を立ち上げる面白さはあるが、どのアイデアも思い付きの域を出ないものであったり、あるいは育てきるまでの投資や徹底した事業運営というコミットが伴っていない。

　たとえば、日本の国内市場の成長が人口減少などによって期待できない中で、国内市場に大きく軸足を置いてきた業界は、ゆでガエル型やジリ貧型になりやすい。

　そうした事業環境の中で、飲料・食品を手掛けるアサヒグループホールディングスは、キャッシュカウである日本国内の「酒類」事業が大きなキャッシュを生み出しているうちに海外における酒類事業等である「国際」事業を育成しつつ、同時に各事業の稼ぐ力を高めようとしている姿がうかがわれる（**図表4-3**「アサヒグループホールディングスの事業ポートフォリオの変化」を参照）。

　また、伝統のある企業で、企業発展の歴史に従って多くの事業を事業ポートフォリオに抱えるようになった企業は、後ろ髪引かれ型になりやすい。そのような中で対応を進めている一例が、世の中のインフラ関連事業を幅広く手掛ける重工業メーカーである。

　川崎重工業では、成長はもちろんのこと、稼ぐ力の指標としてROICを取り入れ、全社目標8％以上の達成に向けて取り組んでいる。また、社外取締役を除く取締役の報酬のうち業績連動報酬を、当期純利益、全社ROIC、事業セグメントであるカンパニーROICに連動させている（**図表4-4**「川崎重工業の事業ポートフォリオの変化」を参照）。

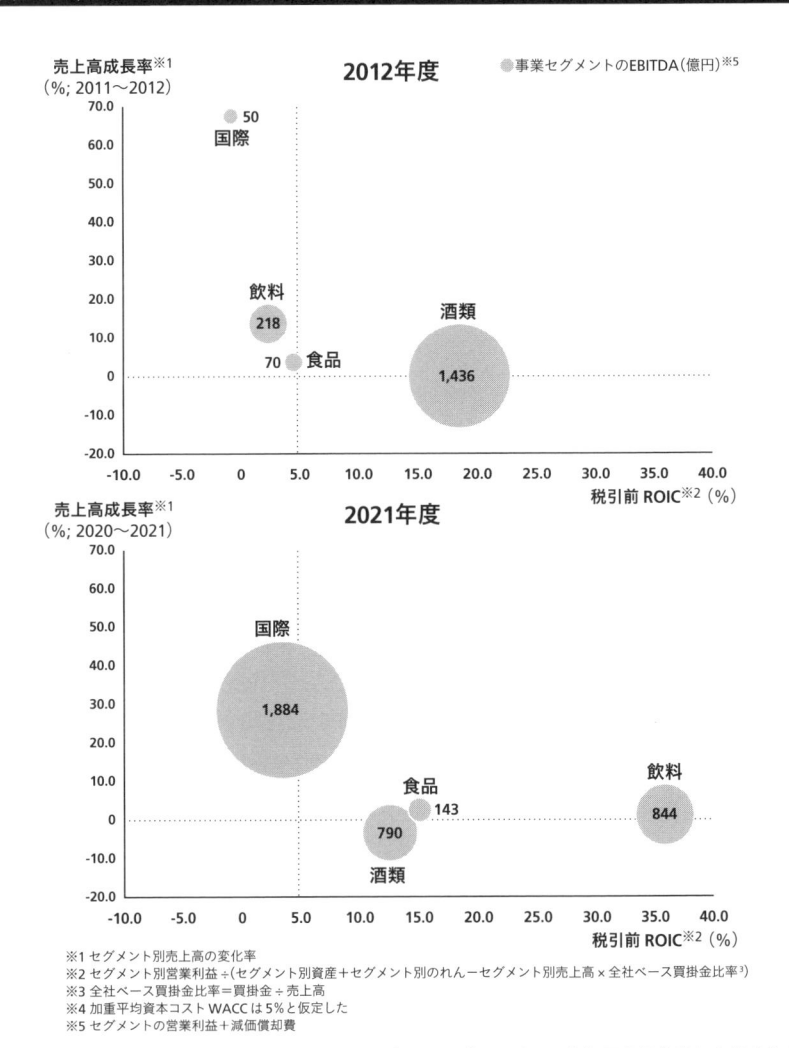

図表4-3│アサヒグループホールディングスの事業ポートフォリオの変化

売上高成長率※1
（%; 2011〜2012）

2012年度　　　●事業セグメントのEBITDA（億円）※5

国際　50

飲料　218

食品　70

酒類　1,436

税引前 ROIC※2（%）

売上高成長率※1
（%; 2020〜2021）

2021年度

国際　1,884

食品　143

酒類　790

飲料　844

税引前 ROIC※2（%）

※1 セグメント別売上高の変化率
※2 セグメント別営業利益÷（セグメント別資産＋セグメント別のれん－セグメント別売上高×全社ベース買掛金比率³）
※3 全社ベース買掛金比率＝買掛金÷売上高
※4 加重平均資本コスト WACC は 5％と仮定した
※5 セグメントの営業利益＋減価償却費

出所：アサヒグループホールディングスの有価証券報告書から筆者作成

図表4-4 | 川崎重工業の事業ポートフォリオの変化

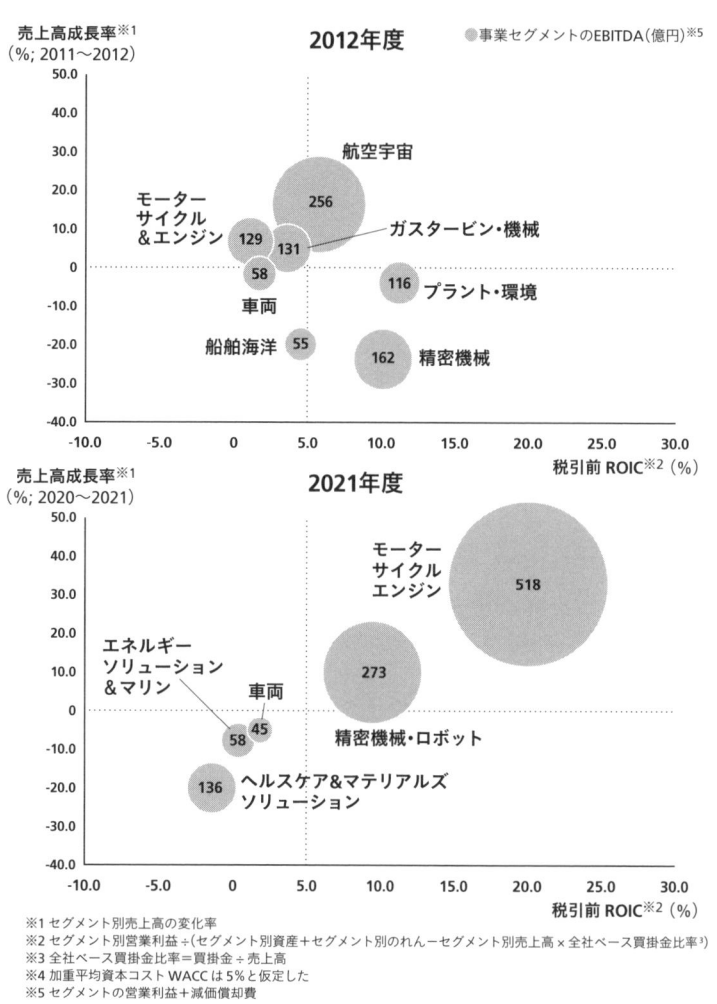

※1 セグメント別売上高の変化率
※2 セグメント別営業利益÷(セグメント別資産＋セグメント別ののれん－セグメント別売上高×全社ベース買掛金比率³)
※3 全社ベース買掛金比率＝買掛金÷売上高
※4 加重平均資本コスト WACC は 5％と仮定した
※5 セグメントの営業利益＋減価償却費

出所：川崎重工業の有価証券報告書から筆者作成

富士フイルムの
事業ポートフォリオマネジメント

　グローバルなメガトレンドを自社なりに捉えて持続的に成長する事業領域を実現している日本企業として、よく知られた例ではあるが、富士フイルムがある。

　同社は、写真フィルム市場が2000年にピークを迎えてから急速に縮小していく中で、そこで培った技術力を活用しつつ、世界屈指で唯一無二の「ヘルスケア・カンパニー」を目指した「第二の創業」として、医薬医療関連事業であらたな成長を実現してきている。

　写真フィルム事業は、デジタルカメラの普及、そしてスマートフォンに内蔵されたカメラによる写真の撮影が一般化していく中で、苦境に陥っていった。かつては富士フイルムと並ぶ大手であったイーストマン・コダックが、こうした市場の変化への対応が遅れたために業績低迷から抜け出せず、ついに2012年1月にアメリカ合衆国連邦倒産法第11条の適用をニューヨークの裁判所に申請して、その130年間にわたる歴史に幕を閉じ、上場廃止になったほどである。

　このような中で、富士フイルムは、まず2000年代初頭に技術の棚卸しを1年以上かけて行い、技術の競争力や潜在力を評価した。写真フィルム事業では、光を感じる粒子や色を作る粒子を含むコラーゲンを層状に塗るところから材料化学、化学合成、ナノテクノロジーなどの技術を蓄積していた。カメラ事業では、カメラの開発によって機械設計、システム設計、生産技術などのノウハウを蓄積していた。また、写真プリント事業では、光学や画像解析の技術を蓄積していた。

　次に、技術の棚卸しとニーズの探索の結果を、技術（既存技術と新規技術）と事業（既存事業と新規事業）という4象限のマトリクスにまとめ、経営資源を集中的に投下する事業領域の特定を図っていった。その検討を

通じて、自社なりの技術の強みが活用できるとともに、いまだ未解決な課題がたくさんあり、世の中の役に立てるという経営者の経営における志によって、医薬医療関連事業への本格的な参入を決めた。

そして、医薬品、再生医療、検査薬、開発製造受託という事業分野への参入を、M&Aやアライアンスを手段として活用しながら一気呵成に推進していった。これまでに、M&Aでは1兆円単位の投資を行っている。こうして、2000年に写真フィルム市場がピークを迎え、その後は急速に縮小していくなかで、ジリ貧型に陥りそうであった事業ポートフォリオをアクティブにマネージしていることが理解できる（**図表4-5**「富士フイルムの事業ポートフォリオの変化」を参照）。

具体的には、2008年に富山化学工業の株式66％を約1,370億円で取得して、医薬事業に参入している。また、2014年にジャパン・ティッシュ・エンジニアリングを買収、2015年に米国のセルラー・ダイナミクス・インターナショナルを約330億円で買収して、再生医療分野に参入している。そして、2017年には武田薬品工業から和光純薬工業を約1,550億円で買収して検査薬分野に参入した。さらに、2022年には米国バイオテック企業シェナンドーア・バイオテクノロジー社を買収している。

このほか、2011年には、免疫細胞が外敵を攻撃する抗体を人工的に作る抗体医薬品などのバイオ医薬品の開発製造受託（CDMO）の事業を製薬大手のメルクから約400億円で買収して参入しており、2019年にはバイオジェンからデンマーク工場を約940億円で買収して、設備も増強している。

医療機器事業では、2016年に東芝メディカルシステムズの買収案件をキヤノンに逃したが、日立製作所からのコンピュータ断層診断装置（CT）や磁気共鳴画像装置（MRI）などの画像診断機器事業の約1,790億円での買収を進めてきた。また、2022年には米国インスピラータ社のデジタル病理部門を買収している。

図表4-5｜富士フイルムの事業ポートフォリオの変化

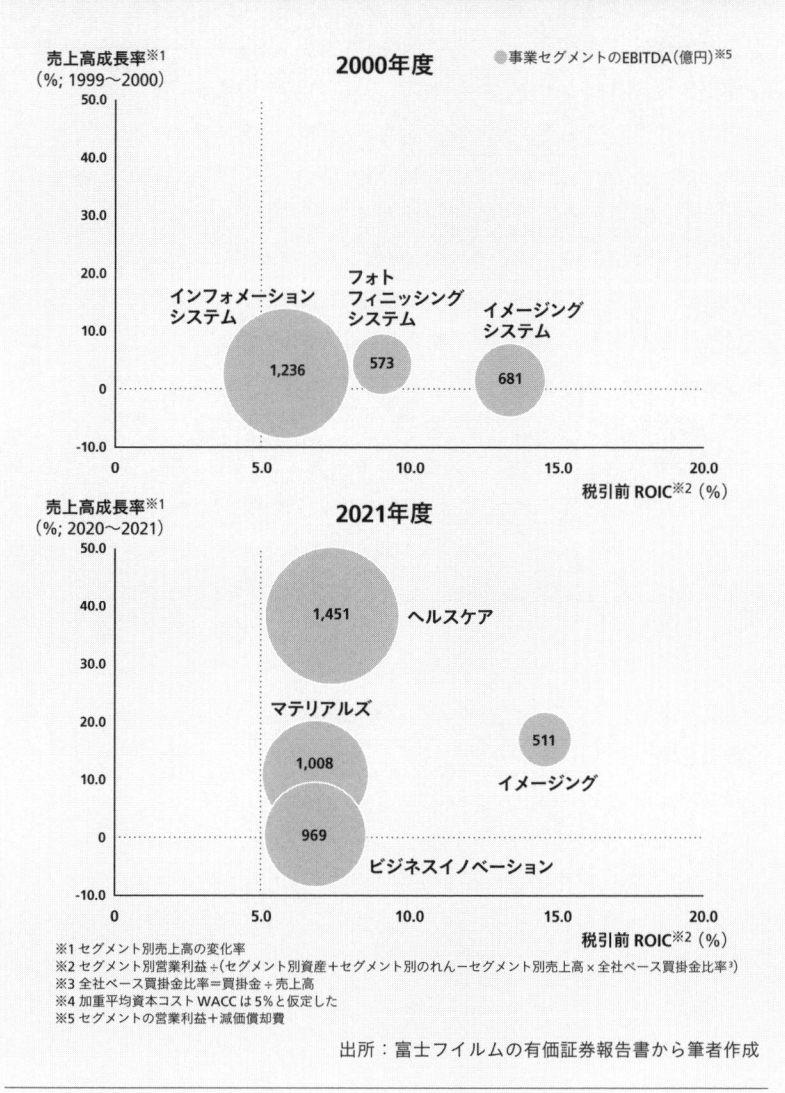

売上高成長率※1
（%; 1999～2000）

2000年度　●事業セグメントのEBITDA（億円）※5

インフォメーション
システム　1,236

フォト
フィニッシング
システム　573

イメージング
システム　681

税引前 ROIC※2（%）

売上高成長率※1
（%; 2020～2021）

2021年度

ヘルスケア　1,451

マテリアルズ　1,008

511　イメージング

969　ビジネスイノベーション

税引前 ROIC※2（%）

※1 セグメント別売上高の変化率
※2 セグメント別営業利益÷（セグメント別資産＋セグメント別のれん－セグメント別売上高×全社ベース買掛金比率³）
※3 全社ベース買掛金比率＝買掛金÷売上高
※4 加重平均資本コスト WACC は5%と仮定した
※5 セグメントの営業利益＋減価償却費

出所：富士フイルムの有価証券報告書から筆者作成

　このような結果、2000年度と2021年度の売上高および営業利益の構成を比較しても、その変化がいかに顕著であるかがわかる（**図表4-6**「富士フイルムの収益構成の変化」を参照）。

　なお、こうして成長する事業分野を一気呵成に育てていくためにはキャッシュが必要である。そこでは、富士ゼロックス（連結子会社、当時の社名）が生み出す潤沢なキャッシュがあったことが注目されるべきである。

　富士ゼロックスは、2000年度から2021年度までの22年間で、EBITDAベースで、2兆7,000億円以上もの貢献を富士フイルムに対して行っている。市場の将来の大きな成長は見込めないものの自社のシェアが高く、大きな利益を稼いでいるキャッシュカウ事業が元気なうちに、次に成長する事業領域への投資を行ってきたのである。

　こうして、富士フイルムのフリーキャッシュフロー（ただし、投資は有形固定資産への投資のみを含みM&Aへの投資は除く）は、2000年度から増加傾向にあり、企業価値の創造も進んできたことがうかがわれる（**図表4-7**「富士フイルムのフリーキャッシュフローの推移」を参照）。

図表4-6｜富士フイルムの収益構成の変化

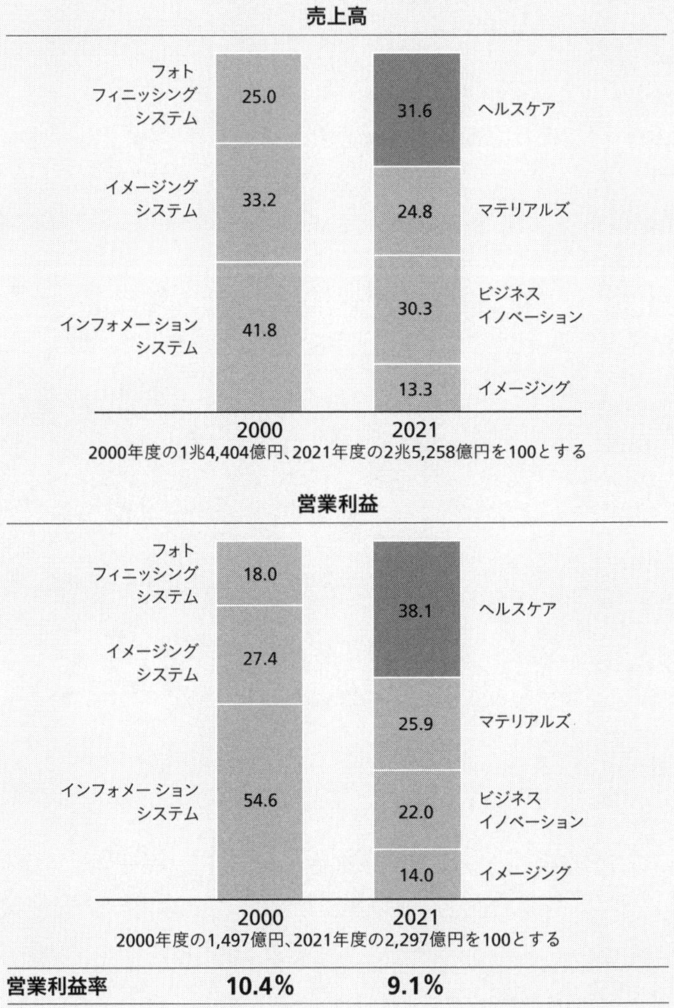

売上高

	2000	2021	
フォトフィニッシングシステム	25.0	31.6	ヘルスケア
イメージングシステム	33.2	24.8	マテリアルズ
インフォメーションシステム	41.8	30.3	ビジネスイノベーション
		13.3	イメージング

2000年度の1兆4,404億円、2021年度の2兆5,258億円を100とする

営業利益

	2000	2021	
フォトフィニッシングシステム	18.0	38.1	ヘルスケア
イメージングシステム	27.4	25.9	マテリアルズ
インフォメーションシステム	54.6	22.0	ビジネスイノベーション
		14.0	イメージング

2000年度の1,497億円、2021年度の2,297億円を100とする

営業利益率	10.4%	9.1%

出所：富士フイルムの有価証券報告書から筆者作成

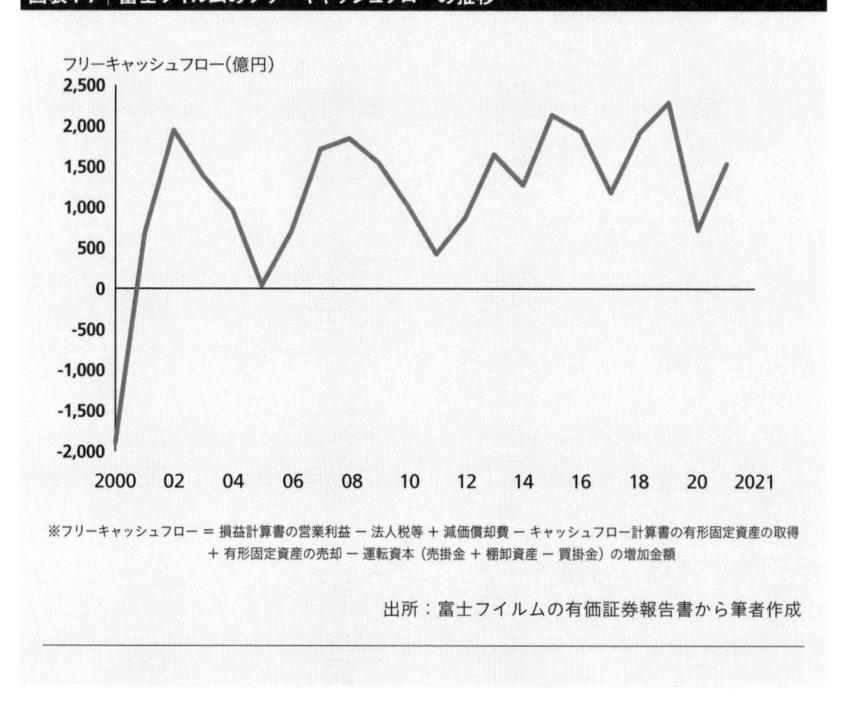

図表4-7│富士フイルムのフリーキャッシュフローの推移

フリーキャッシュフロー（億円）

※フリーキャッシュフロー = 損益計算書の営業利益 − 法人税等 + 減価償却費 − キャッシュフロー計算書の有形固定資産の取得
　　　　　　　　　　　+ 有形固定資産の売却 − 運転資本（売掛金 + 棚卸資産 − 買掛金）の増加金額

出所：富士フイルムの有価証券報告書から筆者作成

Case
Study

富士フイルムの
成長と稼ぐ力の軌跡

　富士フイルムの事例につき、成長と稼ぐ力の観点から、これまでの軌跡をさらに詳しく見てみよう。ここでは、成長はそれぞれの年度の直近2年間での売上高成長率、稼ぐ力は税引後のROICから加重平均資本コスト（WACC）を控除したもの（「ROICスプレッド」と呼ばれる）によっている。なお、WACCを実際のマーケットからのデータなどによって算出する手法については、「第Ⅱ部　お金の流れによって企業価値を創造する経営を俯瞰して語る」で説明している。

- 税引後ROICスプレッド＝税引後ROIC－WACC。なお、税引後ROIC＝営業利益×（1－当該年度の日本の実効税率）／投下資本金額
- WACCのうち資本コストは、ベータ（β）を直近2年間をサンプル期間として推計のうえ、リスクフリーレートを10年物国債の最終利回り、日本の株式市場リスクプレミアムを6.0%として資本資産価格付けモデル（CAPM）により算出
- 売上高成長率＝直近2期で算出（$\sqrt{売上高_{現在} / 売上高_{2期前}}$ ）

　この結果、これまでの富士フイルムによる事業ポートフォリオ変革が、いかに成長と稼ぐ力にフォーカスして進められてきたかを理解することができる（**図表4-8**「富士フイルムの成長と稼ぐ力の軌跡」を参照）。

図表4-8 ｜ 富士フイルムの成長と稼ぐ力の軌跡

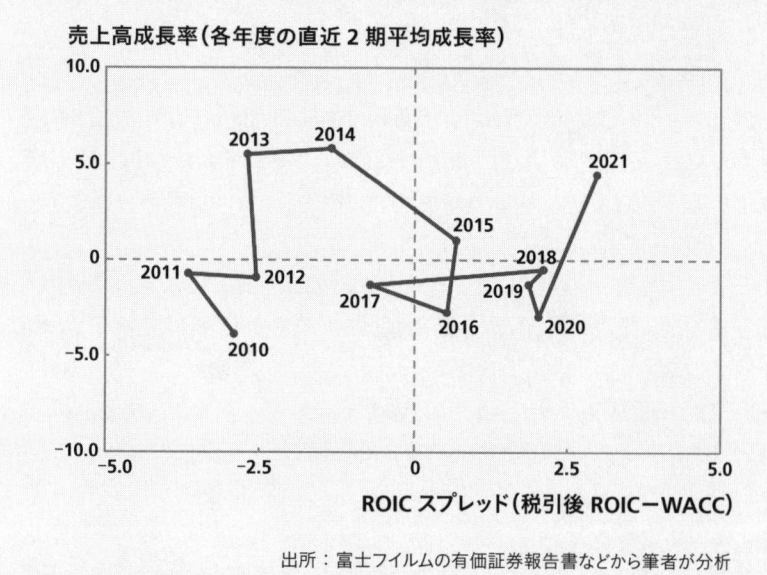

出所：富士フイルムの有価証券報告書などから筆者が分析

第5章　M&Aと事業売却を　どのように活用すべきか

　企業が成長を目指すうえで、自社では持ちえないダントツの強みを手に入れる目的で、あるいは時間を買うという目的で、M&Aを活用できる。またM&Aの経験を通じて、経営者と企業の組織の両方がそれぞれに学びを得て、それを蓄積していくことにより、組織的にスキルの構築を進めることができる。

M&Aと事業売却の活用

　グローバルなメガトレンドを捉えて持続的に成長する領域における事業構築を自社で行うという選択肢は、もちろんある。それでも、自社では持ちえないダントツの強みを手に入れる目的で、あるいは時間を買うという目的で、M&Aを活用できる。M&Aを戦略的な手段として位置づけて、そうした目的の達成のために積極的に活用していくのである。

　そのためには、投資銀行などからの持ち込み案件だけに頼らない、プロアクティブなM&Aへの取り組みが必要である。つまり、自社の全社戦略や事業戦略を実行するうえで必要になる強みを獲得できるターゲット企業を洗い出したうえで、評価し、優先順位をつけていくのである。そして、優先順位が上位のターゲット企業に対して、主体的にM&Aの提案を持ち掛けていく。

　また、事業売却も、いわばその事業からの「エグジット（出口）戦略」として行われるべきものである。事業売却については、そもそも、なぜ自社が売却しようと考える事業に買い手がいるのか、という疑問が聞かれる。これは、日本企業が売却しようと検討する事業のほとんどが、まさに長年の不振にあえいでいるためだろう。

　本来、売却対象事業というのは、自社の全社戦略から外れただけであって、

業績が不振であるか否かだけによるものではない。したがって、こうした事業売却は、不振ゆえの撤退ではなく、エグジット（自社の全社戦略から外れたことによるその事業からの退出）なのである。そして、その事業の「ベスト・オーナー」を見つけて売却していくということが重要になる。

　ベスト・オーナーというのは、買い手の全社戦略や事業戦略においてその事業が重要となり、その現行の事業と戦略的にシナジーがあって、その事業への今後の投資も期待できる相手である。最近では、2020年に公表された日立製作所による海外白物家電事業のトルコ家電大手アルチェリクへの売却が当てはまるだろう。これは、新興国市場に足場を構えつつ、技術力や製品ラインアップを求めているベスト・オーナーへの売却とみえる。

M＆Aの3つのステップ

　M&Aには3つのステップがある（**図表5-1**「M&Aの3つのステップ」を参照）。これらを確実に踏むことで、M&Aを成功に向かって進めていくことができる。

●──ステップ1：戦略の立案

　まずは、そもそもどのように事業を行っていきたいのかという全社戦略や事業戦略を立案する。こうした戦略に基づくM&Aのターゲット企業の選定がなければ、本来は戦略的な手段であるはずのM&Aを行うこと自体が目的となってしまいかねない。

　なお、M&Aで買う対象は、「企業」ではないことに注意が必要である。M&Aで買うのは、自社の全社戦略や事業戦略を実行するにあたって必要だが、自力では構築できないか、自社で構築すると時間がかかってしまうような「強み」である。

　それは、技術や製品・サービス、製造拠点、販路、顧客基盤のほか、社員という人材や組織としてのスキルであったりする。ターゲット企業が持つそのような強みをM&Aという戦略的な手段によって手に入れるわけである。

図表5-1 ｜ M&Aの3つのステップ

1. 戦略の立案	2. ディールの実行	3. 買収後の経営
■全社戦略や事業戦略を Where / What / How-to-competeで立案 ■自社で不足する強みや時間を特定	■ディールの卓越した遂行 ・M&A候補先へのアプローチ ・デューデリジェンス（必要な専門家も活用） ・交渉	■きっちりした経営を実践 ・ビジョン共有 ・カルチャー醸成 ・ガバナンス確立 ・シナジー実現 　　　⋮

組織的にスキルを構築

◉──ステップ2：ディールの実行

　M&Aのターゲット企業にM&Aの提案を持ち掛けるところから始まり、守秘義務契約を締結した後に、会計、財務、税務、法律、環境、ビジネスなどのデューデリジェンスや企業価値評価（バリュエーション）も行ったうえで、交渉戦略と交渉戦術を練って、買収交渉を行っていく。

　ここでは、フィナンシャル・アドバイザーとなる投資銀行、そしてそれぞれの分野の専門家である会計事務所、法律事務所、コンサルティングファーム等をうまく使いこなしていく力も大切になってくる。

◉──ステップ3：買収後の経営

　M&Aはディールの遂行で終わるものではなく、買収後の経営こそが企業価値を創造していくうえで重要になる。ターゲット企業が持っている「強み」を取り込みながら、当初予定していた全社戦略や事業戦略を実行し、さらにはシナジーも実現して、十分なキャッシュフローを生み出す。

　この買収後の経営では、企業トップから被買収先に対してビジョンを共有して、将来の目指す姿への思いを同じくしたうえで、買収後の統合施策を実行し、シナジーを実現していくことになる。

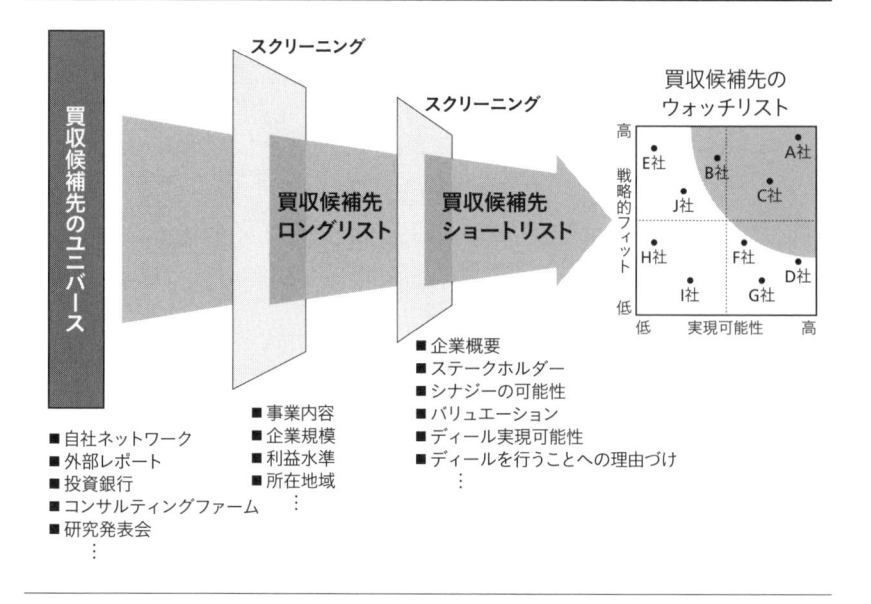

図表5-2｜プロアクティブなM&A

なお、M&A案件は、毎回取り組んだらそれで終わりにせず、これらの3つのプロセスにわたって、M&Aのスキルを組織的に構築していくべきである。

プロアクティブなM&A

プロアクティブなM&Aとは、全社戦略や事業戦略に基づいてM&Aのターゲット企業の候補についてあらかじめ優先順位をつけておき、自社から主体的にM&Aの提案を持ち掛けていくことである（**図表5-2**「プロアクティブなM&A」を参照）。

まずは、全社戦略や事業戦略の実現において、自社で不足している強みを持っていそうなM&Aのターゲット企業の候補を買収候補先のユニバースとしてすべてリスト化する。

ここでは、自社内の技術部門、マーケティング部門、営業部門、購買・調達

部門などのネットワークから入ってくる企業情報も取り込んでおく。また、社外のレポートで取り上げられている企業・事業のほか、投資銀行やコンサルティングファームが持ち込んできた企業や事業も取り込んでおく。このターゲット企業となる買収候補先のユニバースのリストは長いものになるため、「ロングリスト」と呼ばれる。

　そのうえで、絞り込み条件の設定によって、最終的にはターゲット企業・事業の候補となる10〜20社程度を選定しておく。具体的には、全社戦略や事業戦略への戦略的な適合性とM&Aディールの実現可能性を評価して、買収候補先のウォッチリストとして優先順位をつけていく。

　全社戦略や事業戦略と適合するかどうかは、いくつかの評価項目と評点を設けて評価する。また、M&Aディールの実現可能性は、たとえば、一族が所有するファミリー企業は買収の実現可能性が必ずしも高くはなく、プライベート・エクイティファンドのポートフォリオ企業は買収の実現可能性が高いといえる。

　このように、M&Aのターゲット企業の候補を洗い出し、評価して、優先順位をつけたうえで、自社からM&Aの提案を積極的に持ち掛けていくのである。

　なお、このような買収候補先のウォッチリストを準備していれば、投資銀行などから案件が持ち込まれたら、「今回はこの案件が持ち込まれたぞ。その他のターゲット企業の候補と比較するとそこまで魅力があるとはいえないので、迷いなく断ることにしよう」「このM&Aディールが起こるということは、次は、いよいよあの会社を狙える可能性があるな」といった判断もできるようになるのである。

M&Aスキルに関する経営者の経験学習

　それぞれのM&Aを行ったらそれで終わりにするのではなく、それらのM&Aの経験から学び続けていくことによって、M&Aにおける卓越性やスキルを獲得し、さらには進化させていくことができる。そのような経験からの学習は、

図表5-3 │ M&Aスキルに関する経営者の経験学習：日本電産の事例

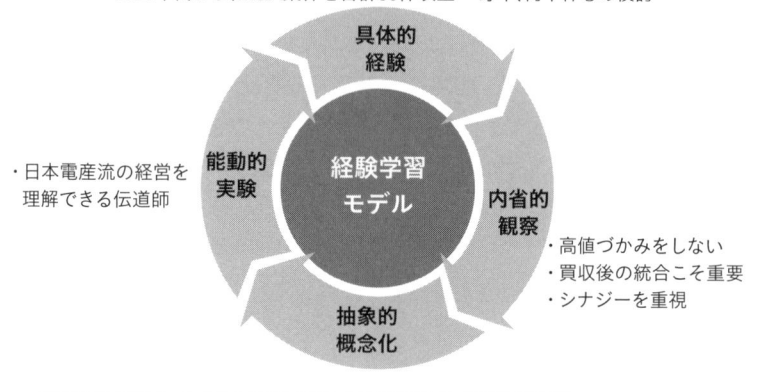

・1980年代から、M&A案件を合計60件以上　・毎年、何十件もの検討

具体的
経験

能動的
実験

・日本電産流の経営を
理解できる伝道師

経験学習
モデル

内省的
観察

・高値づかみをしない
・買収後の統合こそ重要
・シナジーを重視

抽象的
概念化

■「任せて任せず」「井戸掘り経営」「千切り経営」「家計簿経営」
■適正価格の判断はDCF法ではなくEBITDAマルチプル法
■投資銀行など仲介者の手数料は安く買えば買うほど上がる方式

出所：日本経済新聞朝刊、日本経済新聞夕刊、日経産業新聞、週刊日経ビジネス、週刊ダイヤモン
　　　ド、週刊東洋経済、週刊エコノミストの社長インタビュー記事などから筆者作成

経営者、そして企業が組織として行っていくことができる。

　経営者の経験学習は、「具体的経験 → 内省的観察 → 抽象的概念化 → 能動的実験 → 具体的経験 → 内省的観察 → ……（循環）」という経験学習モデルによって知識が創造され学習が生起していくものである。これを、しばしばM&Aの巧者と評される日本電産について見てみよう（**図表5-3**「M&Aスキルに関する経営者の経験学習：日本電産の事例」を参照）。

　具体的経験として、日本電産は、1980年代から、M&A案件を合計60件以上も手掛けてきた。そして、M&Aディール1件の背後には相当数のM&Aの検討があったはずである。また、M&Aディールの件数を重ねるうちに、いくつもの買収後の統合を並行して進めていることにもなる。こうして、具体的な経験が積み重ねられている。

　内省的観察としては、こうした具体的な経験を振り返ることによって、「M&Aディールでは価格が成否を分けるため高値づかみをしないこと」「買収後の統合こそ重要であること」「シナジーを重視すること」がポイントになると述べている。

　買収価格については、日本電産が目指す姿に対して、パズルでピースを埋めていくようにM&Aを行っていき、そもそもパズルにはまらなければM&Aは行わないし、買収価格も一定のマルチプル倍数を超えるような水準では受け入れない。

　買収後の統合については、「買収は2割、PMI（Post Merger Integration／買収後の統合や経営）が8割」と言い、被買収企業で自らが経営理念を説いて被買収企業の経営幹部や社員の意識改革を図る。そのうえで、こうして意識改革まで行った後は、実際の経営は日本電産流の経営ができる現地幹部に徹底して任せるべきで、日本電産本社はそのモニタリングをしっかり行いつつサポーターにとどまる。

　また、シナジーの重視については、成長のスピードを加速させるため、現在の自社にとって足りない技術を補うというスタンスのもと、自分たちの事業とシナジーのない会社は買わないという原則を徹底すべきだとしている。

　抽象的概念化については、これらの内省的観察を基に、わかりやすいフレーズでの言語化や仕組み化を行っているところに特徴がある。

　わかりやすいフレーズの言語化としては、「井戸掘り経営（課題解決においてアイデアが湧き出るまで徹底的に掘り続けること）」、「千切り経営（複雑で難しい課題を小さく切り分けて解決していくこと）」、「家計簿経営（収支管理を徹底すること）」によって、被買収企業の経営幹部や社員の意識改革や行動改革を行っている。そして、買収後の統合においては、経営者自身がハンズオンで直接参画し、現地幹部に徹底して任せると同時にマイクロマネジメントを行う「任せて任せず」である。

　これらを踏まえ、いくつかの点で仕組み化もされているようだ。

　M&Aディールにおいて高値づかみをしないよう、複雑になりがちなディスカウントキャッシュフロー法（DCF法）によってではなく、シンプルで直観的にも理解しやすいEBITDAマルチプル法によって適正な価格については判断すべきであり、EBITDAマルチプル倍数で10倍を超える案件には手を出さない。さらに、投資銀行など仲介者の手数料は、通常は買収価格に比例して高くなるものであるが、これでは仲介者が価格をつり上げることも可能であるとして、それを回避すべく、安く買えば買うほど手数料が上がる方式に工夫している、といった点である。

　また、日本電産の成長スピードを加速させるために足りない技術を補うという目的のもと、高い技術を持つ企業を買収することによってシナジーが得られるとの信条を持っている。そのため、この目的に合致するM&Aのターゲット企業の候補のリストを作成・更新して、日本電産のCEOみずからが毎年お正月に定期的にターゲット企業のCEOに手紙を書いてアプローチしているという。

　能動的実験としては、こうして抽象的に概念化したものを、M&Aのディールに適用して、さらなる進化を継続している。たとえば、買収後の統合においては、クロスボーダーでの海外被買収企業においても、日本電産流の経営を理解でき伝道師となれる現地幹部を発掘のうえ、井戸掘り経営、千切り経営、家計簿経営を、それぞれ「Well digging management, Bite-size problem-solving, Household accounting」と英語で言い換えて、実践している。

M&Aスキルに関する組織の経験学習

　経験からの学習は、経営者だけではなく、企業の組織としても行われるものであり、「明確化（articulation）→成文化（codification）→共有化（sharing）→定着化（internalization）」という組織学習モデルのプロセスによって行われていく。

　たとえば、日本電産と同じくしばしばM&Aの巧者と評される花王では、これまでのM&Aの経験から、M&Aの3つのステップごとにポイントを取りまと

図表5-4 | M&Aスキルに関する組織の経験学習：花王の事例

ルーティン化および継続的進化

戦略の立案	ディールの実行	買収後の経営
■**社長直轄の専任組織:** M&Aチームを設置 ■**M&A重点領域:** 化学分野の技術の基礎研究とのシナジーを見込める「ケミカル」「業務品」「サロン（美容室）」のB2Bの3分野 ■**EVA経営:** M&Aによって、EVA®がどう変化するか ■**M&Aリスト:** 買収候補企業を記載、年2回更新	■**ディール推進の精神:** 自社の技術との連携を重視した検討作業や統合交渉 ■**対象企業の精査:** 自社の技術と相手先の技術の融合でシナジーが発揮できるかどうかが基本。PMIと企業理念の共有化も加味して厳しめに精査	■**幹部人材:** 日本からの赴任組を極力減らし、社内外から優秀な現地スタッフを登用 ■**目標:** 過度に楽観的な見通しを排し、固めの数字とし、いい加減な約束はしない ■**実行:** 大胆な権限移譲。年1回の予算計画の大枠を承認した後は、主要な経営方針立案を現地の経営陣に任せる ■**評価:** EVA®連動の賞与を導入するなどの成果主義

出所：日本経済新聞朝刊、日本経済新聞夕刊、日経産業新聞、週刊日経ビジネス、週刊ダイヤモンド、週刊東洋経済、週刊エコノミストの社長インタビュー記事などから筆者作成

めているようにうかがわれる（**図表5-4**「M&Aスキルに関する組織の経験学習：花王の事例」を参照）。

　事業戦略の立案においては、M&Aの重点領域を化学分野の技術の基礎研究とのシナジーを見込める「ケミカル」「業務品」「サロン（美容室）」というB2Bの3分野に特定している。そして、M&Aによって当該年度に創造した企業価値金額を表すEVA®（営業利益－投下資本×WACC）がどのように変化するかを重視することによって、M&Aそのものの目的化を防止しているという。

　さらに、社長直轄のM&A専任組織があり、M&Aのターゲット企業の候補リストを作成し、毎年2回の更新を行っている。この専任組織が、M&Aのプロセスを推進するほか、M&Aスキルの蓄積も行っている。

　M&Aディールの実行・推進や買収後の経営の鍵になるのは、技術だという。

そして、デューデリジェンスや買収交渉において、自社技術との連携を重視した検討作業や統合交渉を行っている。そのため、デューデリジェンスにおいては、特に、自社技術と相手先の技術の融合でシナジーが発揮できるかどうかを基本に、買収後の経営における統合と企業理念の共有化も加味して厳しめに精査しているようだ。

　買収企業の統合では、幹部人材について花王の本社からの赴任組を極力減らし、社内外から優秀な現地スタッフを登用している。また、目標について過度に楽観的な見通しを排して、固めの数字とし、いい加減な約束はしない。実行について大胆な権限移譲を行い、年1回の予算計画の大枠を承認した後は主要な経営方針立案を現地の経営陣に任せ、評価についてはEVA®連動の賞与を導入するなど成果主義としているという。

Case
Study

日立製作所における
事業ポートフォリオの入れ替え

　グローバルなメガトレンドを自社なりに捉えて、M&Aを活用しながら事業ポートフォリオを大胆に入れ替え、持続的な成長を実現しようとしている日本企業の例として、日立製作所を見てみよう。

　日立製作所は、いわゆるリーマンショックといわれた世界経済危機の最中の2008年度に、過去最悪の最終赤字▲7,873億円を記録した。このままでは企業としての経営が立ちゆかなくなるとの強い危機感のもと、2010年5月に発表した2010～2012年度の中期経営計画において、大きな経営改革を打ち出した。それは、全社戦略として、成長についての「社会イノベーション事業による成長」の推進と稼ぐ力についての「安定的経営基盤の確立」であった。

　成長についての「社会イノベーション事業」は、世界的な人口増加、都

市化の進展などのグローバルなメガトレンドのもと、日立製作所が誇る技術や材料などの強みを活かして成長を追求するというものである。

　対象となる事業領域は「産業・交通・都市開発システム」（環境都市づくり、グリーンモビリティ、昇降機、建設機械）、「情報・通信システム」（クラウド、ストレージ、データセンター、コンサルティング）、「電力システム」（火力・原子力・再生可能エネルギー、スマートグリッド）、それに「材料・キーデバイス」である。そのために、1兆円規模での集中的な大規模投資、そして研究開発費では全社総額の50％にあたる6,000億円もの投入を打ち出した。

　また、この全社戦略における成長戦略のもとで、その戦略から外れる事業の整理や売却を中心とする事業ポートフォリオの転換も打ち出した。そして、2012年度には、営業利益率の目標として、2009年度対比で2倍以上となる5％超を掲げた。

　その後も、2010〜2012年度を、リカバリーをテーマとする経営危機からの脱却期（社会イノベーション事業へのシフト、ポートフォリオの入れ替え、PL改善）、2013〜2015年度を事業の入れ替えをテーマとする成長のための基盤づくり期（デジタルサービス事業へのシフト、キャッシュフローの改善）、2016〜2018年度をデジタル技術の活用をテーマとする社会イノベーション事業での成長実行期（グローバル化、フロント/プラットフォーム強化、資産収益性の向上）として、変革を進めてきた。そして、2019〜2021年度は社会イノベーション事業でのグローバルリーダー化、社会価値・環境価値・経済価値を重視した経営の推進、資本コストを意識した資本効率向上のための指標としてROIC（目標10％超）の導入、2022〜2024年度は「データとテクノロジーでサステナブルな社会を実現して人々の幸せを支える」ためにLumadaを中心にデジタルとグリーンに関する事業ポートフォリオの強化を継続して成長と稼ぐ力を高めることを打ち出している。

　ここで、興味深いのは、社会イノベーション事業というグローバルなメガトレンドを自社なりに捉えて持続的な成長を実現しようとする全社戦略について、2010年度から現在に至るまで検証を続けてきており、進化させているように見えることである。

　たとえば、電力システムは、火力発電や原子力発電を長らく主力としてきたが、再生可能エネルギー事業をも包摂でき自社の強みも活かせる電力の送配電機器関連事業に軸足をシフトしている。その背景には、2011年の東日本大震災による東京電力福島第一原子力発電所の事故からの原子力発電への風向きの変化、そして脱炭素化トレンドによる火力発電への逆風をいち早く踏まえたことがある。

　また、産業・交通・都市開発システムでも同様に、当初に標榜していた建設機械から、鉄道車両や鉄道システムなどの鉄道関連事業や自動車サプライヤー部品などの自動車関連事業へと軸足をシフトしてきている。

　さらに、デジタルトランスフォーメーションの潮流が顕在化し、加速化していることから、自社のデジタル関連のプラットフォームであるLumadaを強みとしていく戦略への進化も行い、デジタル技術で世界のインフラをよりよいものに変え、社会イノベーションを起こそうとしている。

M&Aと事業売却による事業ポートフォリオのマネジメント

　日立製作所は、この社会イノベーション事業の成長戦略を主軸に、M&Aと事業売却によって、日本企業には珍しく一気呵成ともいえるペースで、事業ポートフォリオの入れ替えを進めてきた。

　これまでに、4兆円規模にのぼるM&Aとグループ企業の連結化を行い、同じく4兆円規模にのぼる事業売却と撤退を行ってきており（**図表5-5**「日立製作所の買収と売却（2010年度以降）」を参照）、買収と売却の金額のバランスを取っている。そして、2009年3月末時点で22社あった国内の上場子会社はなくなっている。

図表5-5 ｜ 日立製作所の買収と売却（2010年度以降）

売却
（上段:売却事業／中段:売却先／下段:売却時期）

■中小型液晶事業
ジャパンディスプレイ（東芝・ソニーとの事業統合）
2011年

■HDD事業
ウエスタン・デジタル（米）
2012年

■液晶パネル製造装置事業
ポラリスキャピタル
2016年

■日立工機
KKR
2017年

■日立国際電気
KKR等
2017年

■クラリオン
フォルシア（仏自動車部品メーカー）
2019年

■日立オートモティブシステムズメジャメント
ポラリスキャピタル
2019年

■日立化成
昭和電工
2020年

■画像診断機器事業
富士フイルム
2021年

■日立金属
ベインキャピタル等
2021年

買収
（上段:買収事業／中段:買収元／下段:買収時期）

■鉄道信号・車両部門
フィンメカニカ（イタリア）
2015年

■空気圧縮機事業（米サルエアー社）
アキュダイン（ルクセンブルク）
2017年

■ロボットSI事業（米国JRオートメーション・テクノロジーズ社）
クレストビュー・パートナーズ（米国）
2019年

■シャシー・ブレーキ・インターナショナル（オランダ自動車部品会社）
KPSキャピタルパートナーズ（米国）
2019年

■送配電関連事業
ABB（スイス）
2020年

■グローバルロジック社（製造業等のDX向け米国IT企業）
パートナーズグループ（スイス）等
2021年

その他
- ■火力発電システム事業の三菱重工業との再編（2014年）、MHPSの株式35%を三菱重工業に譲渡（2019年）
- ■日立物流の株式の一部をSGホールディングスに譲渡して非連結化（2016年）
- ■日立キャピタルの株式の一部を三菱UFJフィナンシャルグループと三菱UFJリースに譲渡して非連結化（2016年）
- ■日立マクセルの株式の一部をSMBC日興証券に譲渡して持分法適用外（2017年）
- ■日立GLSの白物家電の海外事業を分社化、その株式60%をアルチェリクに譲渡（2021年）
- ■日立物流の株式をKKRに売却して自社持分を10%に減少（2022年）
- ■日立建機の株式26%を伊藤忠商事と日本産業パートナーズに売却（2022年）

出所：公表資料から筆者作成

　これらのM&Aや事業売却の結果、日立製作所の事業ポートフォリオは、2000年度末と2021年度末を比較すると、大きく変化した（**図表5-6**「日立製作所の事業ポートフォリオの変化」を参照）。全社戦略のもと、社会イノベーション事業の実現による成長に向けて、そして稼ぐ力の向上に向けて、大きく舵を切ってきたことが如実に表れている。

　成長については、社会イノベーション事業の構築という全社戦略を大型M&Aによって進めているところに特徴がある。

　欧州からの鉄道事業会社の買収による鉄道システム事業、そして自動車部品メーカーの買収によるモビリティ事業の成長に取り組んでいる。また、従来の火力発電関連事業を三菱重工業に売却のうえ、スイスABB社からの送配電機器関連事業の買収によって生まれた日立エナジーが牽引するエネルギー事業の成長にも取り組んでいる。

　稼ぐ力については、ROICを経営指標に取り入れており、2021年中期経営計画（2019年5月10日公表）では、ROIC10％超の目標を掲げた。

　日立製作所のフリーキャッシュフロー（ただし、投資は有形固定資産への投資のみを含みM&Aへの投資は除く）は、年度による増減はあるものの、全体的な傾向としては2000年度から増加基調にあり、企業価値の創造が進んできていることがうかがえる（**図表5-7**「日立製作所のフリーキャッシュフローの推移」を参照）。

　2020年2月11日の日本経済新聞における東原敏昭社長（当時）へのインタビュー記事によれば、「事業再編はまだ六合目」としていた。鉄道やプラント事業の関連で競合となるドイツのシーメンス、再生可能エネルギーと蓄電池などの分散型電源事業の関連で競合となるフランスのシュナイダーエレクトリック、デジタル事業の関連で競合となるアメリカのIBMと比較して進捗が問われているとしていた。

　その後、2021年3月31日に、製造現場などからのデータを事業改善につなげるシステムの開発などを手掛ける米国グローバルロジック社の約1

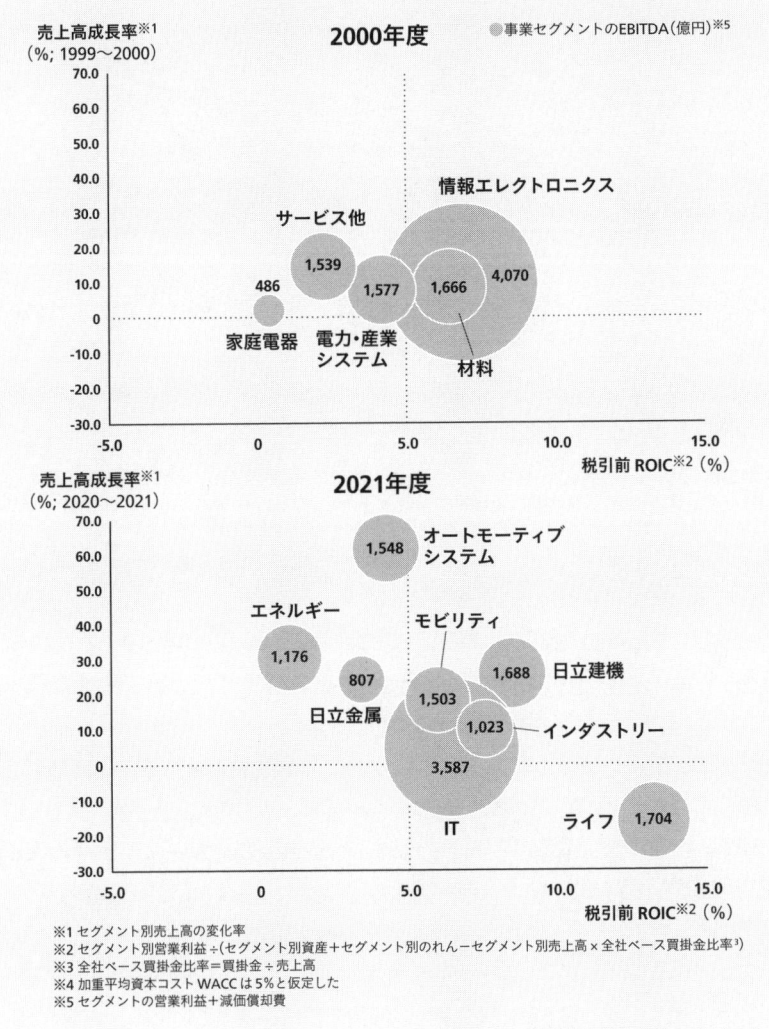

図表5-6｜日立製作所の事業ポートフォリオの変化

売上高成長率※1
（%; 1999〜2000）

2000年度　　●事業セグメントのEBITDA（億円）※5

70.0
60.0
50.0
40.0　　　　　　　　　　　　　　情報エレクトロニクス
30.0
20.0　　　　　　サービス他
10.0　　486　　1,539　　1,577　　1,666　　4,070
0
-10.0　　家庭電器　電力・産業　　　　　材料
　　　　　　　　　システム
-20.0
-30.0
　　-5.0　　　　0　　　　　5.0　　　　10.0　　　15.0
　　　　　　　　　　　　　　　　税引前 ROIC※2（%）

売上高成長率※1
（%; 2020〜2021）

2021年度

70.0
60.0　　　　　　　　1,548　　オートモーティブ
　　　　　　　　　　　　　　システム
50.0
40.0　　エネルギー　　　モビリティ
30.0　　1,176　　807　　　　　　1,688　　日立建機
20.0　　　　　　　　　　　1,503
10.0　　　　　　日立金属　　1,023　　インダストリー
0　　　　　　　　　　3,587
-10.0
-20.0　　　　　　　　IT　　　ライフ　1,704
-30.0
　　-5.0　　　　0　　　　　5.0　　　　10.0　　　15.0
　　　　　　　　　　　　　　　　税引前 ROIC※2（%）

※1 セグメント別売上高の変化率
※2 セグメント別営業利益÷（セグメント別資産＋セグメント別のれん－セグメント別売上高×全社ベース買掛金比率³）
※3 全社ベース買掛金比率＝買掛金÷売上高
※4 加重平均資本コストWACCは5%と仮定した
※5 セグメントの営業利益＋減価償却費

出所：日立製作所の有価証券報告書から筆者作成

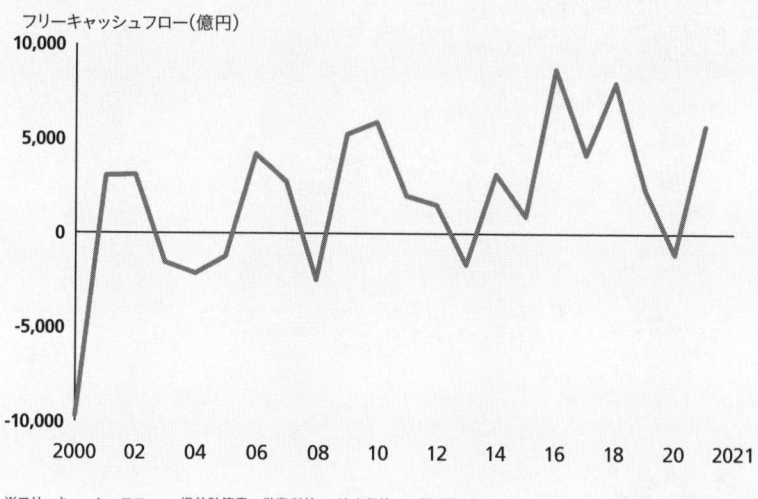

図表5-7｜日立製作所のフリーキャッシュフローの推移

フリーキャッシュフロー（億円）

※フリーキャッシュフロー ＝ 損益計算書の営業利益 － 法人税等 ＋ 減価償却費 － キャッシュフロー計算書の有形固定資産の取得 ＋ 有形固定資産の売却 － 運転資本（売掛金 ＋ 棚卸資産 － 買掛金）の増加金額

出所：日立製作所の有価証券報告書から筆者作成

兆円での買収を公表した。そして、「資産の入れ替えは9割5分終わった」と述べている。

　2022年4月に、小島啓二社長はオンライン会見で「過去10年の構造改革は区切りがついた。売上高と利益の成長にフォーカスする」と話している。そして、6つあった事業部門を「デジタル」「環境」「産業」の主要3部門と自動車部品子会社の日立Astemoに集約して、さらなる成長と稼ぐ力を追求している。

第6章　ROICの視点で稼ぐ力を高める

　この章では、第2章で紹介した事業の「稼ぐ力」を高めていくことについて掘り下げていく。投下資本利益率（ROIC）を分解していくことがポイントになる。ROICの分解は、売上高を数量や単価に分解したり、売上原価を製造原価や販管費などの諸々のコストに分解するといった財務指標としての分解だけでなく、工場の操業や店舗のオペレーションなどの現場での行動指標への分解まで行う。そして、競合企業とのベンチマークなどを行っていく。こうして特定される課題に対応することによって、稼ぐ力を飛躍的に高めていくことができる。

稼ぐ力はROICに表れる

　これまで見てきたように、企業価値の創造は、事業からの利益などとして十分なキャッシュフローを生み出していくことによって牽引される。そのためには、戦略の軸に成長と稼ぐ力が据えられていることが重要であった。そして、ここでいう「稼ぐ力」とは、営業利益や当期利益、あるいは自己資本利益率（ROE）を指すわけではなかった。

　第Ⅱ部において詳しく説明するが、PL&BS一体型思考のもとで重要なのは、株主や負債の提供者という投資家から調達した資金による「投下資本」によって事業を構築して運営することで、十分な水準の利益を生み出しているか、ということである。そして、このことを表す指標が、投下資本利益率（ROIC）なのである。

　繰り返しになるが、ROICは、下記のように直感的に理解できる。

- 経営者にとっての視点：事業の元手となる投下資本を使いながら、その事業から企業にとどまることになる利益をどのような水準で生み出しているか。
- 投資家にとっての視点：株主および負債の提供者という投資家が提供した資金が企業において事業への投下資本となって運用されることによって、投資家に帰属することになる利益がどのような水準で生み出されているか。

　そして、ROICの水準が、その投下資本の元手になっている投資家からの資金調達における加重平均資本コスト（WACC）を上回る場合に、企業の経営者は企業価値を創造しているといえるのであった。

　このROICについて、筆者が知っている限り日本企業で最も古くは、日産自動車の「2004年度決算報告 日産バリューアップ」（2005年4月25日公表）資料に記載されていた。

　日産自動車は、2000〜2001年度を会社を再生させるための経営計画「日産リバイバルプラン」、2002〜2004年度を会社の再生を完了し、利益ある成長へ軸足を移動する経営計画「日産180」、そして2005〜2007年度をさらなる発展と価値創造に向けた経営計画「日産バリューアップ」としていた。その日産バリューアップの開始時に、ROICを指標として採用していたのである。

　なお、ここでの自動車事業におけるROICの定義は、連結営業利益÷（固定資産＋運転資金＋手許資金）であり、分母となる投下資本に手許資金を加えているところに注目してほしい。日本企業は手許資金を厚めに保有するものの、その手許資金といえども投資家から調達した資金であることを意識しているのである。当該資料において、この自動車事業のROICは、1999年から2004年度までに、1.3％、7.5％、12.7％、19.8％、21.3％、20.1％と大きく改善している。

ROIC分解ツリー

　このROICは因数分解のように分解していくことによって、業績の財務的な数字と戦略における行動をつなぐかたちで理解していくことができる。たとえば、誰にでも馴染みのあるスーパーマーケット事業について、そのROICを分解してみる（**図表6-1**「投下資本利益率ROICの分解（ROIC分解ツリー）」を参照）。

　ROIC分解ツリーの原則的な考え方は、次のとおりである。

　まずは、ROICを、その分子・分母である税引後営業利益と投下資本に分解する。

　そして、税引後営業利益を、営業利益と税金に分解する。さらに、営業利益を、売上高、売上原価、販売費、一般管理費に分解する（なお、**図表6-1**のスーパーマーケット事業の例では、その一部を売上高総利益率として括っている）。

　次に、投下資本を、有形固定資産、無形固定資産、運転資本に分解する。さらに、有形固定資産は、土地・建物や機械・設備など、無形固定資産はソフトウェア、特許や商標権、のれんなど、運転資本は売掛金、棚卸資産、買掛金に分解する。

　ここまでは業績の財務的な数字についての分解であるが、さらに分解を続けて戦略的な施策にまでも分解して検討することができる。

　たとえば、売上高がどのように構成されているかを考えてみよう。スーパーマーケット事業の売上高であれば、どれだけお客さんが来店したかという「来店客数」、来店したお客さんのうちどれだけが実際に購入したかという「購入率」、購入したお客さん1人当たりの購入金額はいくらであったかという「平均購入金額」、その購入金額はどのような商品構成によっていたのかという「バスケット構成」……というように分解できる。

図表6-1 | 投下資本利益率ROICの分解（ROIC分解ツリー）

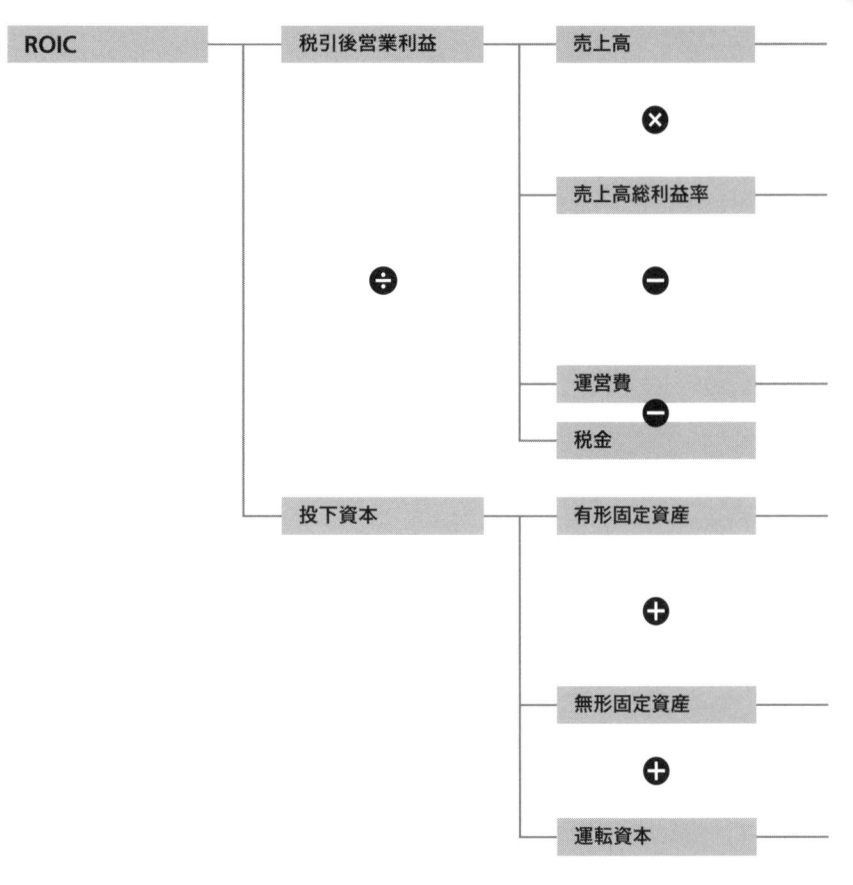

ファイナンスの視点

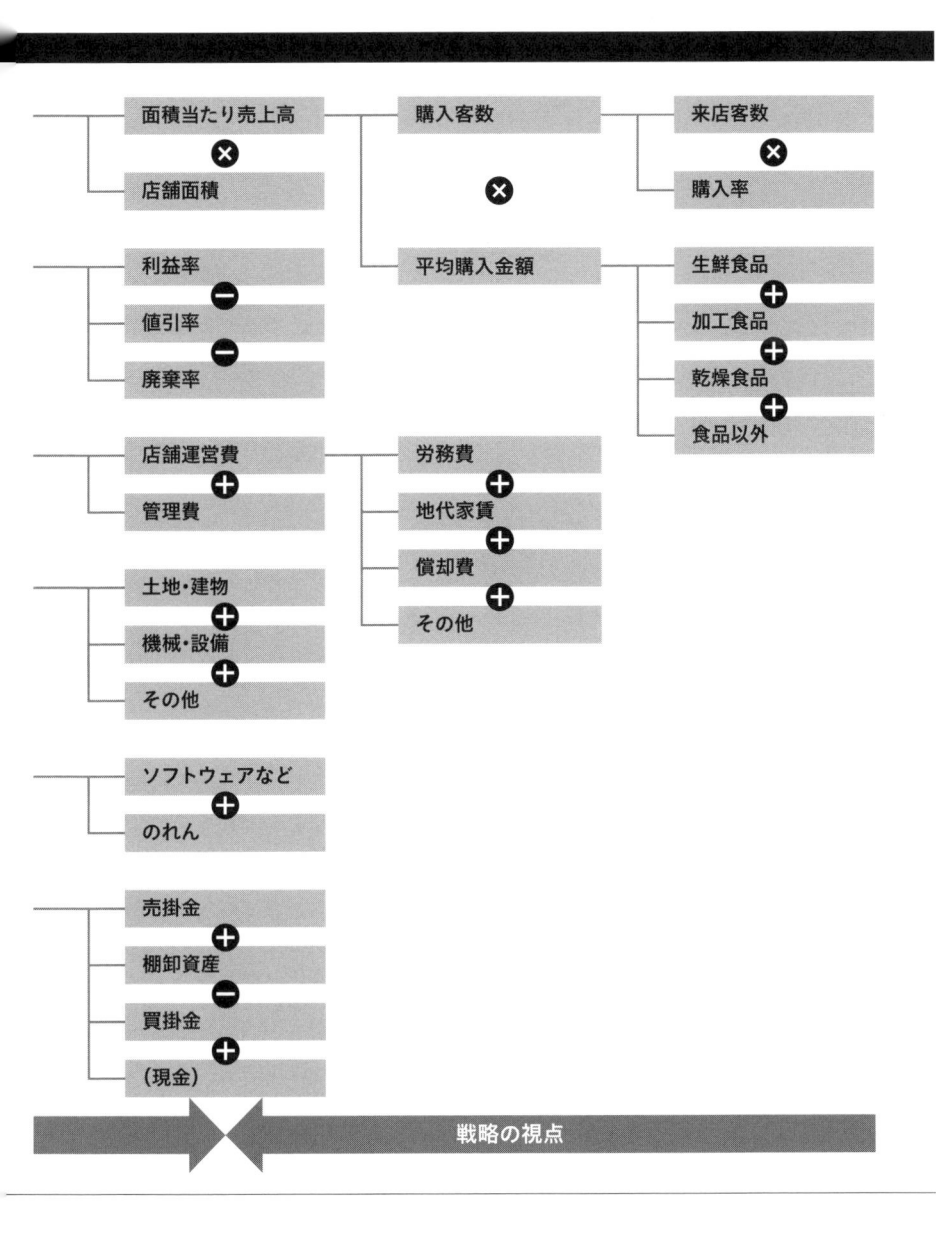

　このように、ROICを分解したツリーは、左側から見ていけば財務的なファイナンスの視点によって、右側から見ていけば戦略の視点によって、分析できるのである。

稼ぐ力にこだわる

　稼ぐ力へのこだわりとは、このようなROICの視点で、投下資本が十分な水準の利益を生み出しているか、さらに改善できる点はないか、事業が生み出すキャッシュフローをさらに増加できないかについて、徹底して追求することである。

　まず、ROICがWACCを上回っていることは、企業価値の創造のための第一歩である。

　そのうえで、投下資本が十分な水準の利益を生み出しているかについては、ROIC分解ツリーにおいて、競合企業の財務諸表や決算関連の公表資料などからベンチマークとなる数字を取得して比較し、自社のどこに改善の余地があるのかを特定することができる（**図表6-2**「ROIC分解による稼ぐ力へのこだわり」を参照）。

　その際に、競合企業として日本企業のみではなく、グローバルの競合企業も含めてベンチマークの対象とすることが大切である。そうでないと、国内市場の水準で満足してしまったり、あるいは国内市場の特殊性を持ち出して言い訳を始めたりしかねない。また、海外市場にも進出している企業であれば、国内市場では勝っても、本命の海外市場では負け続ける、という悪弊を重ねることになる。

　ROIC分解ツリーについて、これまでも本書において事例として見てきた飲料業界の例は、公表データによって作成できる財務的な数字までにとどまるものではあるが、**図表6-3**「グローバル飲料業界のROIC分解ツリー（2021年度）」のとおりである。グローバルな競合企業と比較することの重要性が、一目瞭然になっている。

図表6-2 ROIC分解による稼ぐ力へのこだわり

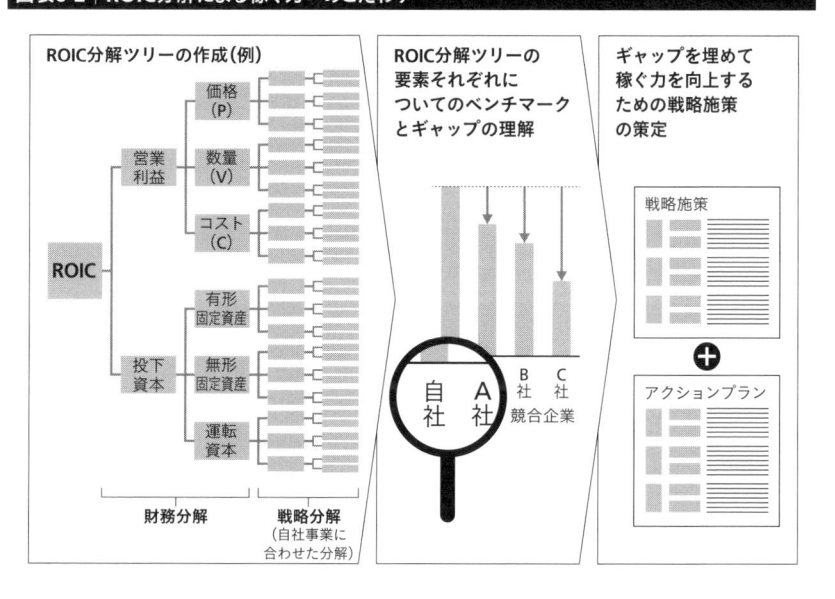

　こうして、ROIC分解ツリーによって改善すべき課題、そしてそれらの課題の原因がどこにあるのかを特定していく。

　図表6-1のスーパーマーケットの事例でいえば、売上高に課題があるのであれば、下記のような原因を探っていくのである。

- そもそもの来店客数が少ないのか。
- 来店客当たりの購入客数が少ないのか。
- 購入客当たりの購入金額が少ないのか。

　そして、原因が特定されたら、その原因に関連する戦略を新しく作成したり、あるいは既存の戦略を見直したりして、業績の改善、そして事業からのキャッシュフローの創出を目指していく。

図表6-3 グローバル飲料業界のROIC分解ツリー（2021年度）

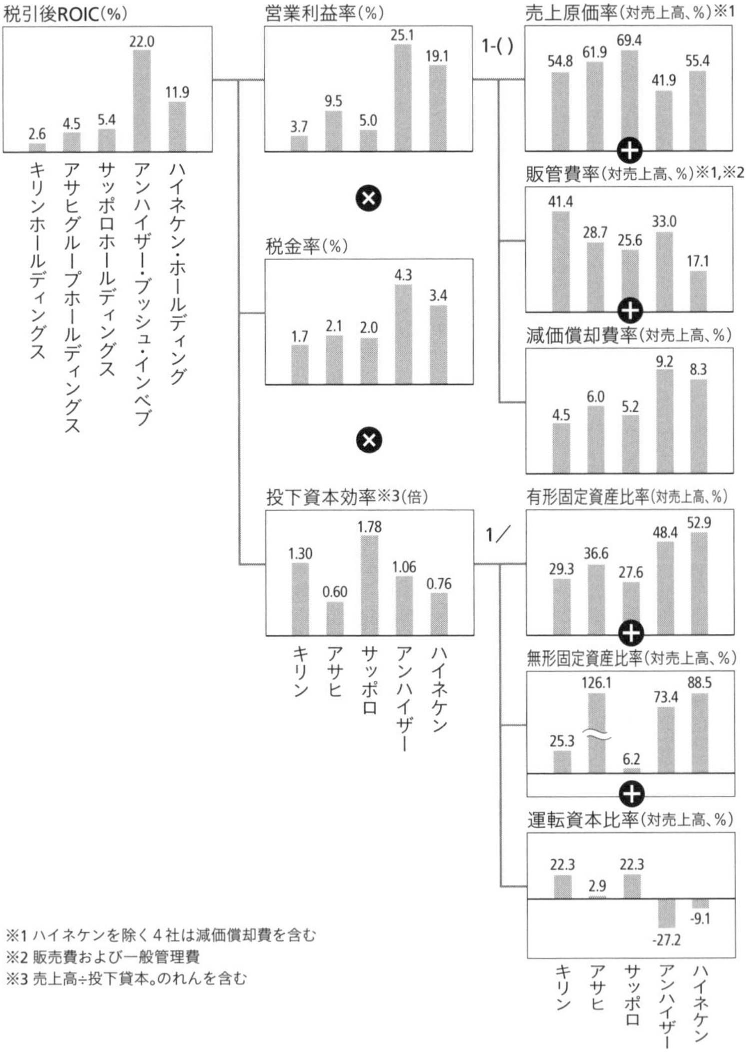

税引後ROIC（%）

2.6 / 4.5 / 5.4 / 22.0 / 11.9

キリンホールディングス
アサヒグループホールディングス
サッポロホールディングス
アンハイザー・ブッシュ・インベブ
ハイネケン・ホールディング

営業利益率（%）

3.7 / 9.5 / 5.0 / 25.1 / 19.1

1-( )

税金率（%）

1.7 / 2.1 / 2.0 / 4.3 / 3.4

投下資本効率※3（倍）

1.30 / 0.60 / 1.78 / 1.06 / 0.76

キリン / アサヒ / サッポロ / アンハイザー / ハイネケン

1／

売上原価率（対売上高、%）※1

54.8 / 61.9 / 69.4 / 41.9 / 55.4

販管費率（対売上高、%）※1、※2

41.4 / 28.7 / 25.6 / 33.0 / 17.1

減価償却費率（対売上高、%）

4.5 / 6.0 / 5.2 / 9.2 / 8.3

有形固定資産比率（対売上高、%）

29.3 / 36.6 / 27.6 / 48.4 / 52.9

無形固定資産比率（対売上高、%）

25.3 / 6.2 / 126.1 / 73.4 / 88.5

運転資本比率（対売上高、%）

22.3 / 2.9 / 22.3 / -27.2 / -9.1

キリン / アサヒ / サッポロ / アンハイザー / ハイネケン

※1 ハイネケンを除く4社は減価償却費を含む
※2 販売費および一般管理費
※3 売上高÷投下資本。のれんを含む

出所：各社の財務データなどから筆者分析

　ただし、戦略的な施策に関連する指標についての競合企業に対するベンチマークは、一筋縄ではいかない。そもそも、戦略的な施策についてはデータが公表されていないことが多いからである。

　そのため、スーパーマーケット事業であれば、許されるならば、競合の店舗の前に立って、カウンターやストップウォッチを持ちながら目視によって観察して数字を作っていくなど、実地の調査も必要となる。また、新聞や雑誌における競合企業の経営者や事業幹部のインタビュー記事などを丹念にたどって、戦略的な施策に関連する発言から数字を拾っていくといった地道な作業も必要になってくる。

　このように、稼ぐ力にこだわるとは、ROIC分解ツリーの左側からの財務的なファイナンスの視点で、投下資本によって事業から十分な水準の利益を生み出しているかを、グローバルの競合企業とのベンチマークも活用しながら確認していく作業である。

　それと同時に、ROIC分解ツリーの右側からの戦略の視点も活用して、自社の戦略的な施策が、その予定した通りの業績効果を達成して、事業からのキャッシュフローを生み出しているかについて、課題と原因を特定して、徹底した改善を継続的に行っていくことである。

　経営者は、このROIC分解ツリーについて、その大まかなものでもよいので頭の中に置いておきたい。一般のビジネスパーソンであっても、担当事業については同様である。戦略という原因行為から、ROIC、そして企業価値という結果までがどのようにつながっているか、その因果関係の流れを、両方向に自在に意識しておきたい。

稼ぐ力を高める際に陥りがちな3つの罠

　稼ぐ力を高めようとしたとき、多くが失敗しがちな3つの罠についてここで紹介しておこう。

（1）組織を作り替えるだけで終わってしまう

◉──組織を考える「7S」

　日本企業では、「競合企業A社が営業強化のために組織を変えたようだから……」「最近、なんだか士気が上がらないから……」といった曖昧な理由で、組織体制の改変を行うところが多い。たとえば、事業の括りを変更して事業部や事業部門を再編する、あるいは事業を主軸にしていた組織体制を営業を主軸にした組織体制に再編する、などである。稼ぐ力を高めようとする場合に、往々にして見られる光景である。

　それなのに、こうして組織体制を改変しても、思ったほど士気は上がらず、稼ぐ力も高まらず、業績も上向かないままといった結果に終わることは多い。そして、また新たな組織体制への改変を繰り返していくのである。

　組織のあり方を検討するうえで有効なのが、「組織を考える7S」というアプローチである（**図表6-4**「組織を考える「7S」」を参照）。

　企業には共有価値（Shared Value）があり、その共有価値を実現していくための戦略（Strategy）が作成され、その戦略を実行していくために必要な組織スキル（Skill）が特定されて、その組織スキルを持つ単位としての組織体制（Structure）が設計され、その組織体制を動かしていくための組織運営の仕組み（System）が作られて、そこに人材（Staff）を当てはめていき、その結果として社風（Style）が生まれる、というものである。

　このことは、製薬企業を例にして考えるとイメージが湧きやすい。いわゆる新薬開発・販売の企業と、ジェネリック（後発）薬品販売の企業を対比してみる。

　共有価値は、両者とも「病を治す」ということで同じであろう。それでも、

図表6-4 | 組織を考える「7S」

Shared Value	Strategy	Skill	Structure	System	Staff	Style
共有価値	戦略	組織スキル	組織体制	組織運営	人材	社風

課題を感じる方向

VS.

課題を解いていく方向

両者の戦略は、これまで治っていない病を治す新薬を開発して販売していくのか、あるいは、すでに有効な薬を安く広く普及させていくのか、で異なる。

　そうすると、主たる組織スキルが前者は研究開発力、後者は営業力という相違が生まれる。同様に、組織体制は研究所型か営業拠点型か、組織運営には特許件数型か売上高・利益型か、人材にも研究者型か営業パーソン型かという相違が生じる。これらの結果として、社風にも象牙の塔のようなアカデミックな雰囲気か体育会系の活発な雰囲気かという相違が生まれてくるのである。

◉──組織の課題を解く順序

　先の製薬企業の対比の例でも明らかなように、組織体制は戦略やその実行に必要となる組織スキルを持つ単位として設計されるべきものである。また、組織運営の仕組みなしでは、組織は意図した目的のとおりに動かない。

　日本企業では、たとえば稼ぐ力の向上のためなどで、組織についての課題を感じる順序のまま、この7Sの中央にある、狭義の組織体制だけに闇雲に手を付けて、組織改編を繰り返している場合が多い。組織についての課題を解く順番は、戦略、そして組織スキルという上流から進めるべきである。

　稼ぐ力の向上においては、まず、そのための戦略を具体的にアクショナブルに作成することが大切である。また、稼ぐ力を高める戦略を実行するための組織スキルの構築と展開をないがしろにしないことも大切である。さらには、稼ぐ力を高めることが、どのようにインセンティブづけされ評価されるのかなど、組織体制だけでなく業績評価をはじめとする組織運営の仕組みまで一緒に考えていかなければならない。

　狭義の組織体制を組み替えただけで、一気に営業力を強化するのだ、とにかくコストを下げるのだ、できるだけ経費を削減するのだ、少しでも生産ラインで歩留まりを上げるのだ、といった漠然とした指示にとどまってはいないだろうか。そのように目指す水準も必要となるスキルも明示されないまま稼ぐ力を高めようとする取り組みは、ゴールのないマラソンを装備も兵糧もなく走り続けるようなものである。

（2）現場の人材が思ったように動いてくれない

　稼ぐ力を高めようとする取り組みにおいて、戦略部門が思った通りに現場の人材が動いてくれない、あるいは動けないという事態がしばしば起こりうる。

　たとえば、人材をやる気（Will）とスキル（Skill）によって分類してみよう（**図表6-5**「ウィル Will／スキル Skill マトリックス」を参照）。

　これらのうち、やる気もスキルもある人材と、やる気もスキルもない人材の取り扱いは、日本企業において、ある意味で明確だ。

　やる気もスキルもある人材には、任せることが多い。もちろん、その実態は、上司からの仕事の丸投げになっているだけのこともあるが、いずれにしても「信頼して任せる」取り扱いである。やる気もなくスキルもない人材には、手取り足取り言った通りやってもらうということになっていることが多い。「言ったとおりにやらせる」のである。

　これに対して、やる気はないがスキルはある人材、やる気はあるがスキルはない人材の取り扱いが、日本企業は苦手である。

図表6-5｜ウィル Will ／スキル Skill マトリックス

		Will（やる気）	
		ない	ある
Skill（スキル）	ある	やる気にさせる	信頼して任せる
	ない	言ったとおりにやらせる	やり方を教える

　やる気はないがスキルはある人材は、普段はダラダラしているが、仕事をさせると手際はよいというような人材である。やる気はあるがスキルはないという人材は、いわゆる空回りしているような人材である。前者にはいかに「やる気にさせる」か、後者にはいかに「やり方を教える」か、が大切になる。稼ぐ力を高めていく場合においても、同様なのである。

　ここで必要なのが、いわゆるメンターやコーチである。ただ、日本企業における社員教育は、伝統的に集合研修が中心で、日常的なケアをするメンターやコーチは存在してこなかった。また、最近になってメンターやコーチを導入している企業でも、実態としては先輩社員が後輩社員に「目を掛ける」こと以上になっていない場合が多い。

　こうした課題を乗り越えて、社員みな総出で一丸となって稼ぐ力を高めていくためには、日本企業においても次のことがポイントとなる。

（1）それぞれの立場で戦略に基づく職務説明（ジョブ・ディスクリプション）を明確化して、その立場での仕事内容と必要なスキルと業績評価項目を明確化する。

（2）人事部による研修の枠を超えて、日々の日常的なメンターやコーチを導入して支援していく。

（3）メンターやコーチが持つべきスキルや支援内容も明確化しておく。

（3）リーダーが見当たらない

　稼ぐ力を高めていくにあたって、これまでは、たとえば部長、課長、係長、主任、担当者というヒエラルキーのもとで、役職の職位がそのまま上下関係になって、いわば上意下達で動かそうとしてきた。そのため、稼ぐ力を高める現場で、どうしても「指示する人」と「指示される人」に分かれてしまい、現場の社員それぞれがモチベーションを高く持って、稼ぐ力を向上させる取り組みを前向きかつ積極的に進めることができない事態が起こってきた。

　これだけ世の中が速く大きく動く時代にあって、稼ぐ力を高めるためには、現場まで含めて、社員の皆がリーダーシップを持つことが、何よりも大切である。組織の階層や役職には関係なく、誰もが、自分自身の強みを活かして、まさに社員のそれぞれがリーダーとなって稼ぐ力を高める取り組みを推進していくことが必要なのである。

　リーダーシップについて、経営学の世界ではいくつかの類型があるとされている（**図表6-6**「リーダーシップの類型」を参照）。

　まず、リーダーシップは、先天的なものであるとする類型が生まれた。カリスマリーダーシップとは、いわゆるカリスマとして、威容、威厳、類いまれな能力などを備えた者が、それらによって、周囲に対してリーダーシップを発揮していくというものである。

　次に、リーダーシップは、後天的なものであるとする類型が生まれた。ここでは、リーダーに対してフォロワーを想定している。

　トランザクショナルリーダーシップは、フォロワーがリーダーのために働き、それに対してリーダーが給与や昇進などの報酬を与えるという、取引（トランザクション）を想定するものである。いわば、鎌倉時代の「御恩と奉公」とも

図表6-6｜リーダーシップの類型

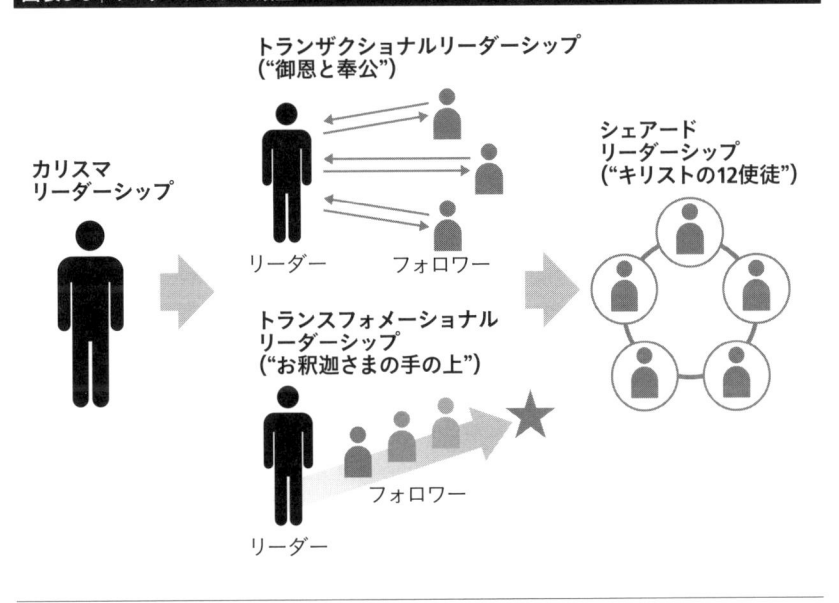

いえるモデルで、日本企業では一般的である。

　トランスフォーメーショナルリーダーシップは、リーダーがフォロワーに対して変革（トランスフォーメーション）として目指すべき姿や目指すべき目標を示すにとどめ、その姿や目標へ到達するための方法や道筋はフォロワーに任せつつ、フォロワーに対する支援を行っていく。いわば、「お釈迦さまの手の上」というイメージである。

　これらに対して、最近では、リーダーとフォロワーという前提を置かず、全員が、それぞれの強みを持つ分野でリーダーとなって、みんなで一丸となって進んでいくというシェアードリーダーシップという考え方が生まれている。いわば、「キリストの12使徒」に似たイメージである。

　日本企業では、リーダーシップといえばトランザクショナルリーダーシップが想起されることが多い。これでは、「指示する人」と「指示される人」とい

う関係を脱却できない。世の中の変化が速く大きくなる中で、稼ぐ力を継続的に高めていくには、組織の階層や役職には関係なく、トランスフォーメーショナルリーダーシップ、そしてシェアードリーダーシップが求められる。

　特に、社員それぞれの強みをベースとしたシェアードリーダーシップのために、これまでの日本の教育制度に見られたような、各人の弱みや苦手を平均レベルまで底上げしてオールラウンドに平均点をとるような人材を育てていくのは非効率である。特定の強みや得意をダントツの水準に発展させ、それを発揮できるように人材を育てていくべきである。そして、そうした社員が、それぞれの強みを持ち寄って、チームとしての集合知によって創意工夫を行い、稼ぐ力をどんどん高めていける状態が理想である。

Case Study

オムロンにおけるROICの活用

　ROICを経営において上手に活用している企業として、オムロンの事例を見ていこう。オムロンは、次の3ドメインとオムロンの発展を支える1事業から構成されている。

- センシング＆コントロール技術を核としたファクトリーオートメーション（FA）機器をはじめとする制御機器事業などを手掛けるファクトリーオートメーション・ドメイン。
- 医療関係者や一般消費者などのユーザー向けに健康・医療機器事業を手掛けるヘルスケア・ドメイン。
- 鉄道事業者、道路事業者、住宅メーカーなど向けに、駅務・交通機器やその保守・サービスなどの社会システム事業を手掛けるソーシャルソリューション・ドメイン。

● リレーやサーフェスマウントスイッチなどのデバイスモジュール事業
を手掛ける電子部品事業。

　オムロンは、世界で初めて無接点近接スイッチの開発に成功したことを
はじめ、産業用オートメーション機器に強みがある。自動改札機、現金自
動支払機（ATM）などの生みの親でもある。消費者向けでは、健康医療
機器で有名で、家庭用電子血圧計は世界トップシェアを誇る。

　オムロンは、「ROICは各事業を公平に評価できる最適な指標」として、
「ROIC逆ツリー展開」「ポートフォリオマネジメント」の2つを掲げている。

　ROIC逆ツリー展開は、これまでに見てきたROIC分解ツリーそのものである。事業ごとのROICについて、その要素を業績の財務的な数字から戦
略的な施策にまで分解したうえで、現場における活動レベルでの改善点を
洗い出していく。そして、ROICを向上させるための現場まで含めた取り
組みを検討しながら、改善を進めているのである。

　統合レポートでは、次のように述べられている。

　「例えば、ROICを自動化率や設備回転率といった製造部門のKPIにまで
分解していくことで、初めて部門の担当者の目標とROIC向上の取り組み
が直接つながります。現場レベルで全社一丸となりROICを向上させてい
るのが、オムロンの強みです」（オムロン『統合レポート2020』）

　ポートフォリオマネジメントも、これまでに見てきた売上高成長率×
ROICのマッピングである。事業ポートフォリオに複数の事業を持つオム
ロンにとって、ROICは各事業を公平に評価できる最適な指標として位置
づけられている。投下資本に対する利益水準を測るROICであれば、どの
事業も公平に評価できるためだ。

　オムロンでは、事業領域をROICと売上高成長率によって、S領域

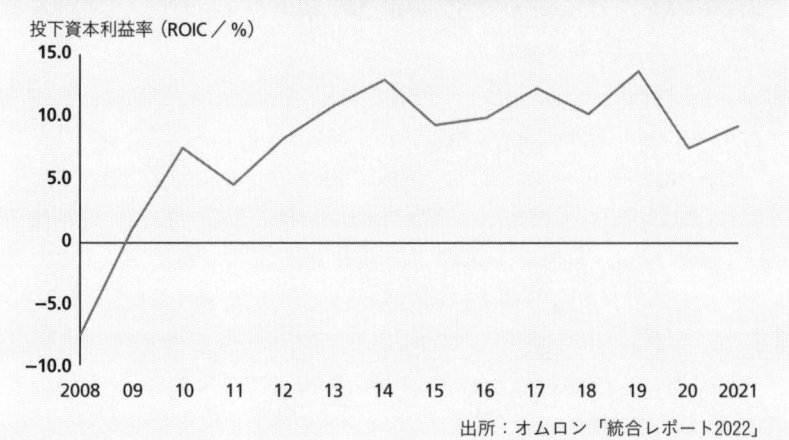

図表6-7｜オムロンのROIC推移

投下資本利益率（ROIC ／ %）

出所：オムロン「統合レポート2022」

（ROIC10％以上、成長率5％以上）・A領域（ROIC10％以上、成長率5％未満）・B領域（ROIC10％未満、成長率5％以上）・C領域（ROIC10％未満、成長率5％未満）に区分している。

　統合レポートでは、次のように述べられている。

「全社を約60の事業ユニットに分解し、ROICと売上高成長率の2軸で経済価値を評価するポートフォリオマネジメントを行っています。これにより新規参入、成長加速、構造改革、事業撤退などの経営判断を適切かつ迅速に行い、全社の価値向上をドライブしています」（同前）

　もちろん、これらのROIC逆展開ツリーの結果やポートフォリオマネジメントのマッピングの結果は公表されていないが、この統合レポートにおける記載からは、稼ぐ力にこだわったROIC経営が徹底されている様子がうかがえる（**図表6-7**「オムロンのROIC推移」を参照）。なお、オムロンの加重平均資本コストWACCは、同社の統合レポート2022の記載によれば、5.5%である。

第7章　機能スキルによって稼ぐ力を高める

　この章では、事業の「稼ぐ力」を高めるにあたって有力な手段になる機能スキルについて解説する。機能スキルとは、マーケティング、サプライチェーン、購買・調達などのスキルであり、事業における効率性の向上などを実現する事業横断でのスキルである。日本企業は伝統的に「事業」があらゆる思考や仕組みの中心にあり、事業横断的な「機能」の強化に対しては興味や関心が低かった。このような日本企業特有の伝統と環境のもとで、機能スキルを高め、活用していくためのポイントは何なのだろうか。

機能スキルの差で生じる利益の格差

　稼ぐ力を徹底して高めるために要となるものの一つが、機能スキルである。「ファンクショナル・スキル」とも呼ばれ、個別の事業そのものではなく、さまざまな事業に対して、その競争力を向上させる機能となるスキルである。マーケティング、サプライチェーン、購買・調達、ファイナンス、IT、デジタル・アンド・アナリティクスなどがある（**図表7-1**「機能スキルの例」を参照）。

　日本企業の経営者は、事業への関心の高さに比して、こうした事業横断での機能を強化する視点を必ずしも持ちきれていなかった。企業によっては、さしずめ、事業が太陽で、機能は月という雰囲気さえあったのではなかろうか。

　日本企業の経営者から、「グローバル企業と同じ事業を行っているのに、どうしてこうも利益水準が違うのか」というつぶやきを耳にする。実際、日本企業の利益水準はグローバル企業と比べて5〜15％ほど低く、機能スキルの差がその要因の一つであると考えられる（**図表7-2**「営業利益率の相違と機能スキル（製造業の場合）」を参照）。

図表7-1 │ 機能スキルの例

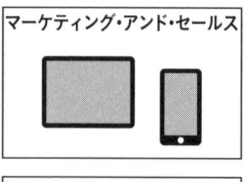
マーケティング・アンド・セールス

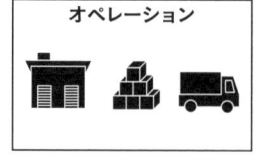
オペレーション

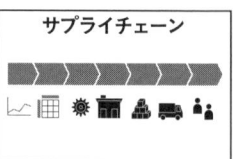
サプライチェーン

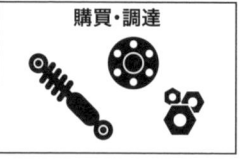
購買・調達

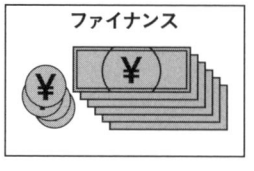
ファイナンス

デジタル・アンド・アナリティクス

図表7-2 │ 営業利益率の相違と機能スキル（製造業の場合）

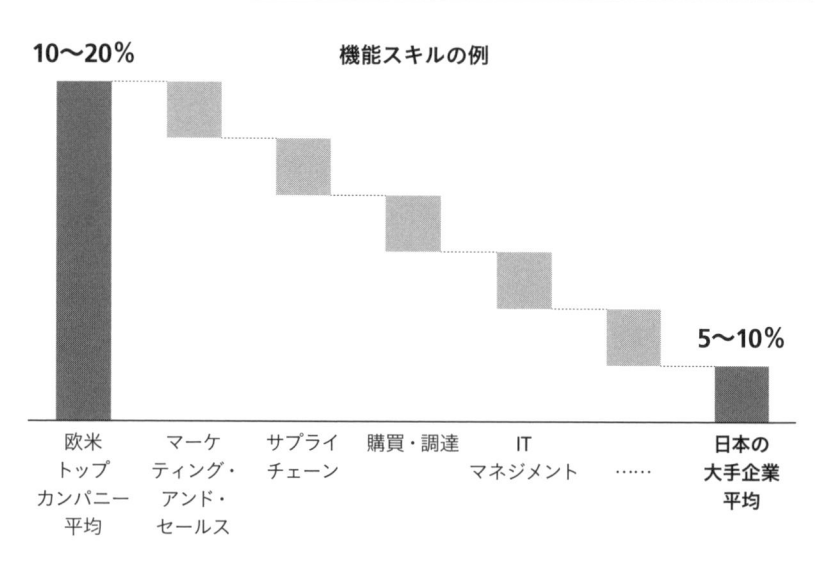

　欧米の先進的な企業は、市場の成熟が進み競争環境も熾烈になる中で、製品・サービスやそれに関連する事業スキルだけではなく、こうした事業横断での機能スキルこそが競争力の源泉になるとの認識のもと、その構築と展開に2000年代から懸命になって取り組んできている。

　たとえば、デュポン（DuPont）は2009年時点で、主力は化学事業であっても、技術だけではなくマーケティング・アンド・セールスが将来の業績を決するとして、「Three Growth Strategy as driven by Corporate Marketing & Sales」としてその重要性を打ち出している。

　そのうえで、そうしたマーケティング・アンド・セールスは熟練者の勘と経験と度胸によるものではなく、まさにサイエンスであると強調しているところが興味深い。"Put Science to Work" と謳っているのである。サイエンスであれば、誰のもとでも再現可能性があるということである。

　こうした機能スキルは、熟練者の個人スキルとして構築されるのではなく、誰でもできるように組織的なスキルとして構築され展開されているのである。

機能スキルの本質を理解し活用する

　経営者にとっては、機能スキルの本質を理解して、それを稼ぐ力の向上に活用していくことになる。

　機能スキルの分野は多岐にわたるので、自社の戦略にとって重要な機能スキルの分野だけを優先的に構築していくとしても、経営者がその内容までを詳細に理解しきれるものではない。また、そもそも経営者がすべてを詳細に理解することは求められていない。

　経営者にとって、経営力とは質問力であるともいえる。事業における課題の理解や意思決定において、社内の機能スキルの専門家たちに対して「正しい質問」を投げかけられる力である。重箱の隅をつつくような質問ではなく、たまたま思いついただけの質問でもない、正しい質問によって、社内の機能スキルの専門家たちの頭脳や経験から、①ファクトベースによる状況の理解、②課題

図表7-3｜経営者の経営力となる正しい質問

──「正しい質問」の3要素──

ファクトの ユニバースを 理解するための 質問	意思決定の 選択肢を 洗い出すための 質問	意思決定の 判断理由を 確かめていく 質問

の特定および意思決定の選択肢の構築、そして③意思決定の判断理由を確かめていく、のである（**図表7-3**「経営者の経営力となる正しい質問」を参照）。

　こうした正しい質問を社内の機能スキルの専門家に対して投げかけられるようになるためには、これら機能スキルの本質について理解しておけばよい。いくつかの機能スキルの分野について、その本質の概要を見ていく。

●──マーケティング・アンド・セールス

　ピーター・ドラッカーによれば、マーケティングの目的は、「販売を不必要にすることだ。マーケティングの目的は、顧客について十分に理解し、顧客に合った製品やサービスが自然に売れるようにすることなのだ」という。こうして売れるようになれば、成長だけでなく、稼ぐ力も高まっていくことになる。

　まず、マーケティングのうちのブランディングを例にとろう。

　ブランディングとは、企業からお客さまへの「ぶれない約束」である。エルメスのスカーフ、BMWの自動車、カルティエの宝飾品など、そうしたものには、消費者が必ず思い起こす品質や価値がある。こうした品質や価値からぶれないことで、消費者が欲したときには、自然とそれらを想起して購入することにつながるのである。自社の製品やサービスを見たときに、何がそうしたお客

さまへのぶれない約束なのか、経営者は認識していくべきである。

　また、マーケティングのうちのプライシングを例にとろう。

　プライシングとは、企業からお客さまへの「公正な価格（フェアプライス）の提供」である。この公正な価格は、なにも製品やサービスそれ自体に対するものだけではない。プライシングは、販売時における顧客体験、お客さまへの配送、アフターサービス、それらすべてを視野に入れて行われるべきものである。

　そして、プライシングとは、原価に一定の利益を上乗せして行う原価積み上げ方式だけではない。原価積み上げ方式は、一定の利益を得ようとするものであるが、なぜその利益なのかの根拠が乏しく、それまでの長年の社内慣行であるとしか答えられない場合も多い。本来、もっと利益を得てよい場合もあるはずであり、稼ぐ力の向上につながるはずである。

　たとえば、売り手である企業の製品やサービスからお客さまが受ける追加的な価値を基準に、その価値を両者で分配する方式のプライシングである提供価値によるプライシング（バリュー・ベース・プライシング）が、公正な価格と考えられる。企業間のB2B取引であれば、顧客が受け取る追加的な価値を論理的に推計して、その追加的な価値の分配を議論する。こうして、公正な価格が売り手と買い手の両者の納得のもとで形成されるのである。

　バリュー・ベース・プライシングから導かれる公正な価格は、往々にして、原価積み上げ方式による価格より高くなるが、それでもお客さまの納得は得られるはずである（**図表7-4**「バリュー・ベース・プライシングの概念」を参照）。

◉──**サプライチェーンマネジメント**

　サプライチェーンマネジメントとは、「"Order-to-Delivery" の最適化」である。すなわち、自社の製品やサービスについて、お客さまの注文からお客さまに届くまでの時間とお客さまの経験を最適化するものである。その目的は、サプライチェーン全体にわたる透明性（見える化）の実現、顧客満足の向上、

図表7-4｜バリュー・ベース・プライシングの概念

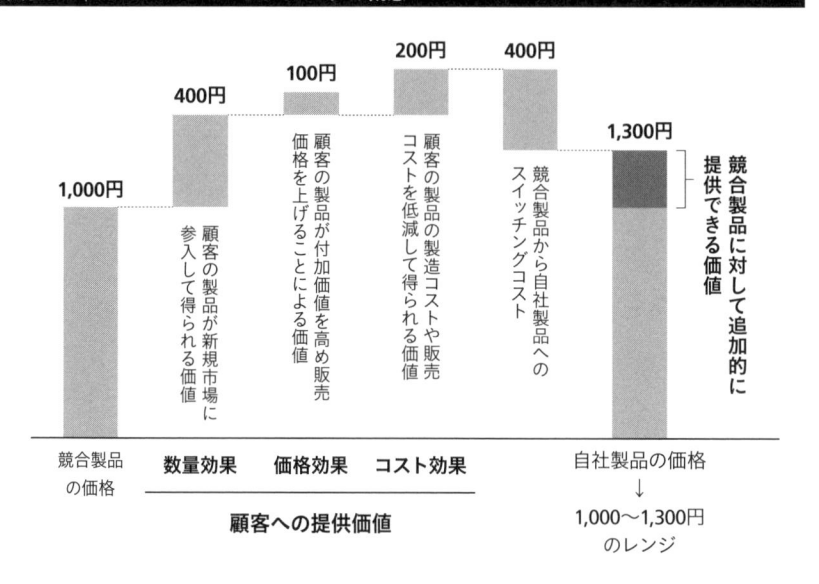

競合製品
の価格

数量効果　　価格効果　　コスト効果

顧客への提供価値

自社製品の価格
↓
1,000〜1,300円
のレンジ

1,000円　顧客の製品が新規市場に参入して得られる価値

400円　顧客の製品が付加価値を高め販売価格を上げることによる価値

100円

200円　顧客の製品の製造コストや販売コストを低減して得られる価値

400円　競合製品から自社製品へのスイッチングコスト

1,300円　競合製品に対して追加的に提供できる価値

そしてトータルコストの削減によるコスト効率の向上である。

　このサプライチェーンは、一般的に、需要予測→生産計画→購買・調達→生産→在庫→販売・輸送・配送→アフターサービスという流れをとる（**図表7-5**「サプライチェーン」を参照）。

　サプライチェーンマネジメントにおいて、日本企業では、「組織縦割り」の壁が立ちはだかる。計画部門、生産部門、営業部門、物流部門などが、それぞれの組織の間でのコミュニケーションが十分でないまま、必要な連携をとれずに全体最適ではなく個別最適で動いてしまうのである。

　たとえば、営業部門から需要予測部門へのフィードバックが行われない、あるいは形式的なフィードバックにとどまるため、最新の顧客情報などが需要予測に活かされないまま、需要予測が外れ続けるといったことが起こる。そうすると、その需要予測に基づいた生産計画が的外れなものになって、過剰生産あ

図表7-5 | サプライチェーン

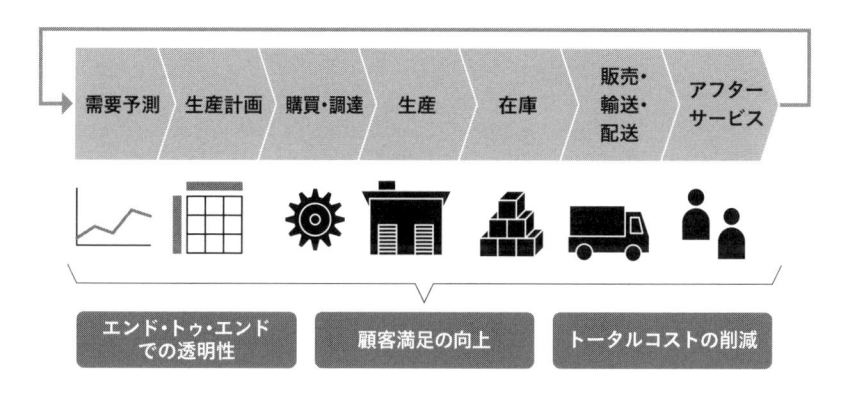

るいは過少生産になり、在庫マネジメントやお客さまへの販売に影響が出る。同時に、生産コスト、運転資本などに悪影響を及ぼしてしまう。

　また、生産計画部門、生産部門、購買・調達部門が分断しているため、原材料をその市況が最も好ましいタイミングで安価に調達しておくことができないといった問題も起こっている。生産部門からの原材料の社内発注において、類似した原材料や種類の異なるさまざまな原材料が工場ごとに発注されており、購買・調達部門はそれらの原材料について別々に購入手続きをしなくてはならず、ボリューム効果を取りきれない、という場合もある。

　さらには、物流部門が輸送・配送を担うものの、物流部門が事業部門や営業部門からいわば孤立した状態になっていることがある。そのため、お客さまの事情を考慮して顧客満足を満たしながらも、最適な輸送・配送手段、輸送・配送頻度、輸送・配送ルートを選択することができないまま、輸送・配送コストが嵩んでしまうという事態も発生している。

　サプライチェーンマネジメントによって、需要予測→生産計画→購買・調達→生産→在庫→販売・輸送・配送→アフターサービスという事業の流れを一気通貫で効率化や強靭化していくことによって、これらの課題を克服し、稼ぐ力

を飛躍的に高めていけるのである。

◉──購買・調達

　購買・調達は、「最適な仕様で最適な数量の品目をコスト効率よく安定して調達する」ことが求められる。

　たとえば、このコスト効率よくという点について、サプライヤー間で価格競争をさせることによる単価の引き下げが行われてきている。これに対して、サプライヤー側も、その原価構成や利益水準の詳細を知られないよう、出精値引きなどと呼ばれる曖昧な理由で応じる慣行がある。

　本来は、機能スキルの一つとして、購買・調達品目の原価の積み上げを、サプライヤーにおける製造プロセス、サイクルタイム、一般管理費、利益マージンまで論理的に推計しながら行って、それをサプライヤーに提示し、双方が納得できるよう価格交渉を進めていければ理想である。

　原価積み上げの推計を示すことによって、サプライヤー側に「反証責任」が生じ説明責任の転換ができることで、買い手としても合理的な交渉ができるようになる。押し問答の交渉ではなく、ファクトベースによる証明責任や反証責任による公正な交渉である。その結果として、双方の納得感も生まれ、サプライヤーの育成さえもできるのである（**図表7-6**「購買・調達」を参照）。

　機能スキルは、戦略に紐づく。戦略の自由度を向上させ、稼ぐ力を高めることによって、戦略の実行による事業からの十分なキャッシュフローの創出、そして企業価値の創造を担保していく。

　経営者がそれぞれの機能スキルの本質を理解しておき、社内の機能スキルの専門家に対して正しい質問を投げかけることによって、稼ぐ力における課題が特定される。それらが解決されることによって、事業の効率性がアップし、稼ぐ力が高まる。これによって、事業からのキャッシュフローが増加し、企業価値の創造が進むのである。

図表7-6 | 購買・調達

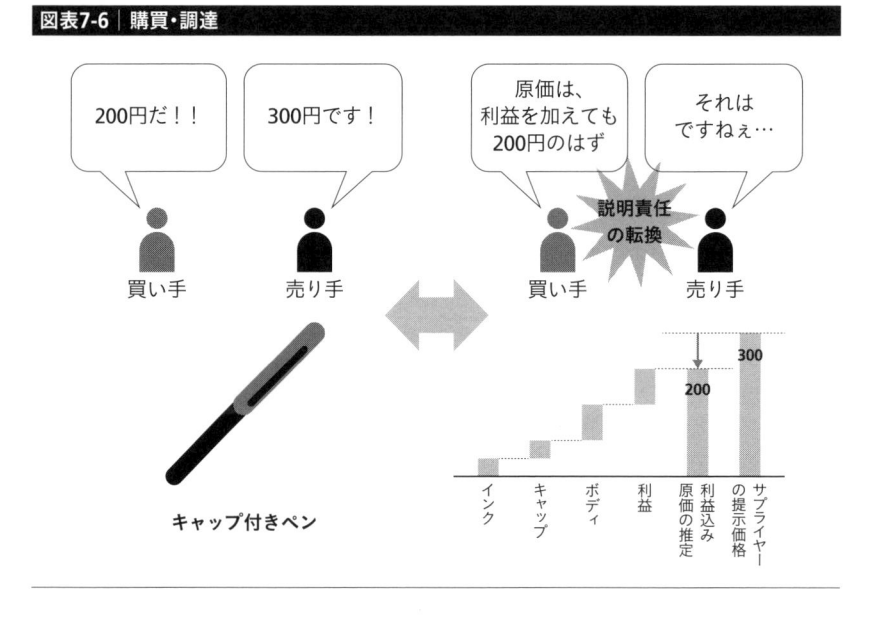

Case
Study

資生堂における稼ぐ力への取り組み

　資生堂は、魚谷雅彦社長（当時）が2014年4月に就任してから、世界で勝てる日本発のグローバルビューティーカンパニーを目指して、2014年12月に「現実を直視し勝つことにこだわる資生堂へ」ということを標榜する「Shiseido VISION 2020」を公表した。そして、国内の競合企業のみならず、海外の競合企業との営業利益率などのベンチマークを実施して、根源的な課題を特定したうえで、あくなき構造改革として稼ぐ力の徹底した改善を打ち出した。

　まずは稼ぐ力を強化して、それを成長への布石とする考えであったと思われる。稼ぐ力によってキャッシュを生み出し、それをマーケティングや

イノベーションに投資して成長を追求することができるからだ。

　営業利益率（2013年度）で見ると、国内競合メーカーが9.5〜10.0%、海外競合メーカーが16.7〜18.4%であったのに対して、資生堂は6.5%にとどまっていた。2006年以降、ほぼ最下位のまま推移してきたのである。このベンチマークの結果を踏まえて、2020年度の目標として、売上高1兆円、営業利益率10%超を打ち出した。

　あくなき構造改革としては、「マーケティングコスト」（販促物調達の効率化、投資対効果の精査）、「在庫/SCM」（需要予測・計画プロセスの見直し）、「原価」（取引先の新規発掘と連携強化、原価企画プロセスの改革）、「バックオフィスコスト」（地域単位でのシェアードサービス化、IT投資の見直し・最適化）を挙げており、機能スキルであるマーケティング、サプライチェーン、購買・調達の高度化が中心になっていたと考えられる。

　これらの取り組みによって、営業利益額の拡大と企業価値の向上を持続的成長として目指し、そのための経営効率の向上として、キャッシュフローとバランスシートのマネジメントの強化、フリーキャッシュフローやキャッシュ・コンバージョン・サイクル（CCC）の重視を謳った。CCCは、原材料や商品を仕入れてから販売して売上金が手元に入るまでの平均期間を表す。CCCの短縮はキャッシュフロー創出につながる。

　2014年度から2021年度までの営業利益および株式時価総額の推移は、コロナ禍による訪日外国人の減少などによる需要減退の影響を2020年度と2021年度は受けているものの、これまでに大きな改善を見せている（**図表7-7**「資生堂の営業利益の推移」、**図表7-8**「資生堂の株式時価総額の推移（1999年4月2日の終値を基準）」を参照）。

　その背景には、機能スキルの社内における向上、そして稼ぐ力の改善がうかがえる。たとえば、資生堂公表資料「SHISEIDO IS CHANGING」（2015年4月）によれば、コスト構造改革において、改善余地を部品レベルまで徹底的に見直し、国内外すべての現場が一丸となってコスト削減の

図表7-7 資生堂の営業利益の推移

出所：資生堂の有価証券報告書から筆者作成

図表7-8 資生堂の株式時価総額の推移（1999年4月2日の終値を基準）

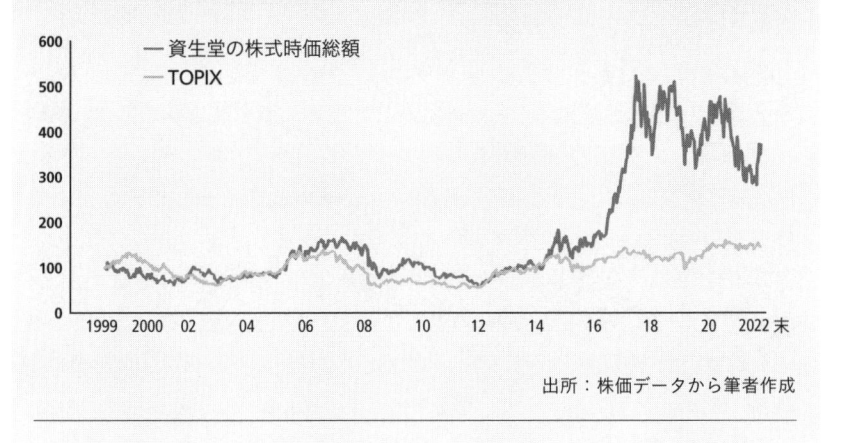

出所：株価データから筆者作成

アイデアを生み出して効果を実現している。

　それでは、資生堂において、なぜこのような機能スキルの活用ができたのであろうか。それは、課題の特定、目標の明確化、そのための取り組みの具体化がなされ、社員にわかりやすく共有されたためではなかろうか。

　資生堂公表資料「2018-20年度経営戦略・計画　世界で勝てる日本発のグローバルビューティーカンパニーへ」（2018年3月）では、生産性の向上（コスト削減）であれば、ベンチマークを踏まえて課題が特定され、3年間の累計で目標金額400億円に向かって、原価低減（製品仕様の最適化/集中購買）、サプライチェーンの効率化、システム統合・集約による生産性向上という取り組みが、稼ぐ力へのこだわりとして具体化されている。

　そして、こうした稼ぐ力の向上は、キャッシュフローの創出のためであり、企業価値の創造のためであることも明示されている。まさに、この公表資料では、生産性の向上のための機能スキルの活用という戦略によって稼ぐ力を高めることで事業から生み出されるキャッシュフローを増やして企業価値を創造していくことが、一連の流れとしてとても理解しやすく明らかにされている。

　具体的には、企業価値最大化のために、マーケティング、イノベーション、人材・組織という機能を戦略において重視し、それによって2017〜2020年累計で3,500億円超の営業キャッシュフローを創出するという目標が掲げられた。そこから優先順位として中長期的な成長に向けた重点領域へ3,000億円超の集中投資を行うことも掲げられている。

　その中では、ROICを2020年に12％超とすること（WACCは4％）、CCCを2017年の114日から2020年に100日以下へと改善することを、明確な目標として挙げている。さらに、CCCでは、おもに棚卸資産回転日数を195日から180日以下へと短縮すること、そのために製品在庫、原材料在庫、仕掛品在庫を、SKU削減、SKU別の効率管理の徹底、需要予測の精度の向上、調達・生産・供給のリードタイムの短縮などで実現するとい

う戦略的な打ち手まで述べている。

　これら一連の戦略と成果は、投資家においても理解しやすく、これまで
の業績改善の実績による裏打ちも加わって、納得できるものになっている
といえよう。そして、資生堂は現在の中期経営計画「WIN 2023」におい
て打ち出している①高収益構造への転換、②スキンビューティーへ注力、
③成長基盤の再構築に取り組むことによって、「世界で勝てる日本発のグ
ローバルビューティーカンパニー」「社会から最も信頼されるビューティ
ー企業」を目指して進んでいくように見える。

第8章　デジタルとアナリティクスで稼ぐ力を高める

　この章では、事業の「稼ぐ力」を高めていく際に、機能スキルにおいても重要となるデジタルやアナリティクスについて解説する。デジタルやアナリティクスの本質を理解し、おもに稼ぐ力を高めていくためにどのように活用できるか。もちろん成長にとっても重要な分野であるが、まずは稼ぐ力を高めるために活用することが日本企業にとって喫緊の課題である。

デジタルとは？ アナリティクスとは？

　第7章で説明してきた企業価値の創造につながる機能スキルについて、後進企業でも一気に最先端の水準にキャッチアップができる可能性があり、さらにその先にまで進める可能性をもたらすものが、デジタルとアナリティクスである。

　これまで、手作業（マニュアル）やその道に何十年という熟練者の勘と経験、そして場合によっては度胸に頼っていたものが、豊富なデータや、その解析技術や、それらを支えるコンピューティングパワーによって、容易に成し遂げられるようになってきているのである（**図表8-1**「デジタルとアナリティクス」を参照）。

　特に、このうちのアナリティクスは、大量のデータと深層学習（ディープ・ラーニング）などの高度なAI・データサイエンスによって、人間が持ち得る知恵のレベルを超えることさえ可能にしてくれる（**図表8-2**「アナリティクス」を参照）。まさに、将来の産業や社会の姿さえ変えていく可能性があるものである。

図表8-1 | デジタルとアナリティクス

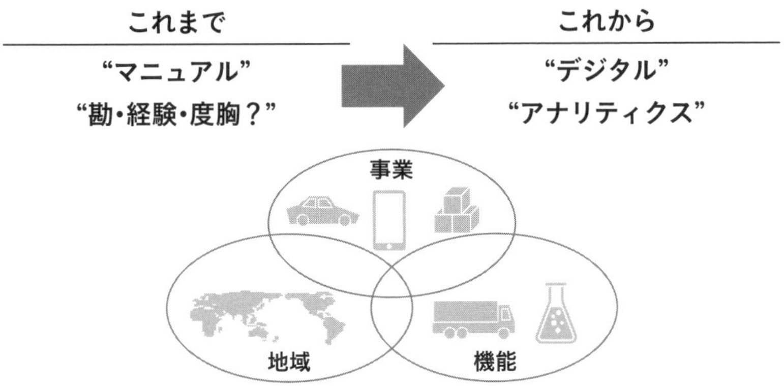

これまで	これから
"マニュアル"	"デジタル"
"勘・経験・度胸？"	"アナリティクス"

事業

地域　　機能

図表8-2 | アナリティクス

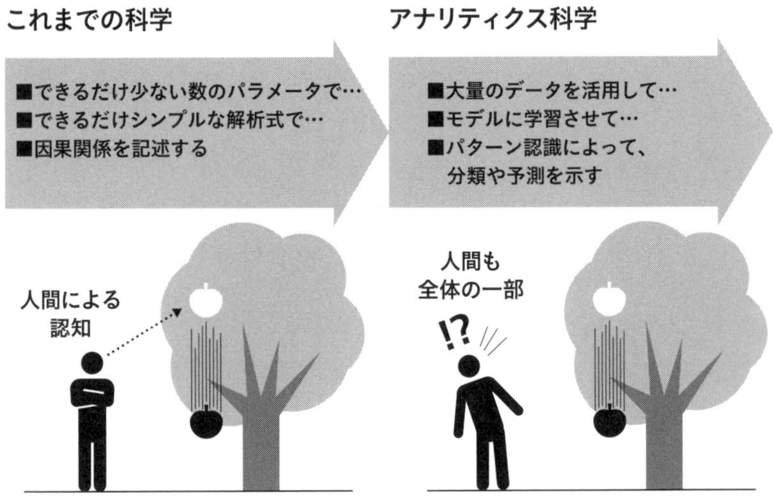

これまでの科学　　　　アナリティクス科学

■できるだけ少ない数のパラメータで…
■できるだけシンプルな解析式で…
■因果関係を記述する

■大量のデータを活用して…
■モデルに学習させて…
■パターン認識によって、
　分類や予測を示す

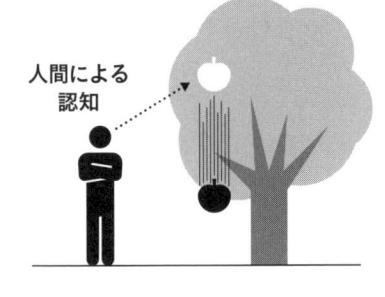

人間による
認知

人間も
全体の一部

　これまでの科学は、人間による認知の観点から、できるだけ少ない数のパラメータで、できるだけシンプルな解析式で因果関係を記述するものであった。これに対して、AI・データサイエンスをはじめとするアナリティクス科学は、大量のデータを活用してモデルに学習させ、パターン認識によって分類や予測の結果を示す。したがって、因果関係ではなく、関係性を示す。

　ここで示される関係性であるパターン認識は、しばしば人間の理解を超えるが、大量のデータとAI・データサイエンスによって科学的にもたらされるものであり、人間の知恵のレベルを超えた最適解の可能性がある。これによって、機能スキルも後述のとおり大きく進歩してきている。

　なお、海外の大学や大学院では珍しくない統計学部やコンピュータサイエンス学部が、日本の大学や大学院には伝統的に独立して存在してこなかったため、こうしたデータサイエンスの理解があまり普及しておらず、これまでの日本では人材が養成できてこなかった。

　また、日本ではとかくデータサイエンティストだけが注目されがちだ。しかし、データサイエンスは、大量のデータを分析できるように加工して整理するデータエンジニア、そうしたデータの蓄積を担うクラウドエンジニアなど、多彩な人材がいて初めて可能になる。

デジタルとアナリティクスの3つの効果

　デジタルとアナリティクスには、3つの効果がある。

（1）センサーを活用したIoTなどによる、エンド・トゥ・エンドでのリアルタイムな可視化。

（2）大量のデータとデータサイエンスからのアナリティクスによる分類（判別）や予測。

（3）そしてロボティクスなどによる省力化、省人化、省時化。

　なお、最近では、ChatGPTに代表されるように文章や画像や会話などの生成も4つ目の効果として急速に進歩している。

このようなデジタルとアナリティクスによって、機能スキルの分野も大きく進歩してきている。そして、企業の稼ぐ力を高めているのである。

たとえば、マーケティングの分野であれば、顧客の購買履歴データなどを分析することによるセグメンテーション、あるものを買った顧客が次に買うものの予測によるレコメンデーション、需要の刻々とした変化によるダイナミック・プライシングなどによって稼ぐ力を高めている。

サプライチェーンの分野であれば、社内外のデータを活用した需要予測の高度化、生産計画の作成の効率化、生産設備の故障するタイミングを予測して保守を行う予知メンテナンス、工場や倉庫や配送拠点での在庫状況のリアルタイムでの可視化、予測による適正な在庫量の設定、商品需要・在庫量・交通状況の予測などに基づく輸送・配送ルートの最適化などによって、好ましい利益マージンでの売上の増加、コスト効率の上昇などを実現して稼ぐ力を高めている。

デジタルとアナリティクスがもたらす機能スキルの向上による効果は、その範囲が一足飛びに拡大してきている（**図表8-3**「デジタルとアナリティクスの効果の事例」を参照）。そして、それらが、すべて稼ぐ力を高めることに結びつくのである。

デジタルとアナリティクスの担う3つの分野

それでは、デジタルやアナリティクスに任せておけば、機能スキルの分野において何でもやってくれるようになり、人間の介在は不要になるのであろうか。もちろん、そのようなことはない。

デジタルとアナリティクスがおもに機能スキルを通じて経営や事業運営において担うものには大きく3つの分野がある（**図表8-4**「デジタルやアナリティクスが担うもの」を参照）。

（1）選択肢の提示

デジタルやアナリティクスは、経営や事業運営における選択肢を提示してく

図表8-3 ｜ デジタルとアナリティクスの効果の事例

分類・判別

- 手書き文字からの文字認識
- 会話の音声からの会話認識
- クレジットカードの不正利用の検出
- 迷惑メールの検出
- 医療における画像診断
- 採用候補者の抽出
- 輸送ルートの選定
- 品質検査における不良品の検知
- 歩留まりの改善

⋮

予測

- 購買パターンの予測(次に買う物の予測)
- 需要の予測
- 価格の予測
- 離職の予測
- 収穫量の予測
- 生産ラインでの予知メンテナンス
- 交通障害(事故・渋滞等)の予測
- 言語間の自動翻訳
- 新素材の探索

⋮

※「分類・判別」「予測」のほか、「生成」も進んできている。
人物の写真やアニメのキャラクターの制作、写真のイラストへの変換、白黒画像への色付け、
絵や動画のスクリプト作成、新聞記事作成、会話応答など。

図表8-4 ｜ デジタルやアナリティクスが担うもの

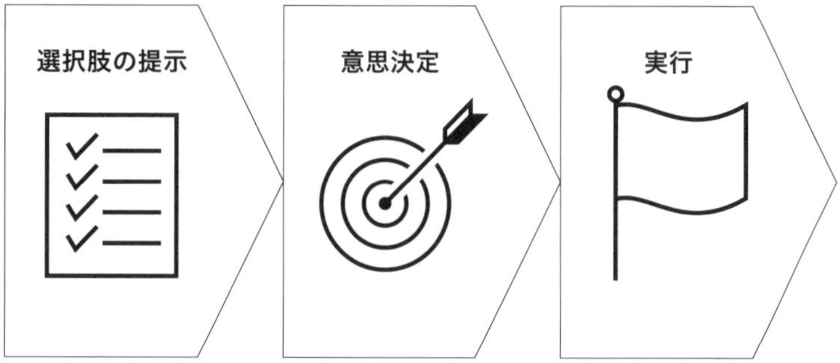

選択肢の提示　　意思決定　　実行

れる。顧客の分類であるセグメンテーション、あるものを買った顧客が次に買うものとしてレコメンデーションすべき品目、生産ラインにおける設備の故障に対する予知メンテナンスによる保守のタイミング、などである。これらは、経営者や事業の運営者にとって、絶対的な正解というわけではなく、あくまでも、時には人間が持ち得る知恵を超えたレベルからの選択肢として提示される。

（2）意思決定

リアルタイムでのシミュレーションによって、リスク要因やリスク量などまで評価し、将来の複数のシナリオを作成して、あらかじめ定められた一定の評価項目によって評価を行い、意思決定を行っていく。たとえば、自動車の自動運転における障害物の回避でのハンドル操作などがあるだろう。

（3）実行

例として、小売りの店舗による欠品補充の注文、スキャナやセンサーでの読み取りによるレジ打ち、倉庫における自動輸送機による棚入れ・棚出し、工場におけるロボティクスによる生産、自動運転トラックやドローンによる輸送・配送など、おもに自動化によるものである。

デジタルとアナリティクスは、このうち、まず自動化を中心とする「実行」の分野から普及が始まり、大量のデータと深層学習などのAI・データサイエンスによるアナリティクスを活用することによって「選択肢の提示」の分野が進んできた。

ただ、デジタルやアナリティクスは、経営者や事業の運営者に一義的な正解を与えるものではないので、「意思決定」の分野での活用がどこまで進むかは、今後の経営者および事業の運営者によるデジタルやアナリティクスへの理解の浸透、そして、デジタルやアナリティクス自体の進化の推移次第といえる。

いずれにしても、これら3つの分野において、デジタルとアナリティクスに

よる機能スキルの進歩が今後も大きく進んでいくはずである。

　アフリカでは固定電話を飛ばして携帯電話が一気に普及し、そしてモバイルバンキングによって金融が一気に普及した。このように、機能スキルの分野でも、後進企業がデジタルとアナリティクスによって突然にキャッチアップし、いまの先進企業を一気に追い越していきかねない。そして、ダントツに高い稼ぐ力を持つようになる可能性は十分にある。

デジタルトランスフォーメーションは働き方改革

　デジタルとアナリティクスは、そのテクノロジー面が注目されがちである。そして、それを導入することだけが、目的となってしまう。ベンダーなどが持ち込んでくる導入事例をつまみ食いして、最終的なゴールや効果が不明確なまま進めてしまう。

　これまで見てきた通り、デジタルやアナリティクスは、経営や事業運営における卓越性や効率性をもたらし、成長だけでなく稼ぐ力を高めるためにも活用できる手段である。したがって、どのような経営にしたいのか、どのような事業オペレーションにしたいのかという、将来において目指す姿である「ビジョン」を描き、それを社内で明確に共有することから始めなければならない。

　そして、デジタルやアナリティクスによる生産性の向上やコスト効率の改善の効果として、どれだけの利益の改善やキャッシュフローの増加を実現していくのかという目標を、明確にしておかなければならない。それによって初めて、デジタルやアナリティクスによる稼ぐ力の向上、そしてキャッシュフローの創出、さらには企業価値の創造につながる（**図表8-5**「デジタルトランスフォーメーションの姿」を参照）。

　このようなデジタルトランスフォーメーションは、テクノロジー、事業オペレーション、マインドとスキル、という3つの要素から構成される。

　もちろん、デジタルやアナリティクスについてのテクノロジーが、その原動力になることは間違いない。ただし、それらのテクノロジーは手段でしかない。

図表8-5 | デジタルトランスフォーメーションの姿

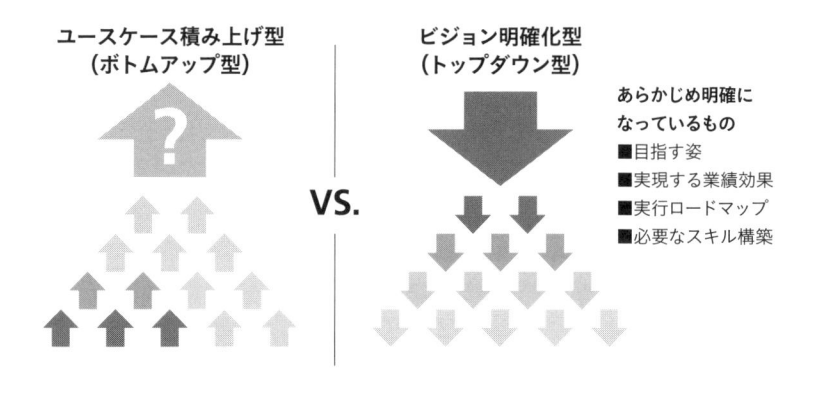

どのような目指す姿に向かって事業オペレーションを変革していくのかが最も重要なのである。

　そして、テクノロジーの導入によって、生産性の向上や効率性の改善につながる事業オペレーションを実行することについて、主体的かつ積極的に取り組んでいこうとするマインドと、実行のために現場を含めた社員の新しいスキルの構築が必要となる。

　このように、事業オペレーションを変革し、次代に向けて前向きな心持ちで、必要なスキルも構築しながら進んでいくので、デジタルトランスフォーメーションはまさに「働き方改革」なのである。

　そして、その次代の働き方につき、社内でも尊敬されているような熟練の社員から、「デジタルも捨てたものではないな」「デジタルほどには、さすがに思いが及ばなかった」「デジタルに一本取られたよ」などと言ってもらえると、一気に弾みがついて、デジタルトランスフォーメーションは進んでいく。

トランスレーターによるデジタルトランスフォーメーションの推進

　デジタルトランスフォーメーションを働き方改革として推進するには、デジ

図表8-6｜トランスレーター

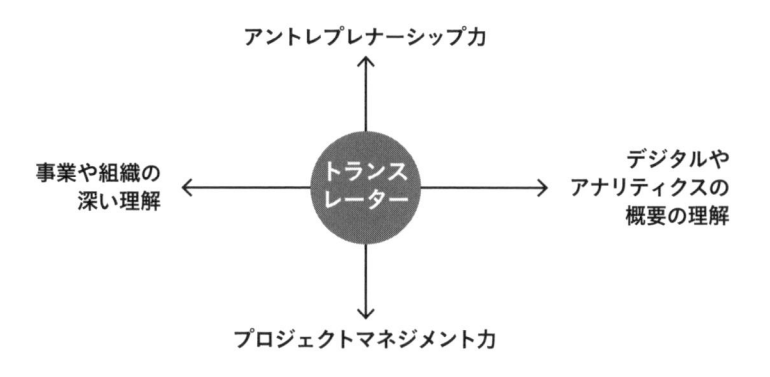

タルやアナリティクスと事業をうまく結びつけて次代の事業オペレーションを
構想し、事業からのキャッシュフローを生み出して企業価値を創造していける
人材が、何よりも重要になる。

　このような人材は、デジタルやアナリティクスの概要を理解しており、事業
も熟知していて、デジタルやアナリティクスを当該事業の文脈に翻訳しながら
適用して稼ぐ力を高めていくアイデアを醸成していく。そのため「トランスレ
ーター（通訳者）」とも呼ばれる（**図表8-6**「トランスレーター」を参照）。

　トランスレーターには、これらデジタルやアナリティクスの概要の理解、事
業や組織の理解に加えて、何でも面白がって困難すら楽しみに変えながら何事
かを創造していこうとするアントレプレナーシップ力、そしてデジタルトラン
スフォーメーションをプロジェクトとして回していけるプロジェクトマネジメ
ント力も求められる。

　日本企業においては、このトランスレーターを育成していくことが、デジタ
ルトランスフォーメーションを推進することにつながる。ひいては、機能スキ
ルによって稼ぐ力を高め、事業からのキャッシュフローを生み出して、企業価
値を創造していくことにつながる。

第 II 部

お金の流れによって
企業価値を創造する
経営を俯瞰して語る

第9章　経営をお金の流れで理解する PL&BS一体型思考

　この章では、企業経営の全体像をお金の流れという観点から捉え、企業価値の概念を導いていく。企業は、株主や銀行などから資金を調達し、それを資本として事業に投資して（貸借対照表「BS」の資本、負債、資産の部にそれぞれ記録・報告される）、その事業を運営することによって利益を生み出していく（損益計算書「PL」において年度単位の損益として記録・報告される）。

　企業経営におけるお金の流れを意識したPL&BS一体型思考のもと、事業から利益などのかたちで生み出されるキャッシュフローに基づいて企業価値の評価が行われる。このディスカウントキャッシュフロー法（DCF法）と呼ばれる企業価値評価の枠組みを理解しておくことが、「投資家としての経営者」が用いる共通言語の習得につながる。

貸借対照表と損益計算書

　企業は、株主あるいは銀行や社債権者という負債の提供者から資金を調達し、その資金を資本として投資することによって事業を構築する。そして、その事業を運営することによって、利益などのかたちでキャッシュ（現金）を生み出していく。このようにして、企業が将来にわたって生み出していく一連のキャッシュ（「キャッシュフロー」と呼ばれる）の現時点での価値の総和として企業価値を創造していくのである（**図表9-1**「企業経営におけるお金の流れ」を参照）。

　このことを理解するためには、会計の基礎的な知識も必要になるので、確認しておくことにしよう。

　企業の活動を、一定の規則や基準に従って記録・報告していくのが会計であ

図表9-1 | 企業経営におけるお金の流れ

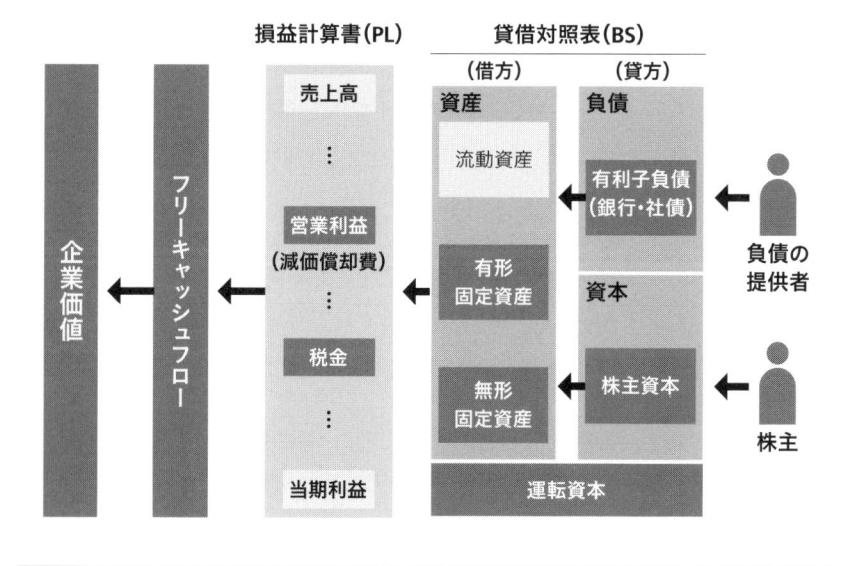

る。企業の状態をストックの視点から記録・報告する貸借対照表（BS: Balance Sheet）、企業の収益・費用・利益を年度単位のフローの視点から記録・報告する損益計算書（PL: Profit & Loss Statement）、そして実際のキャッシュの動きを年度単位で記録・報告するキャッシュフロー計算書（Cash Flow Statement）という、いわゆる財務三表にまとめられる。

◉──貸借対照表

　右側に企業による資金調達が記録される。株主からの株式による資金調達をおもに記録する「資本の部」と、銀行や社債権者などからの債務による資金調達をおもに記録する「負債の部」から構成される。貸借対照表の左側は「資産の部」と呼ばれ、企業による事業用資産などへの投資である資金運用をおもに記録するものである。

　貸借対照表の右側の「負債の部」および「資本の部」の合計金額と、左側の「資産の部」の金額が一致するように記録されていくので、貸借対照表は「バランスシート」と呼ばれる。

　なお、貸借対照表では、今後1年間を超えて保有されるものを「固定」、1年間以下の保有でしかないものを「流動」と呼び、固定資産・流動資産、固定負債・流動負債という区分もある。

　流動資産および流動負債は日々の事業の運営に関連する項目が中心で、これから回収されていく顧客への販売代金である「売掛金」、在庫である「棚卸資産」、サプライヤーへの支払いのうち後払い分である「買掛金」や、短期の「借入金」などが含まれる。企業が保有する「現金」も、流動資産に区分される。

　また、伝統的に、貸借対照表の右側は「貸方」と呼ばれ、左側は「借方」と呼ばれることがある。この呼称は、まさに投資家の視点を反映している。投資家から調達した資金を計上する貸借対照表の右側は投資家による貸方なのであり、その資金を事業のために投資した資産を計上する貸借対照表の左側は企業による借方なのである。

●──損益計算書

　当該年度の「売上高」から始まる。そして、製品やサービスの製造原価や仕入原価などの「売上原価」、製品やサービスの販売活動に必要な「販売費」、事業の管理などに必要な「一般管理費」、設備・備品などの経年での価値の減少を認識する「減価償却費」などの費用を計上する。

　売上高からこれらの費用を差し引くと、事業を営むことから得られた損益を表す「営業損益」になる。ここに、受取利息・受取配当金・支払利息など事業以外から影響をおよぼす「営業外損益」を加えると「経常損益」になり、さらに当該年度の一過性の損益である「特別損益」を加えると「税引前当期損益」になる。最後に、税金である法人税等を控除することによって、企業としての

　当該年度の最終的な損益である「当期損益」となる。

　そして、当期損益から役員賞与や配当金などの利益金処分後の当期未処分利益が貸借対照表の資本の部にある利益剰余金に加算される。当期未処分利益が株主に帰属するものだからである。こうして、損益計算書と貸借対照表がつながっていく。

　これらの貸借対照表および損益計算書における記録は、会計原則や会計基準に従ってなされる。そして、おもに企業活動の発生に従った記録を求められ、企業活動の結果である現金の出入りに従って記録されるわけではない。そのため、実際の現金の出入りは、キャッシュフロー計算書に営業活動、投資活動、財務活動に区分して記録され、最終的には前期末から今期末までの現金の増減が明らかにされる。

　なお、企業活動の発生時点で収益や費用を計上する会計原則を「発生主義」、現金の入出金時点で収益や費用を計上する会計原則を「現金主義」と呼ぶ。

経営をお金の流れで俯瞰して見る

　この会計の基礎的な知識を踏まえて、もう一度、企業経営におけるお金の流れを見てみよう。

　資金調達は、株主からの株主資本、あるいは銀行や社債権者などからの負債というかたちでなされる。これらは、それぞれ、貸借対照表の右側にある「資本の部」と「負債の部」に計上される。

　こうして調達した資金を、企業の経営者は、工場建屋、機械設備、研究所、営業拠点、店舗などの「有形固定資産」、特許権、商標権、営業権、ソフトウェア等の「無形固定資産」として投資を行い、事業を運営する。これら資産は、貸借対照表の左側にある「資産の部」に計上される。なお、この後に説明していくが、企業が調達した資金は、事業における日々の資金繰りを支える「運転資本」としても投資される。

　そして、事業からは、利益などのかたちでキャッシュが生み出される。企業

が手にすることができる事業から生み出されるキャッシュの金額は、損益計算書における「売上高」から「売上原価」と「販売費」および「一般管理費」を差し引いた後の事業からの利益である「営業利益」（＝事業を営むことからの利益）に、現金の支出を伴わない費用である「減価償却費」を足し戻したうえで、税金を控除した金額がベースとなる。

　そして、このように事業から生み出されるキャッシュについて、ある年度だけではなく、将来にわたる各年度のキャッシュの流列として概念化したものが「キャッシュフロー」と呼ばれる。この将来にわたるキャッシュフローを現時点での価値に換算したものの総和が「企業価値」と呼ばれる。

　読者のみなさんは、このように、貸借対照表（BS）と損益計算書（PL）を一気通貫で見ることができているだろうか。株主や負債の提供者から調達した「資金」を「資本」として事業に投資することによって、「有形固定資産」や「無形固定資産」という事業用資産を構築し、それらの事業用資産で構成される事業を運営することによって利益などのかたちで「キャッシュフロー」を生み出す。そのキャッシュフローの現時点での価値の総和として、「企業価値」が創造されるのである。

　なお、第10章で説明するが、正確には、企業価値につながっていくのは、ここでいうキャッシュフローではなく、運転資本の増減や投資金額の調整も行った後の「フリーキャッシュフロー」と呼ばれるものである。そして、厳密には、事業の価値である事業価値と、それをベースにした企業価値は異なるものであるが、本書では簡易的に同義のものとして扱っていく。

PL&BS一体型思考への転換

　企業の経営者は、この「資金の調達→資本としての事業への投資（「投下資本」と呼ぶ）→事業の運営→事業からのキャッシュフローの創出→企業価値の創造」という流れを踏まえて、社内外に向けて経営を語っていく必要がある。

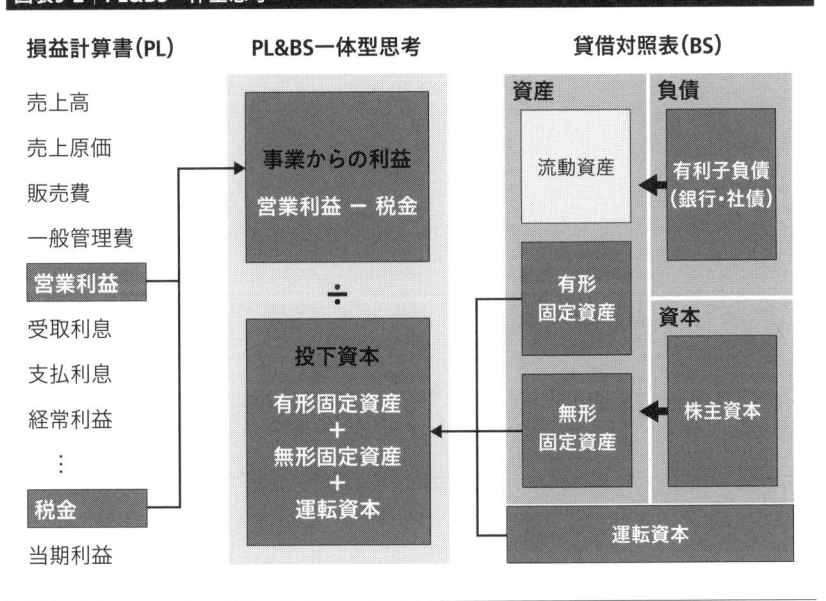

図表9-2 | PL&BS一体型思考

- その事業に、どれだけの資本を投下しているか？
- その事業から、どれだけの利益やキャッシュフローを創出しているか？
- その事業の投下資本とその事業から創出される利益やキャッシュフローは十分に見合っているか？

　言い換えると、投資家から託された資金を、事業に投資して運用することによって、どのぐらいのキャッシュフローを創出すればよいか、ということである。これを検討するには、PL&BS一体で考えていかなければならない（**図表9-2**「PL&BS一体型思考」を参照）。

　それでは、一体どれだけの利益やキャッシュフローを事業から生み出せば、企業の経営者は合格点をもらえるのであろうか。

　結論を言えば、その事業への投下資本から、そもそもの資金の出し手である投資家が求めるリターンを上回る水準の利益を生み出してキャッシュフローを創出していく必要がある。すなわち、詳細はこれから説明していくが、投資家からの資金調達にかかる加重平均資本コスト（WACC: Weighted Average Cost of Capital）を上回る投下資本利益率（ROIC: Return on Invested Capital）を達成するような水準の利益を事業から生み出してキャッシュフローを創出していく必要がある。

投資家との共通言語を体得する

　私たちが日ごろ考えを伝えあい議論しあう際には、日本語や英語などの言語を使う。そこには、意味を持つ「単語」があり、その単語を並べて内容を伝える「文法」がある。企業経営の全体像を語るうえで、こうした自然言語における単語に当たるものがファイナンスの概念であり、文法に当たるものがファイナンスの理論なのである。

　多くのビジネスパーソンにとって会計は馴染みが深いのに対し、ファイナンスはとかく財務部門や投資銀行および投資ファンドといった金融の専門家のツールだとして遠ざけられがちであった。しかし、企業の経営をお金の流れによって理解し、そして企業の経営を実践するうえでは、会計だけでなくファイナンスの理解が欠かせない。

　会計とファイナンスで大きく異なるのは、それぞれが対象とする時間軸である。会計は「過去」（"backward-looking"）の会計年度の業績を会計原則や会計基準といった一定のルールに基づいて財務諸表として記録・報告する。その業績自体も、各国で異なる会計基準や、たとえば減価償却における定額法や定率法といった会計処理方法の選択によって異なるものになる。そのため、会計は過去の業績に関する「見解」の報告にすぎないといわれることがある。

　これに対して、ファイナンスは、「将来」（"forward-looking"）に向かって、企業の経営をキャッシュフローで議論するものである（**図表9-3**「会計とファ

図表9-3｜会計とファイナンスのちがい

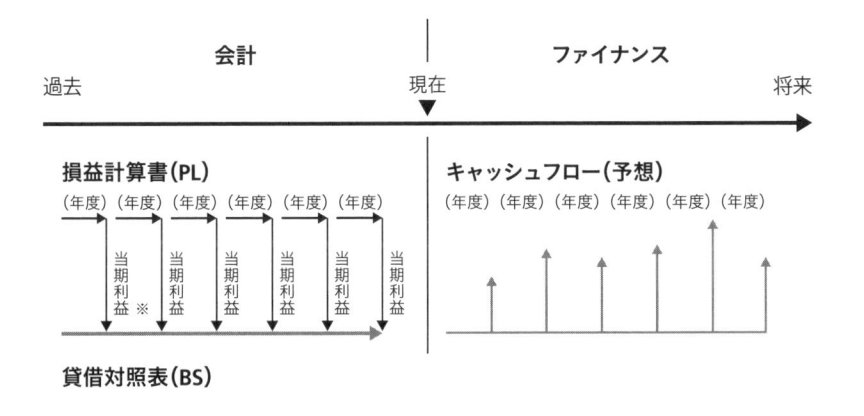

「会計は見解、キャッシュフローは現実」

※ 配当や役員賞与等の利益金処分後の当期未処分利益が、貸借対照表の資本の部にある利益剰余金に加算されていく

イナンスのちがい」を参照）。キャッシュフローは会計基準や会計処理方法によって金額が異なる、ということがなく、それゆえにファイナンスは「現実」を議論できるツールとされる。

　そして、ファイナンスにおいては、企業でも、株式でも、債券でも、デリバティブでも、あるいは不動産でも、あらゆる資産の価値は、それが将来にわたって生み出すキャッシュフローを現時点の価値に換算したものの総和である。したがって、キャッシュフローを議論することは、その事業や企業の「価値」を議論することにもつながる（**図表9-4**「ファイナンスの視点からの資産の価値」を参照）。

従来のキャッシュフロー経営の先へ

　また、従来から言われてきた「キャッシュフロー経営」は、会計基準や会計

図表9-4 ファイナンスの視点からの資産の価値

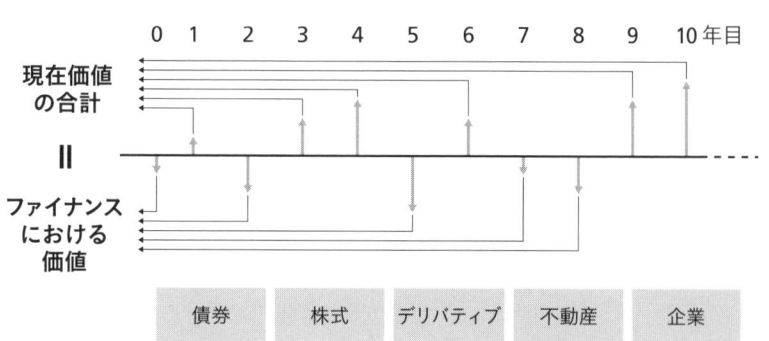

処理方法による曇りを拭い去り、企業業績の真実をキャッシュフローによって理解しようとするものであった。そのため、財務諸表の一つとして、1999年度から「キャッシュフロー計算書」が追加された。それでも、キャッシュフローの動きに注目するところにとどまり、企業が価値を創造しているかまでを議論するものではなかった。

　この従来の「キャッシュフロー経営」に対して、いま求められているのは「企業価値創造型経営」である。それは、キャッシュフローによって単に企業の業績の真実を見るだけにとどまらず、企業として価値の創造を目指すものである。そして、この企業価値創造型経営を理解するためには、ファイナンスの中でも、コーポレートファイナンスという分野におけるディスカウントキャッシュフロー（DCF: Discounted Cash Flow）法という企業価値評価の手法を共通言語として理解しておかなければならない。

第10章　企業価値評価の基礎知識（1）
フリーキャッシュフローと金利・割引

　企業価値とは、将来にわたって生み出されるフリーキャッシュフローの現時点での価値の総和である。企業価値評価の本論に入る前に、この章では、フリーキャッシュフロー、および金利と割引の概念について直感的に説明しておきたい。

フリーキャッシュフローとは

「フリーキャッシュフロー」の算出式については、まるで公式のように丸暗記している方も多いようだが、その意味するところを改めて確認しておこう。

　企業価値評価においてキャッシュフローと言えば、「フリーキャッシュフロー（FCF: Free Cash Flow）」を指す。

　フリーキャッシュフローは、事業を運営した結果として企業に残るキャッシュフローであり、企業の内部留保として保持しておいても、負債の提供者への利払いや元本の償還に充てても、あるいは株主への配当や自社株買いによる株主還元に使っても、いかようにもできる自由さがある。この自由さのため、フリーキャッシュフローと呼ばれる。そして企業の内部留保も最終的には株主に帰属するため、フリーキャッシュフローはそもそもの資金の出し手である株主と負債の提供者からなる投資家に帰属するものといえる。

　フリーキャッシュフローの定義は、しばしば無味乾燥に暗記するものと誤解されていて、多くの人が苦痛に感じているようだ。しかし、その意味するところを理解しておくことが大切である（**図表10-1**「フリーキャッシュフロー（FCF）の概念」、**図表10-2**「FCFの定義」を参照）。

図表10-1｜フリーキャッシュフロー（FCF）の概念

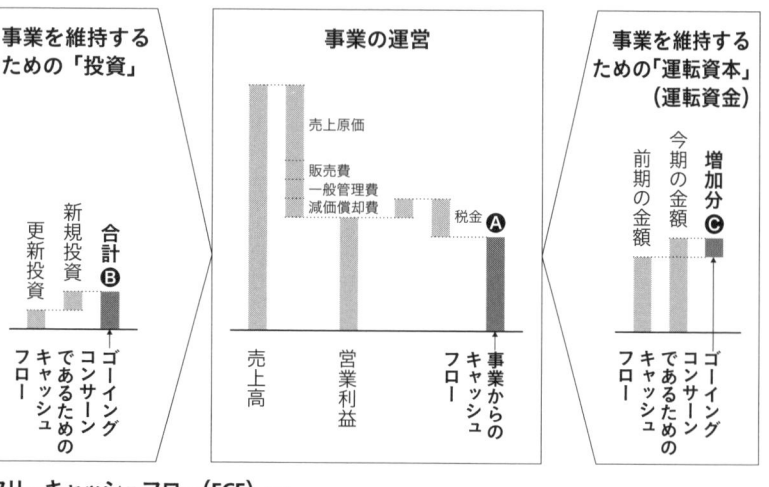

フリーキャッシュフロー（FCF）＝
事業からのキャッシュフロー **Ⓐ** ─ ゴーイングコンサーンであるためのキャッシュフロー（**Ⓑ**＋**Ⓒ**）

　フリーキャッシュフローは、「事業からのキャッシュフロー」から、「ゴーイングコンサーン（企業が将来にわたって存続する継続事業体）であるためのキャッシュフロー」を差し引いて求める。

- 事業からのキャッシュフロー：事業を営んだ結果である営業利益をベースに、現金の支出を伴わない費用である減価償却費を足し戻したうえで、法人としての納税義務によって支払う税金を差し引いたものである。事業を運営した結果として、各年度に企業の手元に残る利益としてのキャッシュといえる。
- ゴーイングコンサーンであるためのキャッシュフロー：「投資金額」と「運転資本（運転資金とも呼ばれる）の増加金額」である。投資金額はおもに、

フリーキャッシュフロー（FCF）＝

営業利益 × ［ 1 － 実効税率 ］

＋ 減価償却費

　　　　　　　　　　　　　　　　　　事業からの
　　　　　　　　　　　　　　　　　　キャッシュフロー

－ 投資（更新投資・新規投資など）

－ 運転資本の増加金額

　　　　　　　　　　　　　　　　　　ゴーイングコンサーンである
　　　　　　　　　　　　　　　　　　ためのキャッシュフロー

設備を新規で導入したり更新するための資金投下や、あるいはM&Aのための資金投下を指す。これらの投資は、既存事業の維持や業容の拡大、あるいは新規事業の構築などによって企業が継続企業体として存続していくために必要になるものである。運転資本は、企業の日々の資金繰りのために、あたかも企業が投資しているかのようなものであり、それゆえに運転「資本」と呼ばれる。この運転資本がなければ、企業は資金ショートによって倒産してしまう。なお、フリーキャッシュフローの算出において、注意してほしいのは、運転資本の「金額」自体ではなく、前期と比較した「増加金額」を用いる点である。増加金額（あるいは減少金額）が今期のキャッシュ・アウト（あるいはキャッシュ・イン）の金額であり、今期のフリーキャッシュフローに影響するのである。

運転資本をさらに分解する

運転資本の概念は理解しづらいかもしれないので、もう少し詳しく説明してみよう。運転資本は、次の3つの要素から構成される。

- 原材料や商品の購入代金の支払い（買掛金）：企業はサプライヤーから原材料や商品を仕入れて、その後の一定の期日に購入代金を支払う。
- 在庫（棚卸資産）：労務費などをかけて原材料から生産した製品や仕入れた商品を、顧客へ販売するまでの間、在庫として保管しておく。
- 売上金の回収（売掛金）：商品やサービスを顧客に販売して、その後の一定の期日に売上金を回収する。

　顧客に商品を販売してから代金が回収されるまでの期間、およびコストをかけて生産した商品を在庫として保管している期間には、企業としてその生産・保管・販売に既に現金をかけている。一方、サプライヤーから仕入れた原材料や商品の代金を支払うまでの期間は、いまだ仕入れに現金をかけていないことになる。このため、「売掛金＋棚卸資産－買掛金」が運転資本として実際に現金を投資している金額になる。

　この運転資本（＝売掛金＋棚卸資産－買掛金）が前期末より増加していればその企業にとっては「キャッシュ・アウト」、もし前期末より減少していればその企業にとっては「キャッシュ・イン」である。こうして、運転資本の増加金額がその企業のフリーキャッシュフローに影響する（**図表10-3**「運転資本」を参照）。

押さえておきたい「金利」と「割引」

　将来にわたって生み出されるフリーキャッシュフローの現時点での価値の総和が、企業価値である。この企業価値を算出するには、フリーキャッシュフローを現時点の価値に換算する必要がある。

　ここで押さえておきたいのが、「金利」と「割引（ディスカウントとも呼ばれる）」の概念である。

　金利とは、お金を持っている人が、第三者に貸し与えることによって得る対価である。その対価は、「時間を飛び越えることに対する対価」と「リスクに

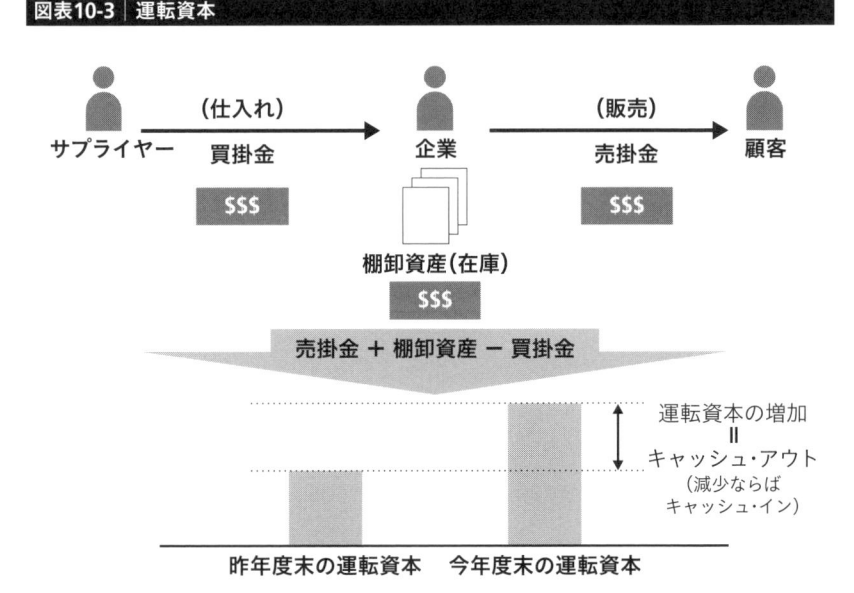

図表10-3｜運転資本

図表10-4｜金利の概念

金利　＝　時間を飛び越えることに対する対価　＋　リスクに対する対価

対する対価」という二つの要素から構成される（**図表10-4**「金利の概念」を参照)。

まず「時間を飛び越えることに対する対価」とは、現時点でお金を使わないことに対する対価である。現時点でお金を使えば、レストランで美味しい食事をしたり、素敵な衣服を買ったり、海外に旅行したりできる。現時点でそのよ

うな便益を得ないことに対する対価であり、こうした機会費用（オポチュニティ・コスト）に対する対価と理解できる。

　ここでは、時間を飛び越えることだけを考えており、いっさいのリスクは考えていない。したがって、時間を飛び越えることに対する対価に相当する部分の金利は「リスクフリーレート（R_f: Risk free rate）」と呼ばれる。この金利は、世の中のあらゆる主体の中で信用力が最も高く通貨発行権までを持つ（OECD加盟諸国などの先進国の）国家が発行する国債の最終利回りに収斂すると考えることができる。

「リスクに対する対価」は、現時点でお金を使わずに、そのお金を誰かに貸し付けたり、あるいは投資したりすることによって抱える、将来の不確実性に対する対価を指す。こうした不確実性としては、貸し付けたお金が予定された期日に返済されない債務不履行や投資した株式の株価の大きな変動などがある。

　株主は企業に株主資本として資金を提供し、銀行や社債権者などの負債の提供者は貸付金や社債として資金を提供する。これらの資金は、もちろんその見返りとしてのリターンを、時間を飛び越えることに対する対価とリスクに対する対価の合計として求めてくる。それらは、「株主資本の要求リターン」「負債の要求リターン」と呼ばれるものである。どちらも、提供した資金に対するリターンとして、この金利の概念によって表される。

●──負債の要求リターン

　負債の要求リターンR_D（Return on Debt）は、次のように定義される。

負債の要求リターンR_D ＝ リスクフリーレートR_f ＋ クレジットスプレッド

「リスクフリーレート」が時間を飛び越えることに対する対価であり、「クレジットスプレッド」がリスクに対する対価である。

　負債の提供者は、あらかじめ決められた期日に資金が返済される安定性を重

視する。そして、決められた期日に資金が返済されない債務不履行などの信用リスクに備えて、リスクフリーレートへの上乗せ分を求めるのである。この上乗せ分がクレジットスプレッドと呼ばれるもので、債務不履行がどれだけの確率で発生するかという倒産確率（PD: Probability of Default）と債務不履行の発生時にどれだけが回収できなくなるかという倒産時損失率（LGD: Loss given Default）によって規定される。

　たとえば、格付会社は企業の財務比率などをベースに、倒産確率や倒産時損失率の過去からの統計に基づいて、企業の信用度の格付けを行っている。

　実務においては、クレジットスプレッドは個々の企業ごとに社債の最終利回りと国債の最終利回りの差として観察される。これを社債の発行体である企業の格付けと紐づけることによって、クレジットスプレッドの水準を計測していくのである。また、銀行は独自に格付け（「内部格付け」と呼ばれる）を実施しており、その内部格付けと関連させて、貸出におけるクレジットスプレッドの水準を決めている。

　したがって、負債の要求リターンは、リスクフリーレートである国債の最終利回りに、借り手の信用度に基づくクレジットスプレッドを加算することによって求められる。なお、簡便法としては、下記の方法で推計できる。

> 負債の要求リターンR_D＝支払利息÷有利子負債の期首・期末での平均金額

「支払利息」は損益計算書やキャッシュフロー計算書に計上されている。「有利子負債」は、貸借対照表に計上されている短期借入金、コマーシャルペーパー、長期借入金、社債などの合計金額である。年度を通じて金額が変動するので、期首と期末の金額の平均値を使用する。

●──株主資本の要求リターン

株主資本の要求リターンR_E（Return on Equity）は、次のように定義される。

> 株主資本の要求リターンR_E ＝ リスクフリーレートR_f ＋ リスクプレミアム

「リスクフリーレート」が時間を飛び越えることに対する対価であり、「リスクプレミアム」がリスクに対する対価である。

ここで、株主資本、すなわち株主からすれば株式が抱えるリスクに対する対価であるリスクプレミアムはどのように考えていけばよいのであろうか。株主は、おもに企業の業績の変動、ひいては株式時価総額や株価の変動を将来の不確実性たるリスクとして負っている。このリスクの大きさとそれに対する対価の大きさをどのように考えていくかがポイントになる。

リスクの大きさを測るには、モノサシが必要である。そのモノサシとして活用されるのが、株式市場全体を表すマーケット・インデックスの変動の大きさである。日本であれば東京証券取引所のTOPIX、アメリカであればS&P500、イギリスであればFT100、ドイツであればDAX30などのマーケット・インデックスの値の変動の大きさである。

株式市場全体は、どの個別の株式にとっても、共通して比較の対象にできる。そして、株式市場全体を表すマーケット・インデックスの値の変動の大きさをモノサシとして使って、株主資本の要求リターンは、次のように改めて定義される。

> R_E ＝ リスクフリーレートR_f ＋ β ×マーケット・リスクプレミアム

前式の「リスクプレミアム」が「β ×マーケット・リスクプレミアム」に置き換わっている。このR_Eの式は、ファイナンスにおける「資本資産価格付けモデル（CAPM: Capital Asset Pricing Model）理論」に基づいている。略し

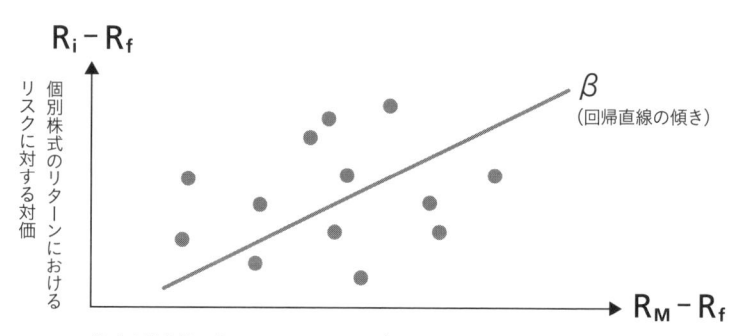

図表10-5│CAPM理論によるベータ（β）の定義

$R_i - R_f$

個別株式のリターンにおけるリスクに対する対価

β
（回帰直線の傾き）

$R_M - R_f$

株式市場全体であるマーケット・インデックスのリターンにおけるリスクに対する対価

て「キャップ・エム」と呼ばれ、しばしば難解なものと誤解されるが、その発想は金利と同一である。すなわち、時間を飛び越えることに対する対価（リスクフリーレートR_f）と株+式市場全体の変動の大きさをモノサシとして計測されるリスクに対する対価（β×マーケット・リスクプレミアム）で構成されているだけなのである。

CAPM理論では、ベータ（β）で表される個別株式のリスクの大きさは当該株式の株式時価総額の変動の大きさと株式市場全体を表すマーケット・インデックスの値の変動の大きさを比較して計測され（ここでは簡易的に配当金を考えないものとする）、**図表10-5**「CAPM理論によるベータ（β）の定義」の通り、次の回帰分析における「ベータ（β）」の推定値として求められる。

回帰分析 $Y = \alpha + \beta X + \varepsilon$ （αおよびβは定数。εは誤差項）

Xは株式市場全体のリスクプレミアムの観測値であり、マーケット・インデックスの値の日次や週次での変化率であるリターンR_M（Return on Market）から、国債の最終利回りであるリスクフリーレートR_fを差し引いて求められる

リスクプレミアム（$R_M - R_f$）の観測値である。マーケット・インデックスの変化率であるリターンR_Mから時間を飛び越えることに対する対価（＝リスクフリーレートR_f）を控除して、リスクに対する対価だけを取り出したものといえる。

　Yは個別株式のリスクプレミアムの観測値であり、当該株式の株式時価総額の日次や週次での変化率であるリターンR_i（Return on individual stock）から国債の最終利回りであるリスクフリーレートR_fを差し引いて求められるリスクプレミアム（$R_i - R_f$）の観測値である。これも、個別株式のリターンR_iから時間を飛び越えることに対する対価（＝リスクフリーレートR_f）を控除して、リスクに対する対価だけを取り出したものといえる。

　この回帰分析から得られるβの推定値は、株式市場全体のリスクプレミアムと個別株式のリスクプレミアムの関連性を表している。

　個別株式のリスクは、株式市場全体（マーケット・インデックスの値）の変動の大きさをモノサシとして、次のように解釈できる。

- $\beta = 1$であれば株式市場全体と同じ変動のリスク
- $\beta < 1$であれば株式市場全体より変動のリスクが小さい（当該個別株式の株式時価総額の変動がマーケット・インデックスの値の変動より小さい）
- $\beta > 1$であれば株式市場全体より変動のリスクが大きい（当該個別株式の株式時価総額の変動がマーケット・インデックスの値の変動より大きい）

　一般に、平時であれば、βが小さいのは景気の変動などに左右されにくい業種であり、食品・飲料、電力・ガス、鉄道などがある。βが大きいのは景気の変動や市場の動向に大きな影響を受けやすい業種であり、ハイテク、金融、ITなどがある。

　ここで、株式市場全体の「リスクに対する対価」の大きさであるマーケット・リスクプレミアム、すなわち$\beta = 1$の時におけるマーケット・リスクプレ

図表10-6｜加重平均資本コスト

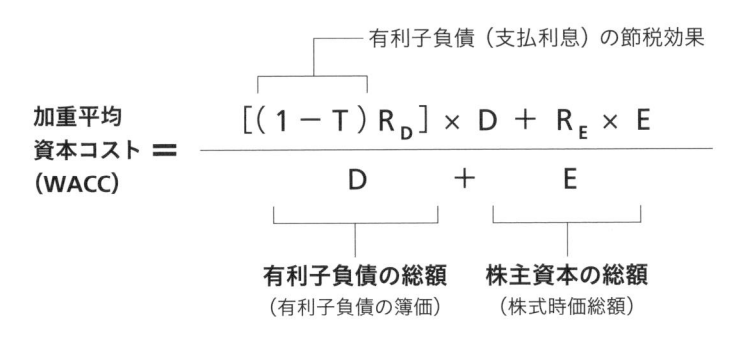

ミアムは、株式市場のマーケット・インデックスのリターンから時間を飛び越えることに対する対価であるリスクフリーレートを控除した差分として統計的に求められる。

　日本では、リスクフリーレートを国債のうちで流動性が高く価格に信頼性がある10年物国債の最終利回りとし、マーケット・インデックスのリターンをTOPIXのリターンとして、これらの差として求められる。そして、これまでの長期的な観測の結果から、実務では、日本の株式市場のマーケット・リスクプレミアムは5〜6％とされることが多いようである。

　さて、企業は、株主資本と負債によって資金を調達する。したがって、企業の資金調達における投資家からの要求リターンは、これまで見てきた負債の要求リターンR_Dおよび株主資本の要求リターンR_Eの加重平均値として定義される（**図表10-6**「加重平均資本コスト」を参照）。これが「加重平均資本コスト（WACC: Weighted Average Cost of Capital）」で、しばしば「WACC（ワック）」と略称される。

　ここで、「株主資本の総額 E」や「有利子負債の総額 D」は、株主や負債の提供者が企業に提供している現時点での実質的な金額であり、すなわち現時点での時価である。したがって、「株主資本の総額 E」は、貸借対照表における

自己資本金額ではなく株式市場における株式時価総額となる。「有利子負債の総額 D」については、負債は簿価と時価に相違がないという前提のもとで、貸借対照表における有利子負債の簿価が用いられる。

なお、有利子負債には節税効果がある。すなわち、支払利息によって税引前当期利益が減少するので、税引前当期利益に対して課される税金の金額も減少する。この節税効果を考慮するために、Tを実効税率として、R_Dに対して $(1 - T)$ を掛けることによって、有利子負債の節税効果後の実質的な金利 $[(1 - T) R_D]$ としているのである。

Column　資本市場における価格発見機能

　資本市場には、取引仲介機能、価格発見機能、流動性提供機能という3つの機能がある。取引仲介機能とは、株式や債券などの売り手と買い手のマッチングを仲介する機能であり、この機能によって資本市場は需要と供給が出会う場になる。価格発見機能とは、株式や債券などが売買を繰り返されるうちに適正な価格がついていくという機能であり、この機能によって資本市場は信頼できる価格の参照値を提示する場になる。流動性提供機能とは、株式や債券などを買いたい時に買うことができ売りたい時に売ることができるように取引の厚みを提供する機能であり、この機能によって資本市場はいつでも取引を行える場になる。

　これらの資本市場の機能のうち、ファイナンスの観点からは、資本市場の価格発見機能に注目したい。株式や債券などは、それらが持つ本源的な「価値」をベースに、投資家が独自に持つビュー（view／見立てや評価）や需給などの要因によって売買取引における「価格」が決まっていく。たとえば、株式であれば、投資家による当該企業の将来の業績についての見

立てや当該企業への期待などが株価という価格には織り込まれていると言える。そして、多数の投資家による多数の売買が頻繁に繰り返されることによって、投資家による当該企業についての最新のビューが収斂したものとして株価という価格が継続的にアップデートされていくことになる。

　このため、株価をはじめとする価格には多数の投資家による当該企業に対する最新のビューが総合され統合されたかたちで埋め込まれている。ファイナンスの手法を活用して、市場における価格から投資家のビューを掘り出して理解していくことは、企業の経営においてもかけがえのない洞察（インサイト）をもたらしてくれる。

第11章　企業価値評価の基礎知識(2)
DCF法とマルチプル法

　この章では、まず、ディスカウントキャッシュフロー（DCF）法による企業価値評価の基本を押さえたうえで、株主価値や理論株価の算出について見ていく。そして、企業価値評価に「正解がある」と考えてしまう誤解などについて説明する。また、DCF法によって算出した企業価値の水準をチェックする際によく用いられるマルチプル法の基本にも触れつつ、日本企業の公表数値を用いたケーススタディをもとに、DCF法とマルチプル法を実際にどのように活用していけばよいのかについて説明する。

企業価値の算出

　企業価値とは、企業が生み出すフリーキャッシュフローの現時点での価値（現在価値と呼ばれる）の総和である。企業価値を具体的に算出する際は、(1) 将来のフリーキャッシュフローの予測、(2) 継続価値（CV: Continuing Value）の算出、(3) 加重平均資本コスト（WACC）の算出、(4) 企業価値の算出の順に行う。フリーキャッシュフローを加重平均資本コストで現時点の価値に割り引くことによって企業価値を算出するので、この企業価値評価の手法はディスカウントキャッシュフロー法（DCF法）と呼ばれる（**図表11-1**「企業価値のディスカウントキャッシュフロー（DCF）法による算出」を参照）。

　フリーキャッシュフローは、将来にわたって永久に予測しきれるものではない。実務においては、一般的に、今後10年間のフリーキャッシュフローについて、過去の実績も踏まえながら、予想損益計算書や予想貸借対照表を作成して予測する。

　そして、11年目以降のフリーキャッシュフローは、フリーキャッシュフロ

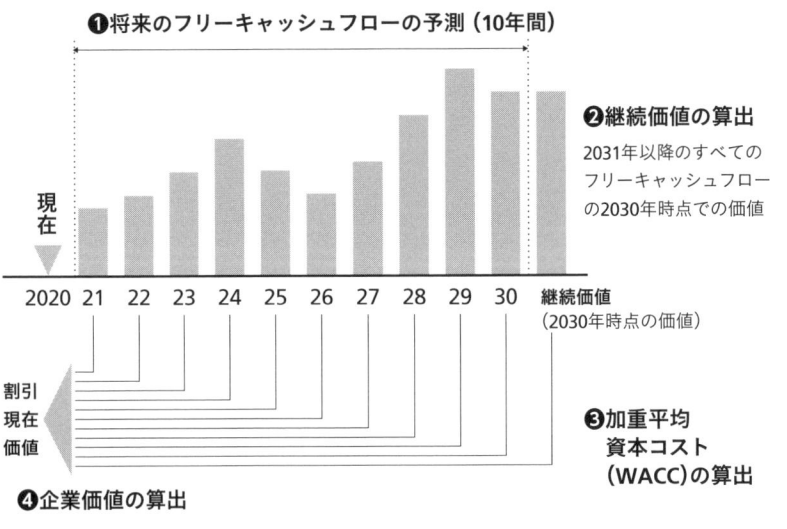

図表11-1｜企業価値のディスカウントキャッシュフロー（DCF）法による算出

❶将来のフリーキャッシュフローの予測（10年間）

現在

2020　21　22　23　24　25　26　27　28　29　30　継続価値
（2030年時点の価値）

❷継続価値の算出

2031年以降のすべての
フリーキャッシュフロー
の2030年時点での価値

割引
現在
価値

❸加重平均
資本コスト
（WACC）の算出

❹企業価値の算出

ー自体を予測するのではなく、企業の継続価値として、11年目のフリーキャッシュフローの予測値とフリーキャッシュフローのその後の一定の成長率を仮定して、永久還元法によって求める（**図表11-2**「継続価値の算出」、**図表11-3**「永久還元法の公式」を参照）。なお、継続価値をマルチプル法を応用して算出する方法もあるが、それについてはマルチプル法を説明した後に解説する。

　ここで、永久還元法におけるフリーキャッシュフローの成長率gは、企業価値を算出する対象である企業についての何らかの予想値であったり、経済全体を表す国内総生産（GDP）の成長率であったり、あるいは保守的にゼロ（0％）とすることなどが多いようである。

　WACCは、第10章でも説明した通り、「負債コストR_D」と「株主資本コストR_E」から求めていく。なお、継続価値を算出する際の割引率は、現在のWACCではなく、将来のインフレ率などを考慮して異なるものを使ってもよい。

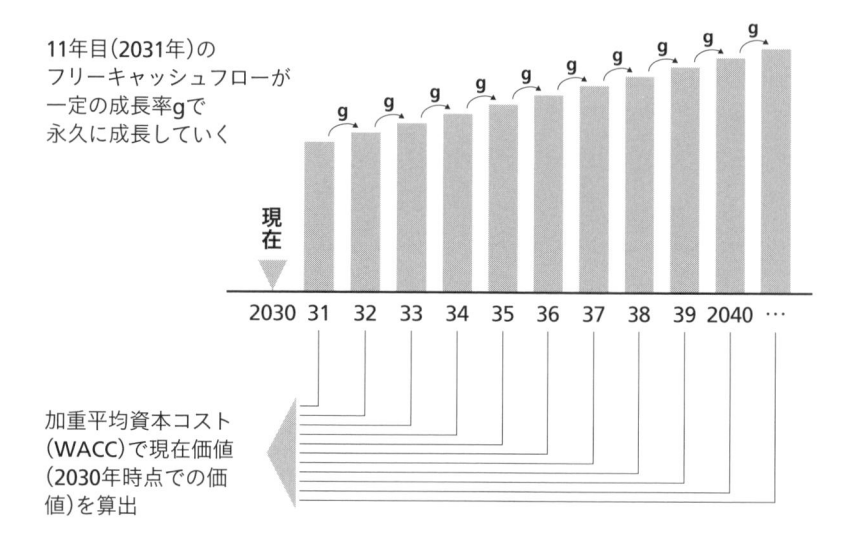

図表11-2 | 継続価値の算出

11年目（2031年）の
フリーキャッシュフローが
一定の成長率gで
永久に成長していく

現在

2030　31　32　33　34　35　36　37　38　39　2040　…

加重平均資本コスト
（WACC）で現在価値
（2030年時点での価
値）を算出

　これらの予想フリーキャッシュフローおよび継続価値をWACCによって現時点の価値に割り引くことによって、企業価値（EV: Enterprise Value）を算出する（**図表11-4**「企業価値の算出」を参照）。

　ここでいう「割引」とは、たとえば10年後の100万円が現時点ではいくらに相当するのかを考えることを指す。現時点でいくらの金額を投資すれば10年後に100万円になるか、つまり、現時点でのいくらの金額について一定の金利による掛け算を10回ほど繰り返して運用していけば10年後の100万円になるのか、ということの逆の操作である。したがって、割引は、10年後の100万円について、この一定の金利による割り算を10回ほど繰り返すことで、現時点の価値に割り戻していく作業になる。

図表11-3 | 永久還元法の公式

$$A: \quad 継続価値\ CV = \frac{FCF}{r} + \frac{FCF\ xg}{r^2} + \frac{FCF\ xg^2}{r^3} + \cdots$$

$$B: \quad \frac{r}{g}\ CV = \frac{FCF}{g} + \frac{FCF}{r} + \frac{FCF\ xg}{r^2} + \cdots$$

$$B - A: \quad \left(\frac{r}{g} - 1\right)CV = \frac{FCF}{g}$$

g: フリーキャッシュフロー（FCF）の成長率

r: 加重平均資本コスト（WACC）

$$CV = \frac{FCF}{r-g}$$

なお、(1+g)％や(1+r)％を簡便的にgやrと書いている

$$\text{継続価値 CV}\atop（10年目時点での現在価値） = \frac{FCF_{11}}{WACC - g}$$

※FCF_{11}：11年目のフリーキャッシュフロー

図表11-4 | 企業価値の算出

企業価値（EV）＝

$$\frac{FCF_1}{(1+WACC)} + \frac{FCF_2}{(1+WACC)^2} + \cdots \cdots \frac{FCF_{10}}{(1+WACC)^{10}} + \frac{CV}{(1+WACC)^{10}}$$

株主価値および理論株価の算出

　こうして算出される企業価値から、負債の提供者の取り分である純有利子負債の価値（有利子負債の簿価－現金・現金同等物の金額）を控除し、従業員に帰属する退職給付債務および株主のうち少数株主持分（非支配株主持分）を控除したものが、株主価値（EQV: Equity Value）となる。そして、この株主価値を発行済株式総数で除することによって、理論株価が算出される（**図表11-5**「株主価値および理論株価の算出」を参照）。なお、理論株価と呼んでいるが、これは厳密には理論的な株式の価格ではなく、理論的な株式の価値である。価格は、価値をベースとしながら、需給要因などによって決まるものであって、価値と価格は異なることに注意が必要である。それでも、呼称としての分かりやすさのために理論株価と呼んでいる。

　企業価値の算出に当たっては、株主資本コストにおけるβの推定値を変化させたり、売上高の成長率、売上原価率、販売費率、一般管理費率などのパラメータの値を変化させて、企業価値の変化の大きさを見ていくことができる。

　特に、理論株価が株式市場における株価と一致するように、ディスカウントキャッシュフロー法による企業価値評価におけるパラメータの値を変化させることによって、株式市場を通じた投資家からの当該企業に対する「市場ビュー」を理解できる。

　市場ビューは、数多くの投資家たちがその総合的な見解として、ある企業の売上高の成長性、コスト体質、今後の業績などをどのように見ているかを意味するといえる。そこには、当該企業の将来の姿についての投資家からの客観的な見立ての部分とともに、投資家からの期待の部分も含まれている。このような市場ビューが、株式市場における株価には織り込まれているといえるのである。

　企業価値評価におけるパラメータの値を変化させて、理論株価を株式市場における株価と一致させてみることによって、この市場ビューを発掘していくことができる。企業の売上高の成長性やコスト体質などについてのパラメータの

図表11-5｜株主価値および理論株価の算出

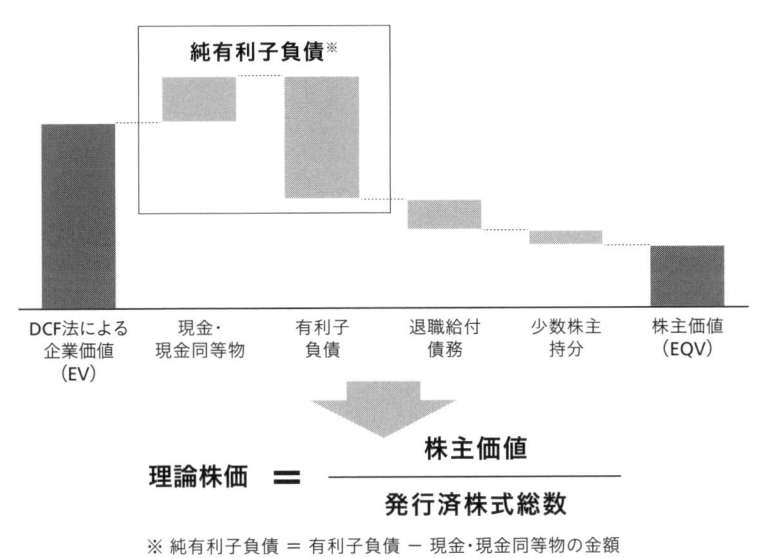

純有利子負債※

DCF法による
企業価値
（EV）

現金・
現金同等物

有利子
負債

退職給付
債務

少数株主
持分

株主価値
（EQV）

$$理論株価 = \frac{株主価値}{発行済株式総数}$$

※ 純有利子負債 ＝ 有利子負債 － 現金・現金同等物の金額

値として市場ビューを発掘して理解することは、投資家が自社をどのように見ているかについてのかけがえのない洞察の一つとなる。

Column

企業価値評価に「正解」があるという誤解

　ディスカウントキャッシュフロー法による企業価値の評価は、ここまで見てきたとおり次のようなステップで行う。

（1）将来のフリーキャッシュフローの予測
（2）継続価値の算出

（3）負債コストや株主資本コストの算出、そしてWACCの算出

（4）フリーキャッシュフローと継続価値のWACCによる現在価値への割引

　これらのステップの中では、将来のフリーキャッシュフローを算出するにあたって、販売数量や販売価格の予測、売上原価や販売費および一般管理費というコスト水準の予測、継続価値の算出における一定の成長率gの値、株主資本コストの算出におけるβの値など、多くのパラメータの値を設定する必要がある。

　こうしたパラメータの値について、何らかの正解があるのではないか、その正解の数字を設定しないといけないのではないか、と思い込んでいる人が少なからずいる。この点、企業価値評価の世界では絶対的な唯一無二の正解は存在しないことに注意してほしい。すべては、経営者として、あるいはビジネスリーダーとして、戦略によって事業を運営していくロジックに従い、適正と考える数字をパラメータの値として設定していけばよい。

　企業価値評価のステップにおいて、このロジックが一貫していれば、それが経営者としての経営の意思を反映した、その経営者にとっての「正解」の企業価値評価になる。そして、その企業価値評価を頭の中に置いておきながら、社外の投資家や社内の経営企画部門や事業部門と議論していき、その議論にもとづいて前提となるパラメータの数字をアップデートしていくことに意義がある。

マルチプル法の考え方

　ディスカウントキャッシュフロー法によって算出する企業価値の水準のチェックには、マルチプル法によって算出する企業価値との比較が役に立つ。

　マルチプル法とは、企業価値を一定の指標の何倍であるかとして算出する考

図表11-6｜マルチプル法における指標の種類

| 売上高(Sales)マルチプル | ＝ | 企業価値 | ÷ | 売上高 |

| 営業利益(EBIT※1)マルチプル | ＝ | 企業価値 | ÷ | EBIT |

| 利払前税引前償却前利益(EBITDA※2)マルチプル | ＝ | 企業価値 | ÷ | EBITDA |

| 株価収益率(PER※3)マルチプル | ＝ | 株　価 | ÷ | 1株当たり利益(EPS※4) |

※1　EBIT＝Earnings Before Interest and Taxes
※2　EBITDA＝Earnings Before Interest, Taxes, Depreciation and Amortization
※3　PER＝Price Earnings Ratio
※4　EPS＝Earning Per Share

え方である。この何倍という倍数がマルチプル（multiple）と呼ばれる。マルチプル法では、何を一定の指標とするか、そしてマルチプル倍数として具体的に何倍とするかがポイントになる。

　マルチプル法における指標としては、売上高、営業利益、利払前税引前償却前利益（EBITDA）などが用いられる（**図表11-6**「マルチプル法における指標の種類」を参照）。このうち、キャッシュフローの近似値とされるEBITDAが、マルチプル法における指標として用いられることが多い。

　マルチプル法は企業価値を算出するものであり、その企業価値は株主と銀行や社債権者である負債の提供者に帰属するものである。そのため、企業価値を算出するベースとなるマルチプル法における指標も、株主および負債の提供者に帰属するキャッシュフローの近似値であることが望ましい。そのため、企業のキャッシュフローの近似値とされるEBITDAが、マルチプル法における指標

としてよく使われるのである。

　マルチプル法では、まず、企業価値評価の対象企業と業容が類似している企業（類似比較企業、コンパラブルズ〈comparables〉やコンプスと呼ばれる）の企業価値を算出し、それをそれぞれの企業の上記の指標で除することによって、マルチプル倍数を求めていく。類似比較企業の選定においては、一般的には5〜10社前後を選ぶ。そして、それらのマルチプル倍数の平均値や中央値を企業価値評価を行おうとしている対象企業の指標の値に乗じて当該対象企業の企業価値を算出していく。

マルチプル倍数の算出

　マルチプル法におけるマルチプル倍数を求めるための企業価値は、純有利子負債金額と株式時価総額の合計として算出する。

　企業は、そもそも株主資本や負債として資金調達を行い、その資金を資本として投下することによって事業用の資産を構築し、それらの事業用の資産によって構成される事業を運営して利益をあげているのであった。そのため、健全な事業における事業用の資産に資本を投下している限り、それらの事業用の資産が当該事業から生み出すキャッシュフローの現在価値の合計、つまりそれらの事業用の資産の本質的な価値は、その投下資本の元手になっている資金調達の金額の現在価値と同等かそれ以上になると考えられる（**図表11-7**「マルチプル法における企業価値の考え方」を参照）。これは、事業用の資産への投資について、正味現在価値NPV（Net Present Value）が正（ゼロ以上）であるはずということである。

　つまり、少なくともNPV＝0であるはずであり、すなわち少なくとも「事業用の資産が生み出すキャッシュフローの合計（企業価値）− 事業用資産への投下資本としての投資金額（株式時価総額と純有利子負債金額の合計）＝0」であるはずなので、「企業価値 ＝ 株式時価総額と純有利子負債金額の合計」となる（**図表11-8**「企業価値の構成」を参照）。

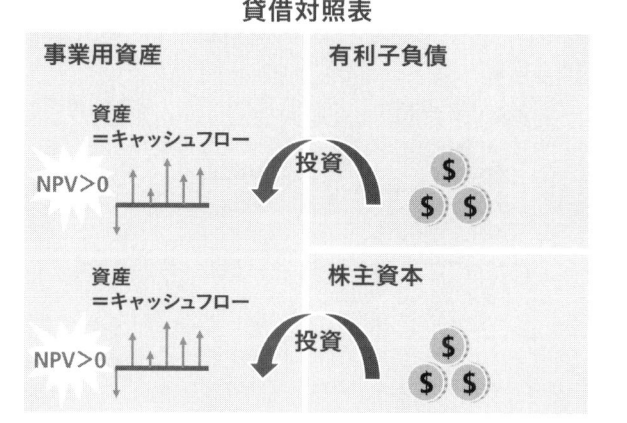

図表11-7｜マルチプル法における企業価値の考え方

貸借対照表

資産が生み出す
キャッシュフローの現在価値の合計
＞
それら資産に投資するための
資金調達金額（有利子負債・株主資本）の現在の価値

　ここでは、事業用資産への投下資本としての投資金額は、そのための資金調達金額の時価で考える。株主からの資金調達については、貸借対照表における自己資本金額ではなく、時価である株式時価総額を用いる。一方、有利子負債については、簿価と時価が同じであるとみて、貸借対照表の有利子負債の簿価を用いる。

　なお、資産に計上されている現金・現金同等物相当の金額は事業に投資されておらず、それを活用した有利子負債の即時返済も可能と考えられるので、有利子負債については、現金・現金同等物の金額を差し引いた「純有利子負債」の金額を用いる。

　マルチプル法における一定の指標を定め、企業価値を純有利子負債と株式時価総額の合計として算出すれば、マルチプル倍数を算出することができる（**図**

図表11-8｜企業価値の構成

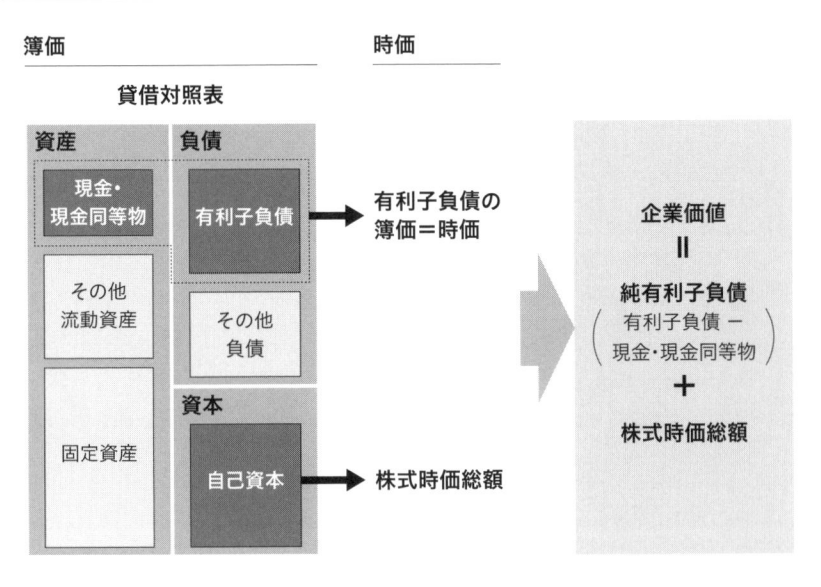

表11-9「マルチプル倍数の算出（EBITDAマルチプル倍数の例）」を参照）。

マルチプル法による企業価値評価

　こうして算出されるマルチプル倍数によって、企業価値を評価する。すなわち、企業価値を評価したい対象企業について、その業容等が似ている複数の類似比較企業のマルチプル倍数を算出して、それらの平均値あるいは中央値を得たうえで、それを対象企業の指標の値に乗じることによって、対象企業の企業価値を算出するのである（**図表11-10**「マルチプル法による企業価値の算出」を参照）。その際、過去ではなく将来を評価するという意味で、マルチプル法のためのEBITDAなどの指標の値は、対象企業の過去の実績値ではなく、来期などの将来の予想値を用いることが必要である。なお、マルチプル法による企

図表11-9 | マルチプル倍数の算出（EBITDAマルチプル倍数の例）

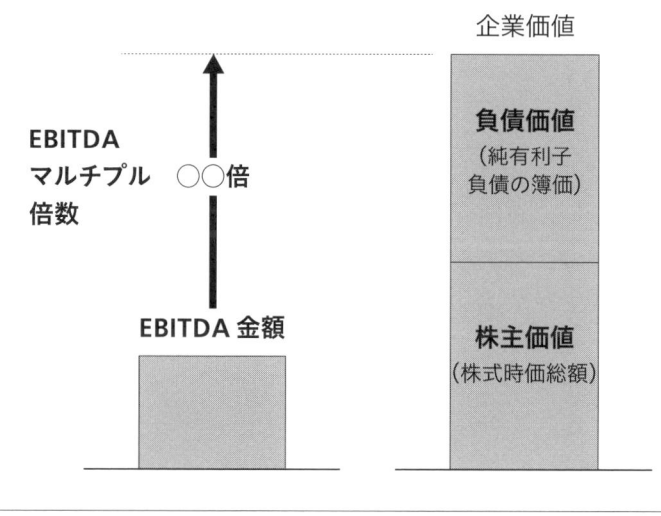

業価値の評価では、ディスカウントキャッシュフロー法による企業価値の評価よりも、企業価値が低く算出されていると考えられている。

　企業価値のうち株主価値については、株式の持ち分割合が増えるほど企業をコントロールできることに対するプレミアムが増すはずである。

　株式の持ち分割合が3分の1を超えれば株主総会の特別決議の成立を阻止できる拒否権を持てる。そして、2分の1を超えれば株主総会の普通決議を成立させることができるため経営権を掌握できることになる。さらに、3分の2を超えれば株主総会の特別決議を成立させることができるため支配権を有する。

　マルチプル法では、企業価値を株式時価総額によって算出しているため、株主価値が株式市場における1株の価格の単純な倍数として評価されてしまっており、これらのコントロールプレミアムを加味したものにはなっていない（**図表11-11**「株式のコントロールプレミアム」を参照）。

　一方、ディスカウントキャッシュフロー法による企業価値の算出においては、

図表11-10｜マルチプル法による企業価値の算出

類似比較企業のマルチプル倍数　　　　　対象企業の企業価値

EBITDAマルチプル倍数

A社	AA倍
B社	BB倍
C社	CC倍
D社	DD倍
E社	EE倍
平均値 （あるいは中央値）	○○倍

企業価値 ＝ 対象企業の
EBITDA
金額（予想値） × マルチプル
倍数
○○倍

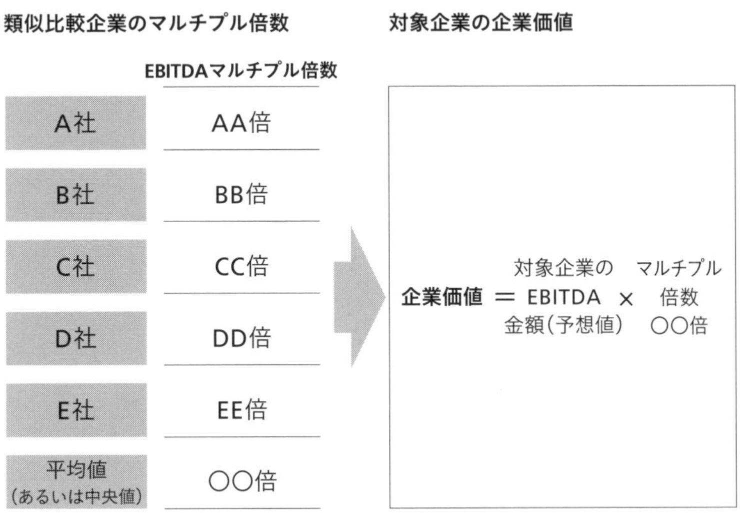

このようなコントロール権を前提とする経営によって生み出されるフリーキャッシュフローをベースとして企業価値を評価しているので、これらのコントロールプレミアムが企業価値に含まれているとみなすことができる。コントロール権を前提とした経営を考えているので、ディスカウントキャッシュフロー法による企業価値の算出においては、売上高やコスト水準などについて自由にパラメータの値を設定できるのである。ディスカウントキャッシュフロー法による企業価値の算出とマルチプル法による企業価値の算出では、株主価値について、20～30％前後の相違があるともいわれている。

　本章の最後のところで、実際に飲料メーカーを事例としてDCF法とマルチプル法による企業価値を比較するケーススタディを紹介する。

DCF法で算出された企業価値のチェック

　マルチプル法によって算出される企業価値と比較することによって、ディス

図表11-11 | 株式のコントロールプレミアム

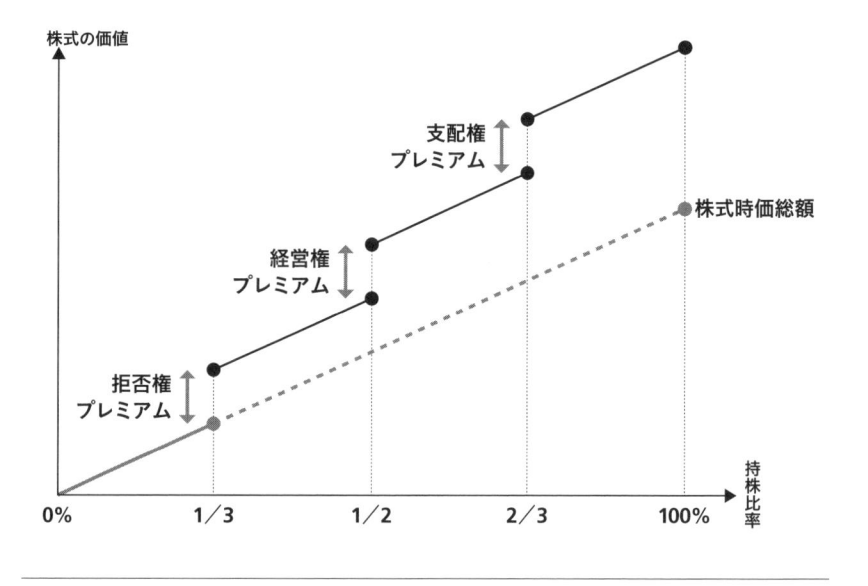

カウントキャッシュフロー法によって算出される企業価値の水準をチェックすることができる。

　たとえば、対象企業について、①ディスカウントキャッシュフロー法によって算出された企業価値を来期のEBITDAの金額で除することによって、ディスカウントキャッシュフロー法による企業価値からのマルチプル倍数を得ることができる。これと同時に、その対象企業についても、②マルチプル法による企業価値を純有利子負債の金額と株式時価総額の合計として算出して、その企業価値を来期のEBITDAの金額で除することによってマルチプル倍数が得られる。また、③対象企業の類似比較企業についてマルチプル法によるマルチプル倍数を求め、それらの平均値や中央値を求めることによって、当該業界や当該事業のマルチプル倍数が得られる。

　①ディスカウントキャッシュフロー法による企業価値からのマルチプル倍数

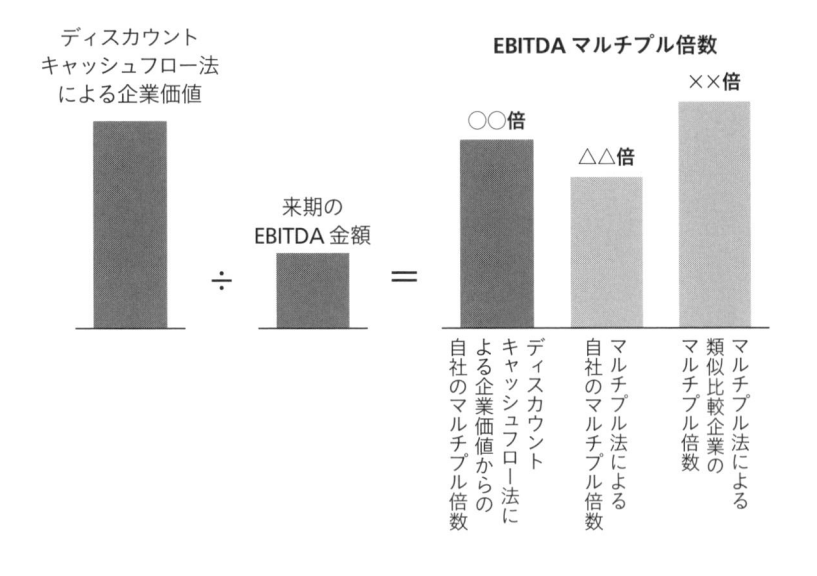

図表11-12｜**ディスカウントキャッシュフロー法による企業価値の水準のチェック**

を、これらの②対象企業のマルチプル法によるマルチプル倍数や③類似比較企業のマルチプル法によるマルチプル倍数と比較することによって、その水準があまりに高すぎないか、あるいは低すぎないかをチェックして、その水準の妥当性を議論していくことができるのである（**図表11-12**「ディスカウントキャッシュフロー法による企業価値の水準のチェック」を参照）。

　このチェックを行うにあたって注意すべきは、ディスカウントキャッシュフロー法による企業価値の評価の正解や不正解を問うものではないという点である。あくまで、ディスカウントキャッシュフロー法による企業価値評価の水準の妥当性を議論することが目的である。ディスカウントキャッシュフロー法による企業価値評価における根拠の論理的な一貫性やその前提および仮定の妥当性について議論して納得していくのである。

　その際、たとえばEBITDAマルチプル倍数の一般的な水準を、いわば常識的

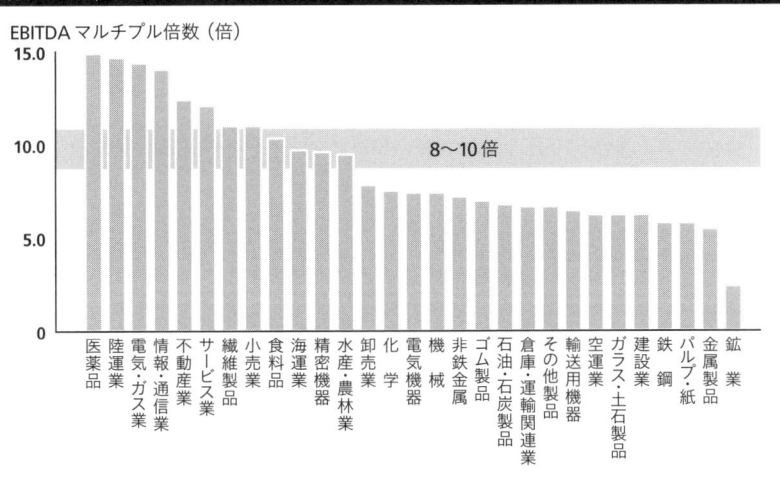

図表11-13 | 業種別のEBITDAマルチプル倍数（2021年度）

EBITDAマルチプル倍数（倍）

8〜10倍

※EBITDAマルチプルは、2021年度末時点の企業価値＝株式時価総額＋純有利子負債を2021年度の
EBITDA＝営業損益＋減価償却費で除したもの
東京証券取引所に上場する銘柄のうち、2021年度のEBITDAがマイナスでない銘柄をベースに試算
全業種の平均EBITDAマルチプルは9.0倍
異常値は除く

出所：財務データおよび株価データなどから筆者作成

　な相場観として知っておくことも役立つ。かつては、M&Aなどの場面での企業価値評価において、EBITDAマルチプル倍数は平均的に8倍前後といわれていた。最近では、金融緩和によって資本市場に資金が流入していることなどによって企業価値評価が高騰する中で、M&Aなどの場面におけるEBITDAマルチプル倍数が10倍〜20倍前後、あるいはそれよりも大きな値になることもある。この相場観を、絶えずアップデートしながら持っておくことも大切である。

　なお、東京証券取引所第一部の上場企業のEBITDAマルチプル倍数の東証33業種分類別（ただし、金融関連の4業種と不動産業種を除く1,969社）での平均値は**図表11-13**「業種別のEBITDAマルチプル倍数（2021年度）」のようになっている。

　なお、こうして得られるマルチプル倍数は、永久還元法の公式において、分

図表11-14 | マルチプル倍数の解釈

$$\text{企業価値} = \text{EBITDA} \times \text{EBITDAマルチプル倍数}$$

$$= \text{EBITDA} \times \frac{1}{1\ /\ \text{EBITDAマルチプル倍数}}$$

$$= \text{EBITDA} \times \frac{1}{r - g}$$

⬇

- ◉EBITDAマルチプル倍数が何倍かは、割引率（分母）が何%かと同等
- ◉EBITDAマルチプル倍数＝10倍であれば r−g＝10%
- ◉r が12%で g が2%なのか？　r が10%で g が0%なのか？

⬇

事業内容や事業戦略を踏まえて解釈できる

母である（r−g）が何%であるかということと同義である（**図表11-14**「マルチプル倍数の解釈」を参照）。ここで、永久還元法の公式におけるrは割引率、gは一定の成長率であった。

　たとえばEBITDAマルチプル倍数が10倍であれば、r−g＝10%であるということになる。これを、「rが12%でgが2%なのか？」、あるいは「rが10%でgが0%なのか？」と解釈して、企業価値の評価を直感的に理解していくことができる。その際には、rは加重平均資本コストWACCが目安になるので、その値が分かっていれば、成長率gをどれくらいとみているかというように解釈することもできる。

　また、マルチプル法では企業価値を株式時価総額に純有利子負債金額を加えて算出しており、株式時価総額のベースである株価には投資家からの期待が含まれているため、マルチプル倍数はそうした投資家からの期待の大きさを表す

代理変数としてもみられている。すなわち、同一業種や類似業種の企業間でマルチプル倍数が大きい企業は、将来の競争力や収益性について、投資家からの期待が相対的に大きいと解釈されるのである。

Column

DCF法における継続価値の マルチプル法による算出

　ディスカウントキャッシュフロー法（DCF法）による企業価値評価では、当初10年間のフリーキャッシュフローを予想損益計算書や予想貸借対照表を作成して予想することだけでなく、その後の年度についての継続価値を予想することも大切になる。DCF法による企業価値評価の結果を100とすると、当初10年間のフリーキャッシュフローの現在価値がそのうちの20%前後、継続価値の現在価値が80%前後となることも多い。

　このため、DCF法による企業価値評価は継続価値の現在価値に大きく左右されるので、この企業価値評価はでたらめだという声を聞くこともあるが、そうではない。当初10年間のフリーキャッシュフローを精緻に予測したうえで、この最終年度のフリーキャッシュフローなどの値をベースにしてその後の年度の継続価値を予想するので、継続価値の値はあてずっぽうの値ではなく、論理的に導き出される予想値といえるのである。

　このような継続価値であるが、本文では一定の成長率（g）を設定することによって、永久還元法で求めた。実務においては、この永久還元法に加えて、マルチプル法による継続価値の予想も行われる。すなわち、予想損益計算書や予想貸借対照表によってフリーキャッシュフローを予想した最終年度の時点（本文の**図表11-1**「企業価値のディスカウントキャッシュフロー（DCF）法による算出」では2030年度）において、その翌年度のEBITDA予想値に対してマルチプル倍数を掛け算することによって、この

2030年度時点での将来にわたる企業価値として継続価値を算出するのである。

　この将来時点でのマルチプル倍数は、現時点での当該対象企業のマルチプル倍数や当該対象業界のマルチプル倍数の平均値や中央値をベースにして、将来にわたる業界構造や競争環境の変化についての見立てを織り込んだうえで、設定していくものになる。

　このようにして、継続価値の予想についても、一定の成長率（g）による永久還元法とマルチプル法という複数の手法が利用できることで、企業価値評価における予想についての議論の精緻化や納得感の醸成を高めることができるのである。

Case
Study

アサヒグループホールディングスの企業価値評価例

　ここで、ディスカウントキャッシュフロー法とマルチプル法による企業価値評価の例を見てみよう。初めて学ぶ読者の方が理解しやすいよう、簡易な企業価値評価モデルとしていることについては、ご了承いただきたい。

　読者の誰にとっても馴染みがありそうな飲料業界のうち、これまで国内市場で大きなヒット商品があり、最近では海外進出も積極的に進めているアサヒグループホールディングスを例にしてみよう。

　簡易的な企業価値評価を、コロナ禍前の2019年12月期の終了直後の時点を想定して、ディスカウントキャッシュフロー法によって行ってみると、**図表11-15**「アサヒグループホールディングスの簡易的な企業価値評価【例示】」の通りとなる。

　まず、図表の左側には、損益計算書、貸借対照表、キャッシュフロー計

算書から、これまでの業績の実績値を取得している。実績値の取得期間は、実績値の推移の傾向などを理解するため、ふつう、直近5〜10年間が好ましい。ここでは、書籍の見開きでのグラフの見やすさを考慮して直近3年間のみとしており、かつ企業価値評価に直接に関連する項目のみを抜粋している。

　そして、図表の中央には、企業価値評価の前提となるパラメータを入力する欄を設けている。実務における本格的な企業価値評価では、たとえば売上高について、製品や商品ごとに販売数量や販売単価という単位でパラメータを設定して、細かな粒度で進めていく。ここでは、やはり紙幅の制約から、売上高成長率、売上原価率、販売費と一般管理費を合わせた販管費率、運転資本比率、設備投資金額比率などをパラメータとするにとどめている。また、それらのパラメータのほとんどを売上高に対する比率として簡易的なものにとどめていることにも注意いただきたい。

　パラメータについての具体的な値の設定は、これまでの実績値の推移から見積もられる値が検討の材料になる。また、M&Aディールであれば、対象企業のデューデリジェンスにおける業界構造・競争環境・対象企業の状況などの精査の結果を踏まえて、具体的な値が設定される。

　そのうえで、図表の右側では、今後10年間の業績の予想を行っている。これらの予想値は、直近期の業績の数字に対して、前提としているパラメータの設定値から計算しているものである。そして、フリーキャッシュフローを算出し、継続価値も算出して、それらをWACCで割り引くことによって企業価値を算出している。

　なお、今後10年間という長期にわたる業績の予想であり、現代では業界構造や競争環境なども刻々と変化していくので、企業価値評価のためのパラメータの設定値を将来の10年間の途中で変化させていってもよい。

　このように、紙幅の制約があって簡易なものとしているが、ディスカウントキャッシュフロー法による企業価値の枠組みは伝えられていると考え

図表11-15｜アサヒグループホールディングスの簡易的な企業価値評価【例示】

（金額単位：百万円）

損益計算書		実績			前提
		2017／12期	2018／12期	2019／12期	
売上高		2,084,877	2,120,291	2,089,048	売上高成長率
	売上高成長率	22.1%	1.7%	-1.5%	1.0%
売上原価		1,295,399	1,303,246	1,297,302	売上原価率
	売上原価率	62.1%	61.5%	62.1%	65.0%
販売費及び一般管理費		606,286	605,273	590,310	販管費率
	販管費率	29.1%	28.5%	28.2%	28.6%
営業利益		183,192	211,772	201,436	
	営業利益率	8.8%	10.0%	9.6%	
支払利息		6,725	6,753	7,390	
	平均金利	0.7%	0.6%	0.8%	
法人税等		58,135	56,370	56,100	実効税率
	法人税等率	29.5%	27.2%	28.4%	30.62%
当期利益		138,848	150,938	141,290	
	当期利益率	6.7%	7.1%	6.8%	
（減価償却費）		101,813	109,206	113,036	減価償却費率
	減価償却費率（売上高比）	4.9%	5.2%	5.4%	5.1%

貸借対照表	2017／12期	2018／12期	2019／12期	
資産合計	3,346,822	3,079,315	3,140,788	
流動資産	812,426	714,576	735,113	
現金・現金同等物	58,054	57,317	48,489	※売上高比
受取手形及び売掛金	421,198	413,032	394,078	18.9%
棚卸資産	155,938	160,319	171,717	8.2%
固定資産	2,534,396	2,364,738	2,405,674	
負債合計	2,194,074	1,929,668	1,892,509	
流動負債	1,052,157	939,591	1,075,673	※売上原価比
支払手形及び買掛金	206,342	193,531	198,544	15.3%
社債及び借入金	359,722	262,620	408,259	
固定負債	1,141,917	990,076	816,835	
社債及び借入金	902,203	764,768	534,955	
資本合計	1,152,748	1,149,647	1,248,279	
非支配株主持分	7,612	3,227	1,965	

	2017／12期	2018／12期	2019／12期	
運転資本	370,794	379,820	367,251	運転資本比率
運転資本比率（売上高比）	17.8%	17.9%	17.6%	17.8%
運転資本増加金額		9,026	-12,569	

キャッシュフロー計算書	2017／12期	2018／12期	2019／12期	
有形固定資産の取得及び売却	74,321	76,864	69,748	設備投資金額比率
（売上高比）	3.6%	3.6%	3.3%	3.5%

フリーキャッシュフロー	百万円	
継続価値	永久成長率	0.0%
負債コスト（平均金利）		1.0%
株主資本コスト		5.20%
有利子負債残高	百万円	943,214
株式時価総額	百万円	2,409,709
実効税率		30.62%
加重平均資本コスト WACC		3.9%
フリーキャッシュフローの現在価値	百万円	（右欄）
継続価値の現在価値	百万円	（右欄）
企業価値	百万円	3,397,841
純有利子負債残高	百万円	894,725
非支配株主持分	百万円	1,965
株主価値	百万円	2,501,151
発行済株式総数	百万株	483.6
理論株価	円	5,172

					予想				
2020	2021	2022	2023	2024	2025	2026	2027	2028	2029
2,109,938	2,131,038	2,152,348	2,173,872	2,195,610	2,217,567	2,239,742	2,262,140	2,284,761	2,307,609
1.0%	1.0%	1.0%	1.0%	1.0%	1.0%	1.0%	1.0%	1.0%	1.0%
1,371,460	1,385,175	1,399,026	1,413,017	1,427,147	1,441,418	1,455,832	1,470,391	1,485,095	1,499,946
65.0%	65.0%	65.0%	65.0%	65.0%	65.0%	65.0%	65.0%	65.0%	65.0%
604,034	610,074	616,175	622,336	628,560	634,845	641,194	647,606	654,082	660,623
28.6%	28.6%	28.6%	28.6%	28.6%	28.6%	28.6%	28.6%	28.6%	28.6%
134,445	135,789	137,147	138,519	139,904	141,303	142,716	144,143	145,585	147,040
6.4%	6.4%	6.4%	6.4%	6.4%	6.4%	6.4%	6.4%	6.4%	6.4%
41,167	41,579	41,994	42,414	42,839	43,267	43,700	44,137	44,578	45,024
30.6%	30.6%	30.6%	30.6%	30.6%	30.6%	30.6%	30.6%	30.6%	30.6%
93,278	94,211	95,153	96,104	97,065	98,036	99,016	100,007	101,007	102,017
4.4%	4.4%	4.4%	4.4%	4.4%	4.4%	4.4%	4.4%	4.4%	4.4%
108,625	109,712	110,809	111,917	113,036	114,166	115,308	116,461	117,626	118,802
5.1%	5.1%	5.1%	5.1%	5.1%	5.1%	5.1%	5.1%	5.1%	5.1%

374,713	378,461	382,245	386,068	389,928	393,828	397,766	401,743	405,761	409,819
17.8%	17.8%	17.8%	17.8%	17.8%	17.8%	17.8%	17.8%	17.8%	17.8%
7,462	3,747	3,785	3,822	3,861	3,899	3,938	3,978	4,017	4,058

74,050	74,790	75,538	76,293	77,056	77,827	78,605	79,391	80,185	80,987
3.5%	3.5%	3.5%	3.5%	3.5%	3.5%	3.5%	3.5%	3.5%	3.5%

120,391	125,385	126,639	127,905	129,184	130,476	131,781	133,099	134,430	135,774
									3,452,741
									※継続価値

=	ベータ	0.70	×	マーケット・リスクプレミアム	6.0%	+	リスクフリーレート	1.0%

パラメータ入力値

115,836	116,077	112,802	109,619	106,526	103,521	100,600	97,762	95,003	92,323
									2,347,774
									※継続価値

出所：財務データおよび株価データなどから筆者作成

173

ている。

　これらの企業価値評価の前提となるパラメータについて、過去の実績値を参考にしながら、理論株価が株式市場における株価（2019年12月30日の終値4,983円）とほぼ一致するような値の例を設定してみた。こうして探しあてたパラメータの値は、前述の市場ビュー、あるいはいくつもあり得る市場ビューの可能性のうちの一つということができる。

　また、ディスカウントキャッシュフロー法による企業価値をベースとすると、アサヒグループホールディングスのEBITDAマルチプル倍数は14.0倍となる。マルチプル法によると、10.5倍である。

　これに対して、マルチプル法で類似比較企業であるキリンホールディングスは15.1倍、サッポロホールディングスは11.4倍であり、これら2社の平均値は13.3倍である。これらのマルチプル倍数と比較してみると、そして、前述のコントロールプレミアム分の相違も考慮に入れると、ディスカウントキャッシュフロー法によって算出したアサヒグループホールディングスの企業価値は、それなりに妥当な水準になっていると理解できる。

第12章　企業価値の源泉は「成長」と「稼ぐ力」である

　この章では、企業価値の源泉となるものが事業の「成長」と「稼ぐ力」である点を理解していく。成長と稼ぐ力という視点は、戦略と企業価値を、キャッシュフローを媒介として結びつけていくものである。

　成長とは、事業規模の拡大であり、たとえば売上高の増加である。また稼ぐ力とは、投下資本利益率（ROIC: Return on Invested Capital）で表され、事業への投下資本に対してその事業がどれだけの利益を生んでいるかという水準を表すものである。

将来のフリーキャッシュフローの増加

　企業価値が「将来のフリーキャッシュフローを加重平均資本コスト（WACC）で割り引いた現在価値の総和」であることは、前章までで示した。

　この企業価値を増加させるためには、以下の2つの方策がある（**図表12-1**「企業価値の創造」を参照）。

　A. 将来のフリーキャッシュフローを増加させる
　B. 加重平均資本コスト（WACC）を低下させる

　このうち、「A. 将来のフリーキャッシュフローの増加」は、企業の「成長」と「稼ぐ力」によって実現できる。すなわち、成長とは事業規模の拡大としての売上高の成長であり、稼ぐ力とは投下資本に対する事業からの利益の水準を示す投下資本利益率（ROIC）の向上である。

　このような将来のフリーキャッシュフローの増加は、人間にたとえると理解

図表12-1 ｜ 企業価値の創造

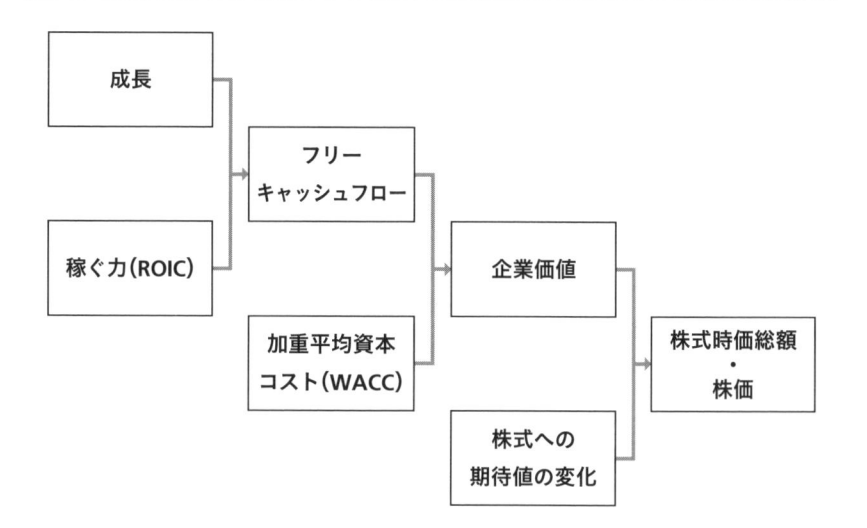

出所：『企業価値評価第7版』（ダイヤモンド社）を基に筆者作成

図表12-2 ｜ 企業価値の創造を人間にたとえると……

成長　　　　　　　稼ぐ力（ROIC）

しやすい（**図表12-2**「企業価値の創造を人間にたとえると……」を参照）。すなわち、体が大きくなると同時に（＝売上高の成長）、筋肉質になっていけば（＝投下資本との比較による利益率の向上）、類まれなアスリートになれる（＝企業価値の創造）といったようなイメージである。

　体が大きくなることは大切だが、贅肉ばかりでは仕方なく、筋肉体質でなければアスリートとしては価値を生まない。このことは、後ほど説明していくとおり、企業の稼ぐ力である投下資本利益率（ROIC）が加重平均資本コスト（WACC）を上回っていないと、企業がいくら成長したとしても企業価値が創造されないばかりか、成長によって企業価値が破壊されてしまうということを意味している。

加重平均資本コストの低下

　なお、企業価値を向上するためのもう一つの方策である「B. 加重平均資本コスト（WACC）の低下」は、おもに株主資本と負債の構成の最適化によって実現される。

　それは、企業価値を最大化させるようなWACCの低下を実現する株主資本と負債の金額のミックスである最適資本構成（株主資本と負債のバランス。**図表12-3**「最適資本構成」を参照）を追求することなどによって実現される。そして、日本企業の場合は、負債の導入によることが多い。負債コストが株主資本コストより低いためである。

　WACCを低下させながら、将来の資金調達の柔軟性と機動性も担保しておけるような最適資本構成については、いまだに理論的な解は存在していない。実務においては、資金調達の柔軟性と機動性を確保するためにも、格付けでシングルA格並みに評価される水準での負債の導入が一つの目安とされることがある。

成長はどこから来るのか

　企業価値の源泉となるのは、事業の「成長」と「稼ぐ力」である。それでは、

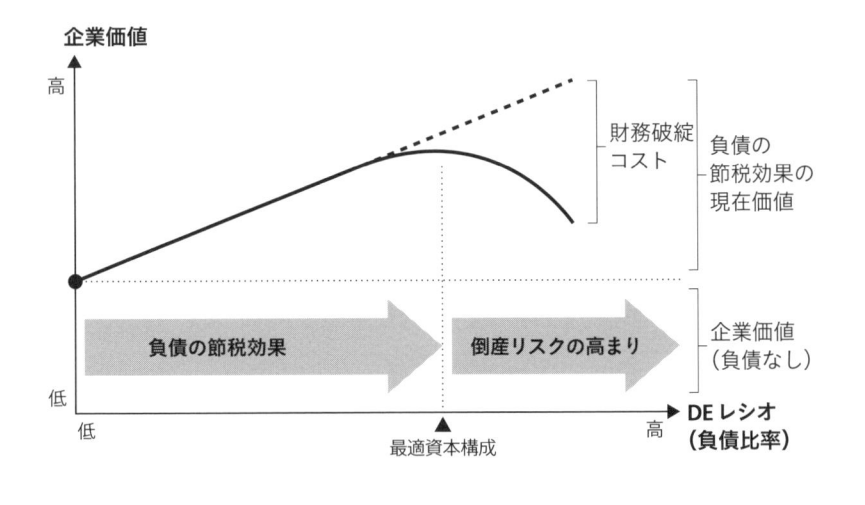

図表12-3 │ 最適資本構成

それらをどのように実現すればよいのか。本章ではまず、成長から見てみよう。

　成長、すなわち売上高の増加には、次の3つの要因がある。

（1）成長する市場の獲得

（2）M&A

（3）既存市場におけるマーケットシェアの拡大

　そして、売上高の成長率に対するそれぞれの平均的な寄与度合いは、（1）約66％、（2）約31％、（3）約4％である（**図表12-4**「成長の3要因：売上高の平均成長率への寄与度合い」を参照）。

　まず、「（1）成長する市場の獲得」に最も近道なのは、伸びゆく市場に身を置くことである。これは第3章において説明した通り、世の中の大きなメガトレンドのもとで将来に向かって成長していく事業機会の獲得である。例を挙げ

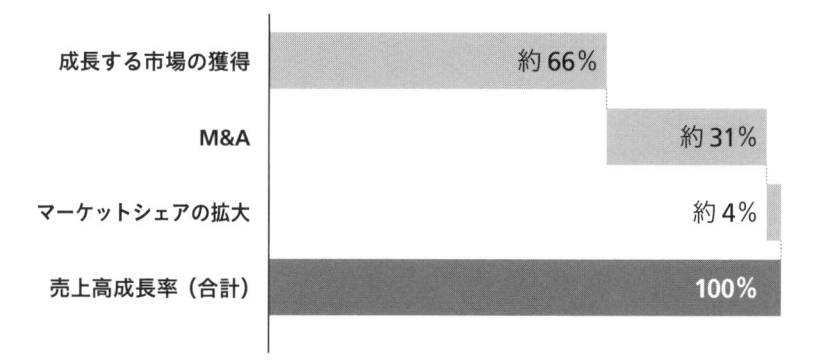

図表12-4 | 成長の3要因：売上高の平均成長率への寄与度合い

成長する市場の獲得 … 約66%
M&A … 約31%
マーケットシェアの拡大 … 約4%
売上高成長率（合計） … 100%

出所：P. Viguerie, S. Smit and M. Baghai *The Granularity of Growth*", Hoboken NJ: Wiley 2008

れば、世界人口が2050年に100億人へと増加していく中での食料・栄養・農業市場、同じく2050年を一つの目途として脱炭素化が進む中でのエネルギー市場、主要国において高齢化が進む中でのヘルスケア市場、などである。

次に、「(2) M&A」は、新たな地域や新たな事業領域への事業展開などのために、ほかの企業や事業の買収を行うことである。M&Aは、企業や事業を買収することであるが、実態として、その企業や事業のキャッシュフローを買収することでもある。

最後に、「(3) 既存市場におけるマーケットシェアの拡大」は、おもに競合企業からのマーケットシェアの奪取による。ただし、マーケットシェアの奪取においては、価格競争による値引きなどが行われるため、仮に数量ベースでマーケットシェアが拡大したとしても、単価が下落して、売上高はあまり増加しないという結果を招きがちなので注意が必要である。

成長は長続きするのか

こうして成長を実現できたとしても、その後も成長を持続していくことは容

易でない。魅力的な市場には、競合企業による参入が相次ぐ。時間の経過によって、製品やサービスの陳腐化が進む。消費者の飽きにも見舞われる。すなわち、製品・サービスのコモディティ化が進むのである。

　そのような中で、市場の成長率を超える成長を実現して維持していくこと（above-the-market growthと呼ばれる）、あるいは何らかの成長自体を維持していくことは、一般に市場が減速して経済成長率（GDP成長率）並みの緩やかな成長率に落ち着いていくという平均回帰性との闘いとなる。**図表12-5**「成長の平均回帰性：企業当たり平均売上高の対前年度での変化率の推移」では、化学品、食料品、電気機械器具のメーカーについてその推移を示した。

　どれだけ成長している市場でも、いつかは経済成長率並みに減速していくことがわかる。つまり、究極的には人口が経済を牽引しており、どのような製品やサービスでもその普及が進めば人口当たりの需要が飽和してくることになる、とも考えることができる。

稼ぐ力とは何か

　稼ぐ力とは、「利益率」を指す。多くの人は、ここで事業からの営業利益率を思い浮かべるかもしれない。しかし営業利益率は、当年度の業績というフローによるうわべの利益率にすぎない。それでは、本来見るべき「利益率」とはいったい何なのだろうか。

　これまで説明してきたとおり、企業の経営についてはPLとBSを一体で捉え、事業への投下資本に対して当該事業が生み出す利益の水準であるROICを見なければならない。すなわち、PL&BS一体型思考のもとで重要なのは、株主や負債の提供者という投資家から調達した資金による投下資本によって事業を運営することで、事業からの利益をどれだけ生み出しているのか、ということである。このことを表す指標が、ROICなのである。

　ROICは、いちばん厳密には、次のように定義される。

> ROIC ＝みなし税引後営業利益÷投下資本
> 　　　　（投下資本：有形固定資産＋のれんを含む無形固定資産＋運転資本）

　ここで、みなし税引後営業利益（NOPLAT: Net Operating Profit Less Adjusted Taxes）とは、次のように定義され、企業会計において算出した税額ではなく実際に支払う税金をベースにして、事業からの税引後利益を算出するものである。みなし税引後営業利益は、株主や負債の提供者という投資家に帰属する事業からの利益といえる。

> みなし税引後営業利益 NOPLAT＝営業利益 ×（1－実効税率）±法人税等調整額

　本書では、直感的に理解しやすいように、このNOPLATではなく税引後営業利益（NOPAT: Net Operating Profit After Tax）を用いる。

> 税引後営業利益 NOPAT＝営業利益 ×（1－実効税率）

　そして、ROICを次のように定義する。

> ROIC＝税引後営業利益(営業利益×(1－実効税率))
> 　　　÷投下資本(有形固定資産＋のれんを含む無形固定資産＋運転資本)

　ROICは、当該事業における投下資本からのリターンともいえる。そして、ROICが加重平均資本コスト（WACC）を上回るときにはじめて、経営者は投資家から調達した資金を投資家が期待するリターンを超える水準で事業によって運用できているといえる。ROICとWACCは比較が可能であり、「ROIC＞WACC」の場合に、経営者は企業価値を創造しているといえるのである（**図**

図表12-5 │ 成長の平均回帰性：企業当たり平均売上高の対前年度での変化率の推移

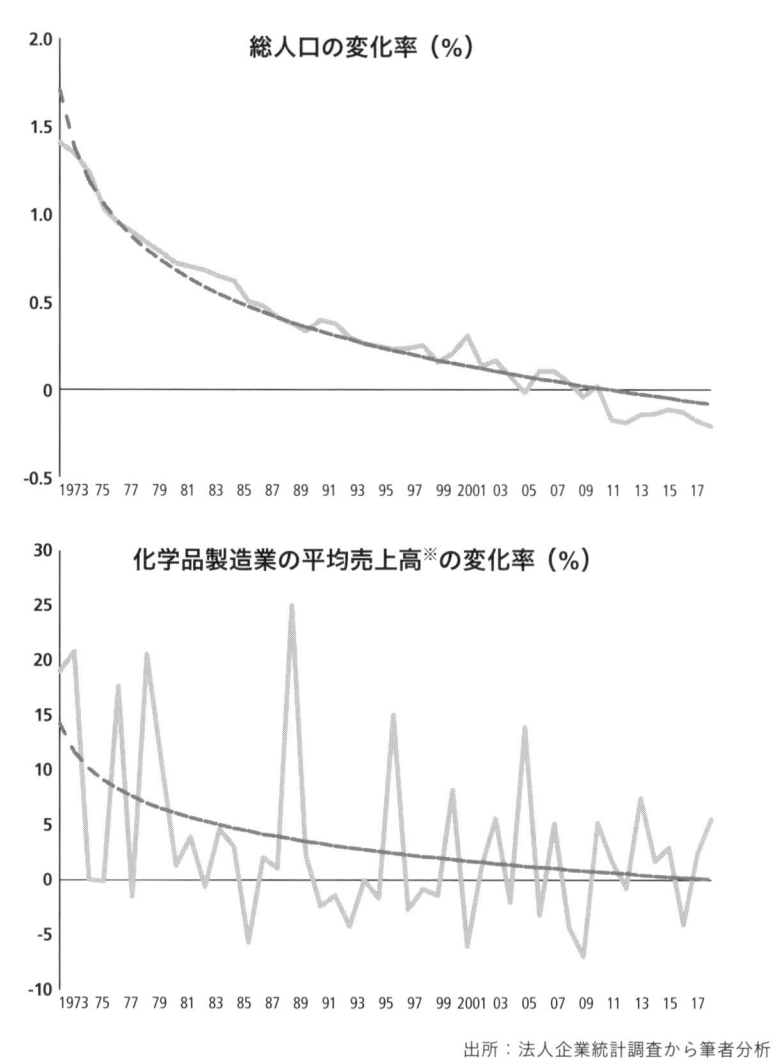

出所：法人企業統計調査から筆者分析

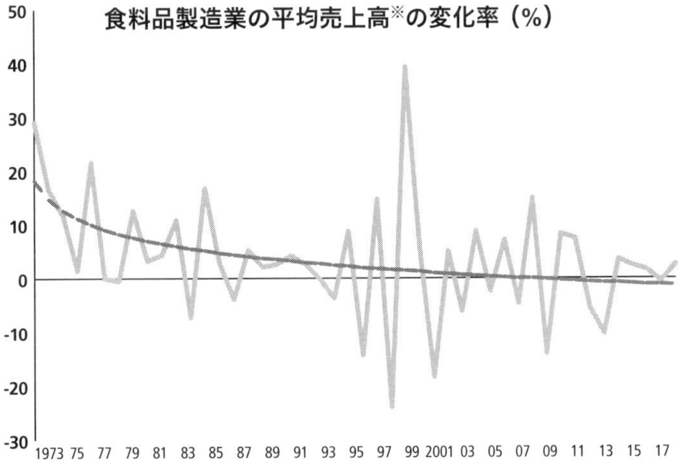

食料品製造業の平均売上高※の変化率（％）

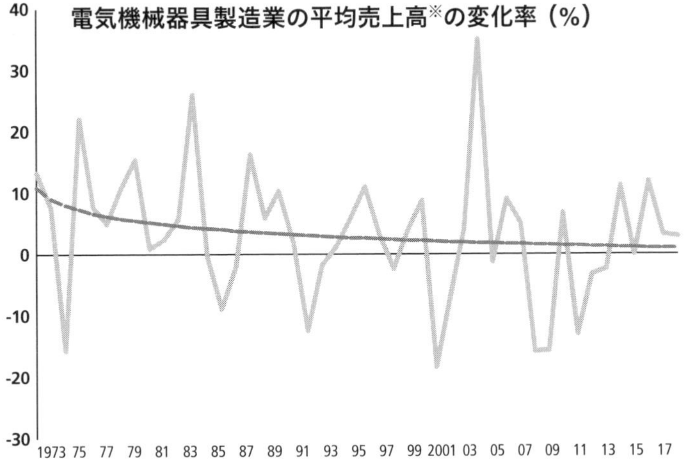

電気機械器具製造業の平均売上高※の変化率（％）

※　平均売上高＝法人企業統計調査における売上高合計 ÷ 法人数（法人企業統計調査における母集団）

出所：法人企業統計調査から筆者分析

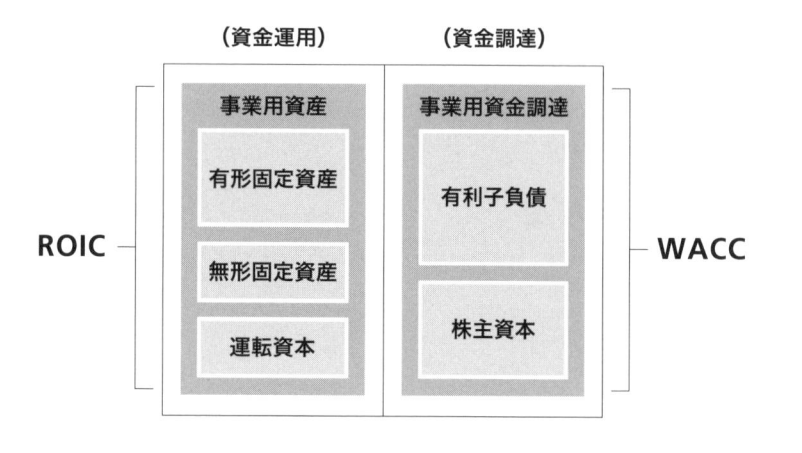

図表12-6｜投下資本利益率ROICと加重平均コストWACCの比較

表12-6「投下資本利益率ROICと加重平均コストWACCの比較」を参照）。

稼ぐ力の水準のちがい

　ROICにおいては、そもそも投下資本の規模が産業によって異なるため、産業を超えて比較することには無理があるといえる（**図表12-7**「業種別ROIC（コロナ禍前の2019年度、金融関連企業を除く939社）」を参照）。たとえば、石油業界、化学業界、鉄鋼業界、電力業界などの重厚長大産業では大規模な生産設備が必要になるが、スーパーマーケットやコンビニエンスストアなどのような小売業界ではそうではない。

　そこで、ROICは、同じ産業ジャンルの企業間で比較するべきである。そして、それぞれの企業のWACCと比較しなければならない。

　日本企業では、ROICの経営指標としての導入が進んできている。そして、その水準も向上してきているが、WACC（一般に、日本企業では4〜6%前後）を上回る水準には至っていない企業がいまだに多い（**図表12-8**「日本の製造

図表12-7 ｜ 業種別ROIC（コロナ禍前の2019年度、金融関連企業を除く939社）

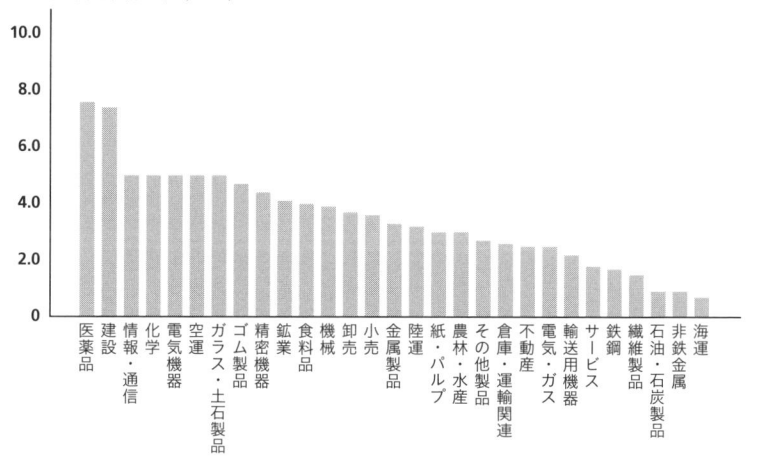

出所：財務データから筆者分析

図表12-8 ｜ 日本の製造業と非製造業のROICの推移（1981年度からコロナ禍前の2019年度まで）

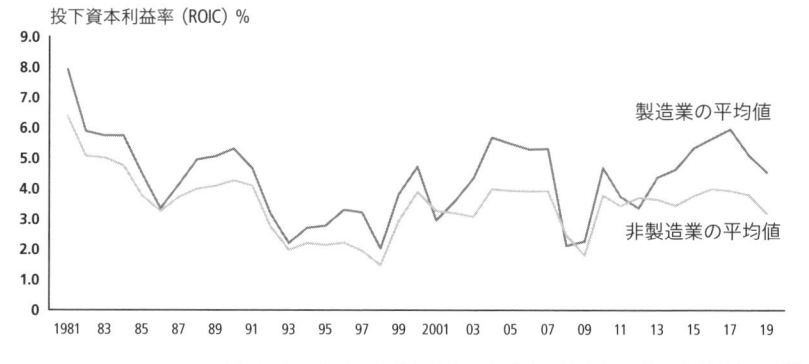

（1981〜2019年度、金融関連企業を除く、製造業748社、非製造業191社）

出所：財務データから筆者分析

業と非製造業のROICの推移（1981年度からコロナ禍前の2019年度まで）」を
参照）。

企業価値のシミュレーション

　それでは、成長と稼ぐ力と企業価値は、どのような関係にあるのだろうか。
これを理解していくために、ある架空の企業を想定してみる。

- 投下資本から売上高が生まれると考え、投下資本金額の増加率と売上高の
  成長率を同一とする。
- 投下資本金額にROICを掛け合わせた金額相当の利益が事業から生み出さ
  れる。
- 減価償却費と同等の金額が設備などの更新投資に投資される。
- WACCを6%とする。
- 現時点での投下資本金額を1,000とする。

　この前提のもとで企業価値を算出すると、**図表12-9**「成長率とROICと企業
価値の関係」のとおりとなる。なお、11年目以降の成長率は一定の2%として
いる。

成長と稼ぐ力の企業価値への影響

　ROICがWACCと同一である場合は、どれだけ成長率が高くなったとしても、
企業価値は増加しない。これは、投下資本が、投資家が要求するリターンちょ
うどでしか運用されていないためである。
　一方、ROICがWACCを下回る水準であると、成長率が高くなるほど企業価
値は減少していく。これは、投下資本が、投資家が要求するリターンに満たな
い水準で次々に投下されていくと、その価値の破壊が進むからである。なお、
ROICが低いほど、加速度的に企業価値の破壊が進んでいく。

図表12-9 | 成長率とROICと企業価値の関係

売上高成長率	2%	4%	6%	8%	10%	20%
10%	-850	150	1,050	2,100	3,100	8,000
8%	-600	250	1,050	1,900	2,750	6,950
6%	-350	350	1,050	1,750	2,500	6,050
4%	-150	450	1,050	1,650	2,250	5,300
2%	10	500	1,050	1,550	2,050	4,600
0%	150	600	1,050	1,450	1,900	4,050

ROIC

ROICがWACCを上回る水準であると、成長率が高くなるほど企業価値は創造されていく。そして、ROICが高いほど、加速度的に企業価値の創造が進んでいく。

このように、企業価値の創造は、ファイナンスの観点からは、成長率、稼ぐ力であるROIC、WACCという3つで語ることができる。そして、企業価値の創造が「成長」と「稼ぐ力」によって牽引されることが直観的に理解できるのである。

2023年3月に、東京証券取引所が株価純資産倍率（PBR: Price-Book Ratio=株式時価総額÷純資産金額）が1.0倍を下回る上場企業に対して、現在の株価水準を引き上げるための具体策の開示を求めるようになった。東証プライム市場と東証スタンダード市場に上場する3,300社のうち、過半数となる約1,800社が該当するそうだ。PBRが1.0倍を下回るということは、企業の株式時価総額が解散価値（＝純資産金額）を下回っているということであり、企業の存在価値について株主から疑問が投げかけられている状況とも言える。

　PBR＝株式時価総額÷純資産金額なので、PBR＝（株式時価総額÷当期利益）×（当期利益÷純資産金額）＝株価収益率（PER）×自己資本利益率（ROE）と当期利益を加味して変形して理解できる。これまで見てきた通り、PERは当該企業の成長性への株主からの期待を表す。ROEは株主から見た当該企業の稼ぐ力といえる。したがって、事業家であり投資家でもある経営者が、成長と稼ぐ力を軸とする戦略によって企業価値を創造していくことが、このPBR問題の解決にもつながるのである。

第 III 部

企業価値と戦略を
自己検診しながら進んでいく

第13章　セルフ・デューデリジェンス による自己検診と経営改革

　この章では、セルフ・デューデリジェンスという、自社の経営についての自己検診の考え方について説明していく。業界構造、競争環境、自社の状況が絶えず変化を続ける中で、このままの成り行きでいくと自社の事業や企業価値はどうなっていくのか。自社が目指す姿とその成り行きの姿とのギャップはどれだけあるのか。そのギャップを埋めるための経営改革として何に取り組めばよいのか。成長と稼ぐ力を軸とする戦略による事業改革、あるいは財務改革をどのように進めていくべきなのか。セルフ・デューデリジェンスは、これらを明らかにするための方法論である。

自己検診としてのセルフ・デューデリジェンス

　持続的な成長を実現し、かつ稼ぐ力を高めていくために、企業の経営者が日頃から心掛けておきたいこととして、「セルフ・デューデリジェンス（Self due diligence）」がある。

　デューデリジェンスというと、M&Aにおけるターゲット企業の内容やリスクの精査を思い浮かべるだろう。M&Aにおけるターゲット企業のデューデリジェンスには、財務諸表や税務処理などに誤りや不正などがないかを検証する「経理・財務・税務デューデリジェンス」、コンプライアンス違反、訴訟、賠償責任などを抱えていないかを検証する「法務デューデリジェンス」、事業の競争力や収益力などを検証する「ビジネス・デューデリジェンス」、土壌汚染や大気汚染などを行っていないかを検証する「環境デューデリジェンス」などがある（**図表13-1**「M&Aにおけるデューデリジェンス」を参照）。

図表13-1 | M&Aにおけるデューデリジェンス

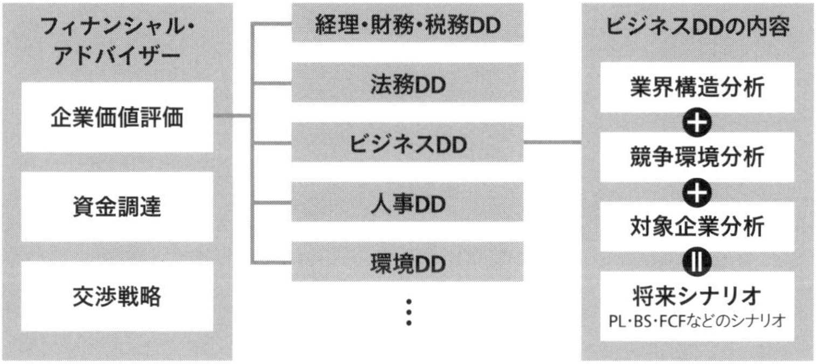

※ DD:デューデリジェンス

　ここで注目したいのは、ビジネス・デューデリジェンスである。このビジネス・デューデリジェンスとしては、実際のM&Aディールにおいても、日本企業では自社の事業部などがターゲット企業の事業内容を簡易に調査するにとどまっていることが多い。そのため、日本企業においては、ビジネス・デューデリジェンスの内容と真価が、いまだ十分に認識されているとは言い難い。

セルフ・デューデリジェンスにおける分析

　セルフ・デューデリジェンス、正確に言えば「セルフ・ビジネス・デューデリジェンス」において、まず、(1) 業界構造、(2) 競争環境、(3) 自社の状況について、客観的かつ冷徹な視点で理解を深める。そして、成長と稼ぐ力を軸として構成される自社の戦略が、いつの時点にどれだけの大きさのキャッシュフローを創出していくのか、そこにどれだけの不確実性があるのか、を明らかにする（**図表13-2**「セルフ・デューデリジェンス」を参照）。これを、M&Aにおけるターゲット企業についてのデューデリジェンスと同じレベルの厳密さと厳格さで行っていく。

図表13-2｜セルフ・デューデリジェンス

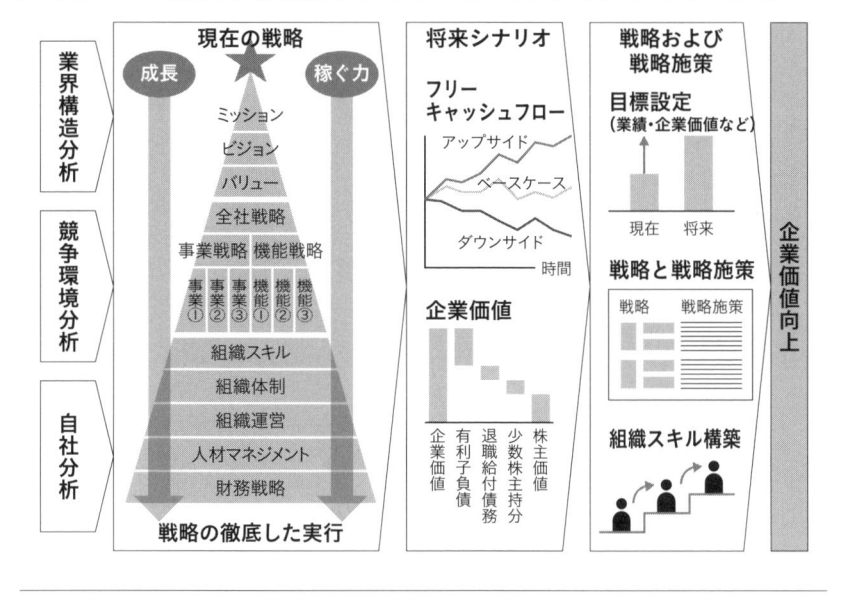

　すなわち、（1）今後の業界構造の変化を見通しながら、（2）そこでの競争環境の変化にも留意して、（3）自社の分析から明らかになる自社の強みを活かして、どのような戦略を、どのように実行していくべきか、自己検証をすることが目的である。同時に、それがどのような企業価値につながっていくのかも検証する。まさに、戦略の作成における3要素を検証していくのである。

- Where：どこの市場において事業を行うのか
- What：何を自社の強みとして事業を行うのか
- How：どのような持続的な差別化を実現して競争優位ある事業モデルを構築していくのか

　ここでは、成長と稼ぐ力についての潜在力（「ポテンシャル」と呼ばれる）

と不確実性（「リスク」と呼ばれる）という大局的な視点を持つことが必要になる。そして、全社戦略の観点から事業ポートフォリオの構成や経営資源配分など、また事業戦略の観点から事業それぞれの成長と稼ぐ力などを中長期的な時間軸において検証していく。

（1）業界構造の変化

　自社が事業展開を行う業界について、どのような変化が起こるのかを理解する。もちろん、将来のことであるから、さまざまな可能性がありうる。そのため、構造変化を引き起こす要因（ドライバー）を特定のうえ、条件分岐点を見定めて、将来の構造変化のベースとなるシナリオを作成する。このシナリオが、将来を見る際の基準でありモノサシにもなる「自社なりの業界構造変化ストーリー」になるのである。

　そして、世の中の進展に従ってさまざまな出来事が発生するたびに、この自社の基準でありモノサシでもある業界構造変化ストーリーと比較する。すると、自社なりの喜怒哀楽を表現することが可能になり、自社なりの基準であってモノサシでもある業界構造変化ストーリー自体を継続的にアップデートしていくことができる。

　なお、ここではシナリオの条件分岐点の見立てが非常に重要であり、その条件分岐を左右するようなイベントを「サインポストsignpost（道標）」と定めて、観察していくことが役立つ。

　また、業界構造の変化を理解していくには、経営陣が見聞きしていることだけにとどまらず、さまざまな情報が役に立つ。たとえば、自社の研究者は、研究発表会において今後の最先端となる技術や素材などの研究・開発動向を見ている可能性がある。営業担当者は、顧客から競合企業の動向を聞いているかもしれない。購買・調達担当者は、サプライヤーから業界再編などの噂話を耳に挟んでいるかもしれない。財務担当者は、金融機関から世界にまたがる情報を仕入れているであろう。これらの情報を総合してみたり統合してみたりするこ

図表13-3 | 自社固有の情報を活用した業界構造変化の検討

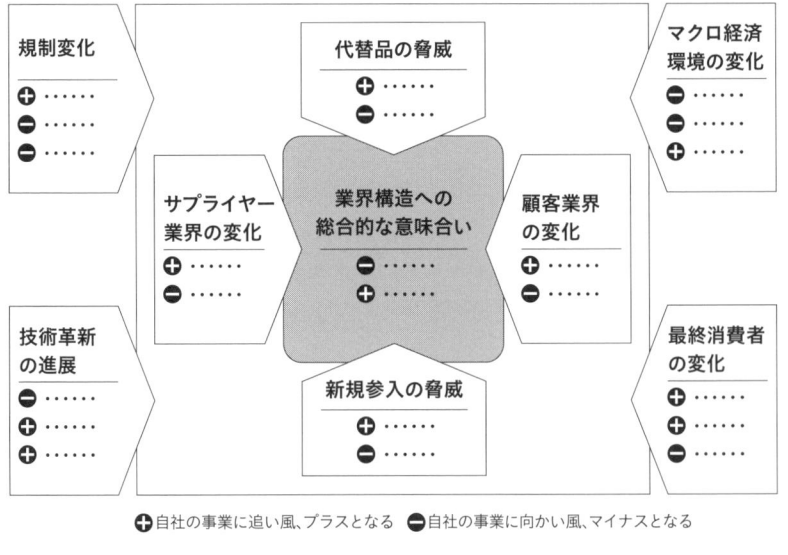

規制変化
➕ ……
➖ ……
➖ ……

代替品の脅威
➕ ……

マクロ経済
環境の変化
➖ ……
➖ ……
➕ ……

サプライヤー
業界の変化
➕ ……
➖ ……

業界構造への
総合的な意味合い
➖ ……
➕ ……

顧客業界
の変化
➕ ……
➖ ……

技術革新
の進展
➖ ……
➕ ……
➕ ……

新規参入の脅威
➕ ……
➖ ……

最終消費者
の変化
➖ ……
➕ ……
➕ ……

➕ 自己の事業に追い風、プラスとなる　➖ 自己の事業に向かい風、マイナスとなる

とによって、自社なりに深く考えてみるのである。

　もちろん、こうした情報の一つ一つに逐一惑わされないことが肝要だが、それらをうまく活用することで、自社なりの固有のインサイト（洞察）を得られる可能性は高い。

　そのためにも、こうした情報を社内でタイムリーに収集するとともに、自社にとって基準となりモノサシとなる「自社なりの業界構造変化ストーリー」が継続的にアップデートされる仕組みを作っておくことが大切である。

　図表13-3「自社固有の情報を活用した業界構造変化の検討」で示したとおり、将来の業界構造の変化を予測していく際には、顧客業界の変化、サプライヤー業界の変化、新規事業者の参入の脅威、代替品の市場投入の脅威といった、自社の業界への直接的な影響に加えて、規制の変化、技術革新の進展、マクロ経済環境の変化、最終消費者の変化という間接的な影響まで考慮する枠組みの中

で、それぞれの情報に自社の業界にとっての（＋）と（－）をつけながら整理して、総合的に業界構造変化のストーリーを検討していくことなどが考えられる。

（2）競争環境の変化

　競合企業の動きによって、業界のバリューチェーンにおける競争環境がどのように変化していくのかをダイナミックにシミュレーションする。そこでは、業界のバリューチェーンのうち、自社の事業が属するステップだけではなく、業界のバリューチェーン全体でどのように競争環境の変化が起こっていくのかを検討することが重要である。

　ちなみに、業界のバリューチェーンにおいて、自社の事業が属するステップの上流と下流という両隣のステップにはどのような企業がいるのかを理解していても、さらにその隣となると見当がつかないという経営者は、意外と多い。

　そこで、まずは業界のバリューチェーンの全体を描き切ってみることから始める。これを、始まりから終わりまでの両端を見渡してという意味で「エンド・トゥ・エンドでのバリューチェーン」ということがある。

　そして、業界のエンド・トゥ・エンドでのバリューチェーンにおけるステップごとに、各ステップが生み出し得る利益全体を表すプロフィットプールの大きさ、各ステップでの成功の要因（Key success factor）、各ステップにおける現在のプレーヤー企業を書き出してみる。

　図表13-4「バリューチェーンにおける競争環境の変化（数字は例示）」で示したように、バリューチェーンの各ステップでのプロフィットプールの大きさの変化、バリューチェーンの川中から川上や川下へのプロフィットプール自体の移動、成功の要因の変化、プレーヤー企業の今後の戦略などによって、エンド・トゥ・エンドでのバリューチェーン全体において、どのような構造的な変化が起こっていきそうか思考実験を行ってみるのである。

図表13-4 | バリューチェーンにおける競争環境の変化（数字は例示）

プロフィットプール（利益金額、億円／年）

		原料	素材	部材・部品	完成品	販売	アフターマーケット
		120	90	70	60	80	100
企業数（社）		5	10	50	15	40	30
		企業名（シェア）	企業名（シェア）	企業名（シェア）	企業名（シェア）	企業名（シェア）	企業名（シェア）
主要企業とシェア	1…	…（○%）	…（○%）	…（○%）	…（○%）	…（○%）	…（○%）
	2…	…（○%）	…（○%）	…（○%）	…（○%）	…（○%）	…（○%）
	3…	…（○%）	…（○%）	…（○%）	…（○%）	…（○%）	…（○%）
	4…	…（○%）	…（○%）	…（○%）	…（○%）	…（○%）	…（○%）
	5…	…（○%）	…（○%）	…（○%）	…（○%）	…（○%）	…（○%）
成功の要因	…	…	…	…	…	…	…
	…	…	…	…	…	…	…
	…	…	…	…	…	…	…

　たとえば、バリューチェーンにおける特定のステップで多数のプレーヤー企業がひしめき合っているような場合には、水平統合が起こるかもしれない。

　また、プロフィットプールは、スマイルカーブといわれるように、バリューチェーンの川上と川下で大きく、川中で小さくなっている。そこで、川中にいる企業は川上または川下を目指して垂直統合を進めるかもしれない。また、顧客接点がますます重要となってくる中で、川上あるいは川中にいる企業による川下への展開が加速するかもしれない。

　さらには、何らかのエコシステムに巻き込まれることによって、バリューチェーン自体がほかのバリューチェーンに吸い込まれてしまうことがあるかもしれない。

　こうしたシミュレーションを行っていくのである。

（3）自社の状況

　自社については、何が強みであるのかを、自社だけが持っている固有の強み、競合企業と比較して相対的な優位性のある強みに区分して理解していく。自社の強みというと、どうしても主観的な評価になってしまい、評価が甘くなりがちである。これを客観的に、定性評価だけでなく定量評価も含めて、国内だけでなくグローバルな競合企業とのベンチマーク比較などによって行っていく。

　これは、ヒト・モノ・カネ・情報という枠組みで考えるとわかりやすい。

　ヒトは、量と質である。量としては、絶対的な人数や年齢等による構成ピラミッドなどがある。質としては、スキル水準や多様性ダイバーシティの観点がある。また、社員の満足度の高さやモチベーションの強さ、心理的および身体的な健康も大切な要素である。

　モノは、有形および無形の資産である。有形の資産としては、生産拠点・営業拠点・販売拠点などのそれぞれの立地、規模、内容、生産性、そしてそれらのネットワークなどの観点がある。また、無形の資産としては、現在の技術力、今後の技術ロードマップ、特許、商標、ブランドなどの観点がある。

　カネは、株主の構成、金融機関の構成、資金調達の柔軟性と機動性、負債コストや資本コスト、資本構成などである。

　情報は、情報の範囲、粒度、深さ、速さについて、投資家・サプライヤー・顧客・パートナー企業などの情報ネットワーク、そこでの情報収集力と情報活用力という観点がある。

セルフ・デューデリジェンスからの企業価値創造の見立て

　このように、業界構造の変化、競争環境の変化、自社の状況を検討したうえで、成長と稼ぐ力という観点から戦略の勝ち目、その戦略を徹底して実行していく際のポイントや落とし穴、そして事業が生み出すキャッシュフローの大きさやブレの可能性までを精査して自己検診をしていく。そして、全社戦略や事業戦略を機敏かつ機動的に見直して、社会情勢や経済環境や産業構造の変化に

先回りして経営の舵取りを行っていくのである。

　こうして見直された戦略という「原因」から始まって、事業が生み出すキャッシュフローを媒介として、企業価値という「結果」への流れを確認していく（**図表13-5**「セルフ・デューデリジェンスにおける企業価値までのつながり」を参照）。こうして、企業価値を継続的かつ持続的に創造していく経営を実現するのである。

投資家からの期待に対するギャップの理解

　こうしたセルフ・デューデリジェンスを実施したうえで、自社の企業価値評価（バリュエーション）まで行う（**図表13-6**「事業が生み出すキャッシュフローのシナリオと企業価値」を参照）。そして、

- 現在の延長線：現行の全社戦略や事業戦略のままで進んでいく場合の企業価値
- セルフDD後戦略見直し：セルフ・デューデリジェンス後に見直された全社戦略や事業戦略によって進んでいく場合の企業価値

といった複数のシナリオそれぞれにおける企業価値から得られる株主価値と株式市場での株式時価総額、あるいは理論株価と株式市場における株価を比較して、投資家からの期待とのギャップも理解していく。

　具体的には、第11章の**図表11-15**「アサヒグループホールディングスの簡易的な企業価値評価【例示】」で示したような企業価値評価モデルを自社について構築しておく。

　さらに、次の3つによって、ギャップを理解する。

企業価値評価モデル（1）：株主価値や理論株価が株式市場における株式時価総額や株価と一致するようなパラメータの値を探し当て、市場ビューを理解する。

図表13-5 セルフ・デューデリジェンスにおける企業価値までのつながり

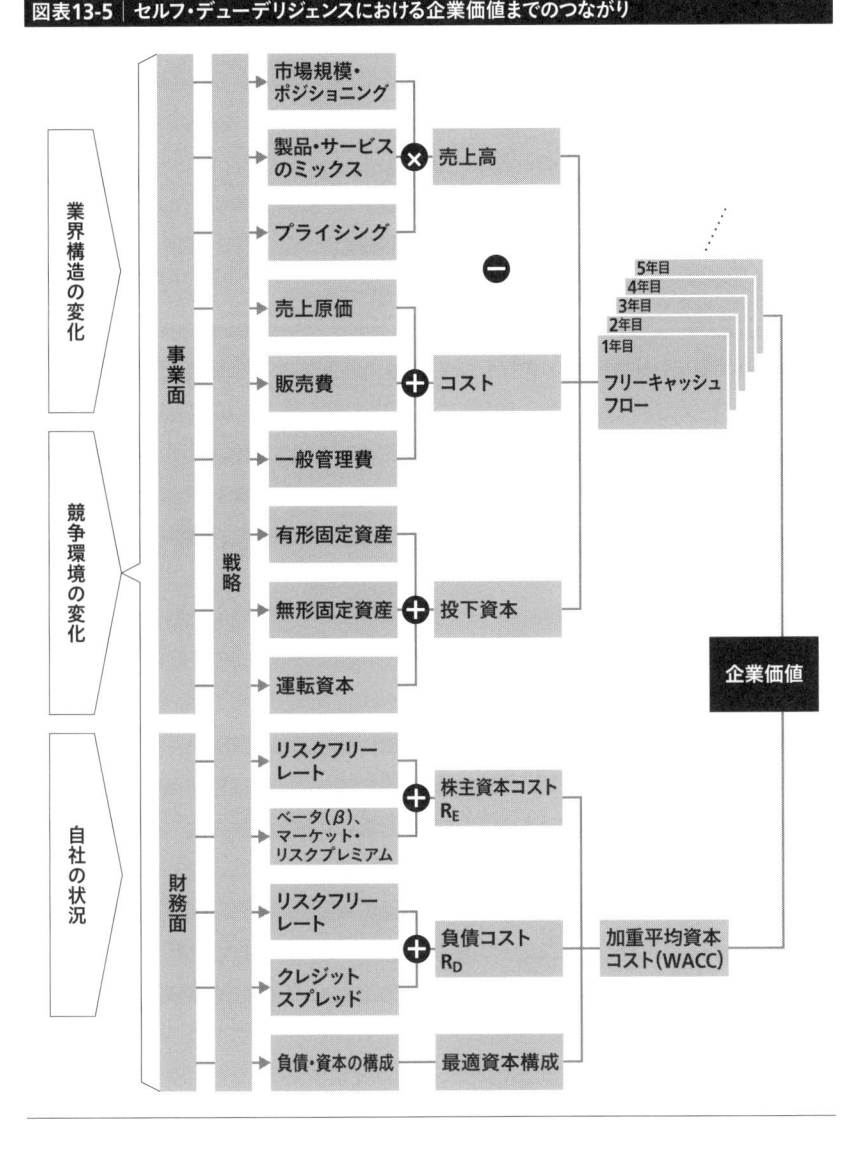

図表13-6 ｜ 事業が生み出すキャッシュフローのシナリオと企業価値

フリーキャッシュフロー

企業価値

	2020〜2030年	継続価値	合計
セルフDD後戦略見直し	9	15	24
現在の延長線	3	5	8
市場ビュー	1	3	4

企業価値評価モデル（2）：現在の全社戦略や事業戦略に基づいてパラメータの値を入力し、企業価値を算出する。この企業価値から得られる株主価値や理論株価を株式市場における株式時価総額や株価と比較して、ギャップを理解する。なお、ここでのパラメータの値と、市場ビューとして探し当てたパラメータの値との比較でもギャップを理解できる。

企業価値評価モデル（3）：セルフ・デューデリジェンスの結果によって見直された全社戦略や事業戦略に基づいてパラメータの値を入力し、企業価値を算出する。この企業価値から得られる株主価値や理論株価を、株式市場における時価総額や株価と比較して、ギャップを理解する。

　投資家は、投資意思決定において、もちろん対象企業の企業価値評価を行っている。いわば、投資している企業それぞれについて、企業価値評価のスプレッドシートを持っているわけである。

　セルフ・デューデリジェンスにおける企業価値評価のスプレッドシートにおいても、数量・単価・コストなどのパラメータの値を変化させて、いろいろと

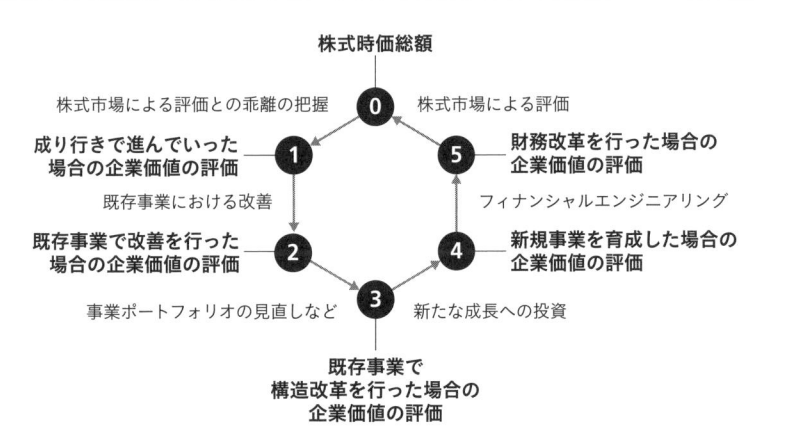

図表13-7｜企業価値創造のための経営サイクル

出所：『企業価値評価第7版』（ダイヤモンド社）をもとに筆者作成

検討してみよう。どこが投資家から期待されているのか、あるいは期待されていないのか、どこが自社と投資家で認識の相違が大きいのかが、よく理解できるようになるはずである。

経営の両輪となる事業改革と財務改革

　セルフ・デューデリジェンスによって投資家からの期待と自社の戦略とのギャップまで理解したうえで、成長と稼ぐ力を軸として戦略を見直しながら、経営改革のサイクルを回していくことになる。この経営改革の2つの柱となるのが、事業改革および財務改革である。経営者にとっては経営の両輪となる（**図表13-7**「企業価値創造のための経営サイクル」を参照）。

　事業改革と財務改革はそれぞれ、企業価値評価における事業からの利益などとしてのフリーキャッシュフローの創出と資金調達におけるWACCの低下に対応している。

事業改革の4段階

　まず、事業改革には、4つの段階がある。

（1）このままの成り行きで進んでいった場合

　いまの経営に何も手を加えないで、そのまま進んだ場合に、どのようになっていくか。競馬で騎手が馬に対して何らコントロールをしない場合への比喩を使って「馬なり」と言われることもある。いまの経営に何も手を加えない場合に、業界構造の変化、競争環境の変化、そして自社の状況の変化などによって、中長期的に、自社がどのような姿になっていくのかをシミュレーションする。

（2）既存事業で改善を行った場合

　既存事業の成長や稼ぐ力の向上のために、追加投資の実施、売上原価、販売費、一般管理費などにおけるコスト合理化の実施、マーケティングや営業の見直しの実施などを行った場合に、どのようになるか。これらは、通常は、事業部門ベースでの遠心力を利かせた事業戦略としての現場主導での改善になることが多い。この場合に、販売数量の増加、販売単価の上昇、購買・調達コスト、製造コスト、仕入れコスト、輸送・配送コスト、販売コスト、一般管理コストなどの合理化によって、中長期的に、どのような姿になっていくのかをシミュレーションする。

（3）既存事業で構造改革を行った場合

　不振事業への抜本的なテコ入れ、あるいは不振事業からの撤退や売却を行った場合に、どのようになっていくのか。これらは、通常は、経営企画部門ベースで求心力を利かせた全社戦略として、大掛かりな取り組みになることが多い。特に、事業売却を行うような場合には、業界構造の変化や競争環境の変化のシナリオを見越して、その事業のピークを過ぎて手遅れになる前に、ベスト・オ

ーナーとなる買い手に、適正な価格で売却していくことが望ましい。いずれにしても、これらの根本的な構造改革を行うことによって、中長期的に、どのような姿になっていくのかをシミュレーションする。

（4）新規事業を育成した場合

　事業ポートフォリオに新たな事業を取り入れていった場合に、どのようになっていくのか。新規事業は、グローバルなメガトレンドを自社の強みを活かして捉えて構築していくことが、将来の持続的な成長のために大切なのであった。しかし、自社でゼロから構築していては、規模がなかなかスケール・アップして大きくならず、現在のコア事業に比肩する次世代のコア事業に成長していく姿を想像できない場合も多い。そのために、事業構築の手段としてM&Aを用いることもある。こうした事業ポートフォリオのアクティブなマネジメントを含めて、中長期的に、どのような姿になっていくのかをシミュレーションする。

財務改革の2施策

　財務改革には、2つの取り組みがある。

◉──資本構成の見直し

　資本と負債の構成を、加重平均資本コスト（WACC）を低下させていくために、最適化していく。株主資本コストと負債コストを比較すると、現在の世界的な金融緩和の影響もあって、負債コストが低くなっている。そこで、負債を導入して、その節税効果までも含めて、WACCを低下させていく。

　これは、投資ファンドが企業を買収した際に、リキャピタリゼーション（recapitalization）としても取り組むものである。日本企業には、無借金企業が多いため、この資本構成の見直しによって負債を導入すると、WACCの低下によって企業価値が増加する。これは、金融工学（フィナンシャルエンジニアリング）の手法ともいわれる。

●──資金調達の最適化

　負債であれば銀行借入と社債発行による資金調達構成の見直し、資金調達年限の見直し、資金調達先の見直しなどがある。銀行借入と社債発行では、事務コストを含めて、資金調達コストに格差が生じる。また、事業からのキャッシュフローを見据えて、資金調達年限の長短を見直すことによって、資金調達コストを低下できることもある。

　昔ながらのメインバンク制度は姿を消しつつあるが、それでも、資金調達先の見直しによって、資金調達先だけでなく調達手段の選択肢が増えて、資金調達コストを低下できる余地もある。また、資本による資金調達でも、株式の形態、短期保有（buy low-sell high）型か長期保有（buy-and-hold）型かなどの投資家の選別によって、資金調達コストを低下させ得る余地がある。

　セルフ・デューデリジェンスを出発点に経営改革として事業改革の4つの段階と財務改革における2つの施策を両輪とする経営サイクルを回し続けることによって、企業価値を継続して創造していくことができるのである。

第14章　企業価値と戦略の効果的なコミュニケーション

　この章では、企業の経営者による、投資家、顧客、社会といったステークホルダーとの効果的なコミュニケーションについて検討する。成長や稼ぐ力という視点や企業経営におけるお金の流れという視点で行っている経営の舵取りについて、経営者はステークホルダーと積極的にコミュニケーションして、効果的な対話を行っていくことが大切である。日本企業からの好例も紹介する。

「知りたいこと」と「言いたいこと」

　事業改革と財務改革からなる経営改革を行うことによって、戦略という「原因」から企業価値という「結果」までの流れを不断に見直している場合でも、社内外にその取り組みを理解してもらうことが必要である。その対象は、社員であり、投資家であり、社会一般である。

　こうした理解を得るためには、一方的に語っていても効果は小さい。社員、投資家、社会一般といった、相手方となるステークホルダーの「知りたいこと」と経営者の「言いたいこと」の間で、対話として成り立つコミュニケーションが必要である。

　社員であれば自社が進んでいく道筋、投資家であれば今後の戦略や投資対効果、社会一般であれば環境問題や社会課題への対応といった、それぞれのステークホルダーが大事にするステーク（利害）を考え、それを議論していかなければならない。このように重点となるポイントやその強弱を柔軟に仕立てて、大局的な見地から語っていくのである。

　そのうえで、ステークホルダーとのコミュニケーションも、「仮説の提示とその仮説の検証の場」として活用する心構えが大切である。ステークホルダー

図表14-1 | 外国人持株比率

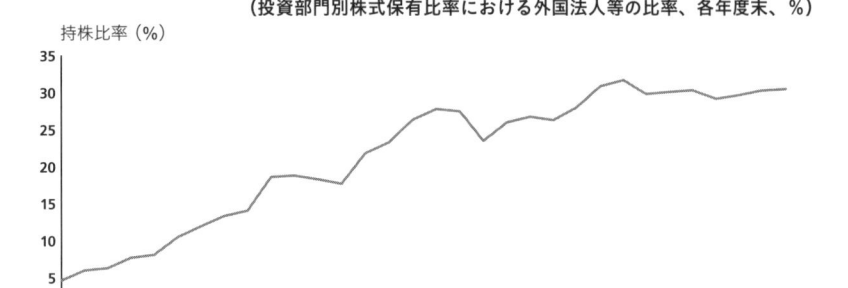

（投資部門別株式保有比率における外国法人等の比率、各年度末、％）

出所：日本取引所グループ「株式分布状況調査」から筆者作成

は、経営者が経営を考える際のパートナーであり、彼らの「頭を借りる」とい
う発想で対話に臨むべきである。

　彼らが持っている、社会、経済、産業、そして企業経営についての知見やノ
ウハウを上手に引き出して活用するのである。こうすれば、自社の成長と稼ぐ
力を軸とする戦略の検証ができ、誰よりも早く上手くアップデートができるよ
うになる。

　ステークホルダーからは耳が痛いことを言われるかもしれないが、それは経
営者がみずからは気づいていなかった意見であったり、意外な角度からの意見
であったり、あるいはこれまでにない深みのある意見であった、ということも
多い。まさに、「良薬口に苦し」と考え、みずからの思考の糧にしていくほう
がよい。

　日本企業においては、外国人投資家が増えてきている（**図表14-1**「外国人
持株比率」、**図表14-2**「東京証券取引所の投資部門別売買代金（兆円、％）」
を参照）。そこでは、日本人の間における昔ながらの阿吽の呼吸や行間を読む
コミュニケーションでは、意図が伝わらないばかりか、誤解される恐れさえあ
る。さらには、こうしたコミュニケーションは一方通行の会話にしかならず、

図表14-2 ｜ 東京証券取引所の投資部門別売買代金（兆円、％）

	自己計	法人	個人	証券会社	海外投資家	100%=
2009 Q1						152
Q2						189
Q3						183
Q4						155
10 Q1						174
Q2						188
Q3						148
Q4						167
11 Q1						221
Q2						163
Q3						164
Q4						128
12 Q1						167
Q2						148
Q3						130
Q4						164
13 Q1						279
Q2						432
Q3						286
Q4						322
14 Q1						311
Q2						273
Q3						275
Q4						365
15 Q1						333
Q2						369
Q3						409
Q4						329
16 Q1						373
Q2						318
Q3						304
Q4						346
17 Q1						328
Q2						357
Q3						343
Q4						416
18 Q1						419
Q2						376
Q3						356
Q4						400
19 Q1						322
Q2						306
Q3						293
Q4						319
2020 Q1						361
Q2						354
Q3						343
Q4						361
21 Q1						435
Q2						367
Q3						385
Q4						416
22 Q1						440
Q2						436
Q3						398
Q4						448 兆円

出所：日本取引所グループ「投資部門別売買状況」から筆者作成

双方向の対話にはなり得ない。

　もちろん、統合報告書などを見ていると、社内外のコミュニケーションが効果的に進んでいると見受けられる企業もある。

　これらの企業の統合報告書あるいは中期経営計画資料は、まず、企業価値の創造が成長と投下資本利益率（ROIC）によって表される稼ぐ力に牽引されることを視座として据えている。そのうえで、企業としてのミッション、ビジョン、バリューが、戦略の上位概念として、丁寧にまとめられている。

　その後、全社戦略として、事業ポートフォリオや経営資源配分の優先順位が示される。それから、事業それぞれについての事業戦略と業績目標が示される。そして、骨太で適切な具体性を持った戦略施策についてのアクションやアクションプランが示される。最後に、それらの結果としての企業価値の創造を語っている。

コミュニケーションにおける留意点

●──パフォーマンス・ダイアローグを行う

　経営において、「会話」と「対話」が異なるという点を十分に理解しておく必要がある。会話は、意見や感想を一方的に述べればよしとされるのに対して、対話は、相手方と意味ある意見のキャッチボールをしながら、理解を深め合って共通理解や合意形成へと進んでいくものである。

　日本企業の経営者は、まるでふだんの会話の延長のように、経営を語ろうとすることが多い。「今日はよいお天気ですね」といった発言に対して、「いやあ、少し暑いですね」と応えるような会話では、価値などについて何らの共通理解や合意が形成されることはない。これは、投資家とのコミュニケーションだけでなく、社内でのコミュニケーションにおいても同様である。

　企業経営における対話とは、仮説を持って、それを相手方に投げかけて検証し、そのアップデートを図っていくプロセスといえる。相手方と意見を取り交わすことを通じて、自社の戦略という仮説をアップデートしたり、相手方の欲

している利害についての仮説をアップデートして効果的に説得したり、という
プロセスである。

　企業の経営者にとっても、このような仮説とその検証によるアップデートの
プロセスとして対話を行えるようになれば、対話そのものが面白くなっていく。

　この対話について、最初に練習できるのは、社内においてである。企業の経
営者が事業部門のトップなどと対話をする際は、業績の結果だけを達成か未達
かと詰問するのではもったいない。戦略から業績までの因果関係の流れを理解
するように、正しい質問を投げかけて対話をしてみるとよい。

　そして、事業戦略のうち何が予定どおりに進み、何が進まなかったのかを理
解する。そのうえで、その理由として、業界構造や競争環境に何か変化が進ん
でいるのではないか、あるいは何か変化が起こる前兆があるのではないか、な
どと考えを巡らしてみるのである。

　こうすることによって、自社だけが持ち得る経営へのインサイトとしての洞
察まで得られる。戦略の仮説の構築とその継続的なアップデートが、競合企業
に先駆けて行えるのである。この取り組みは、グローバル企業では「パフォー
マンス・ダイアローグ（performance dialogue）」、すなわち「業績をめぐる対
話」と呼ばれている（**図表14-3**「パフォーマンス・ダイアローグ」を参照）。

◉──ストーリーを語る

　これからの時代は、社会情勢、経済動向、業界構造、競争環境、企業の状況
が、これまでになく目まぐるしく、速く、大きく変化していく。その要因を挙
げてみると、次のとおり枚挙にいとまがない。

- 国家間での地政学的な緊張関係
- 宗教による価値観の対立
- 大胆な金融緩和などの経済政策・金融政策
- グローバル化、脱炭素化、サステナビリティという経営前提の転換

● デジタルやアナリティクスをはじめとする技術の進歩　……

この環境の中で、企業の経営者は経営の羅針盤となるミッション、ビジョン、バリューを戦略の上位概念として示し、全社戦略や事業戦略や機能戦略を作成し、それを徹底して実行していくことによって十分なキャッシュフローを生み出し、企業価値を創造していく。これを総合的にストーリーとして語るからこそ、投資家は安心して投資を決断でき、その企業を支援し続けられるのである。また、社員も安心して就業でき、社会も頼り甲斐を感じてくれるのである。

このミッションやビジョンから始めて、成長と稼ぐ力を軸とする戦略を示し、事業が生み出すキャッシュフローを経て、企業価値の創造までをストーリーとして語っていくことによる対話が、日本企業の経営者は得意ではない。そして、つい事業の枝葉末節ともいえる細部の話に終始してしまい、足許の短期的な取り組みの話を散漫に語るだけで終わってしまうことさえある。その結果、たとえば投資家からは、「それで、一体どうしたいのか？」という疑問を投げかけられて終わる。

日本企業の経営者からは、「私は嘘をつけない性分なんだよ」「将来なんて、どうなるかわからないじゃないか。いい加減なことは言えないよ」といった反論もある。もちろん、嘘をついてはいけないけれども、いい意味での大風呂敷を広げホラを吹くくらいの感覚でちょうどよいのではなかろうか。そして、その経営者が語る夢のあるストーリーを投資家や社会一般に納得してもらう、まさに投資家や社会一般からお墨付きを得ていくのである。

● ── **将来のストーリーに想像を巡らす**

企業価値創造型経営において、将来の世界についてストーリーを持って考えていくことは非常に面白く、また戦略を検討するうえで有用である。

たとえば、いまは第4次産業革命の真っ只中と言われているが、それでは第5次産業革命があるとすれば、どのような変化が起こるのだろうか。そして、

図表14-3｜パフォーマンス・ダイアローグ

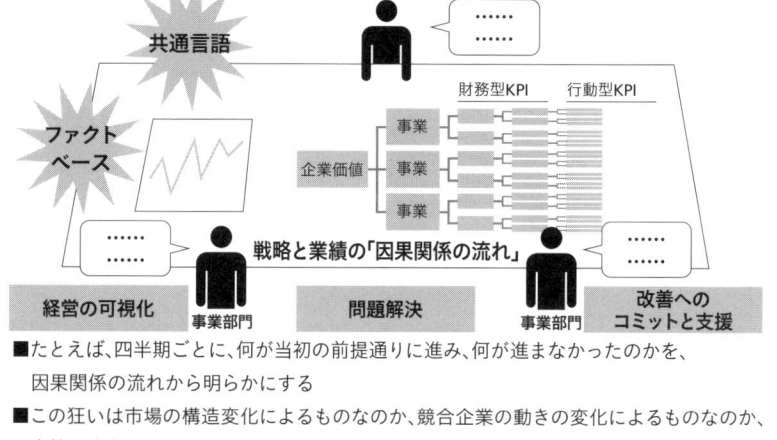

■ たとえば、四半期ごとに、何が当初の前提通りに進み、何が進まなかったのかを、因果関係の流れから明らかにする

■ この狂いは市場の構造変化によるものなのか、競合企業の動きの変化によるものなのか、自社の変化によるものなのか等の洞察を深める

■ この洞察を経営インサイトまで昇華させ、競合企業に先駆けた動きを可能にする

その第5次産業革命の中では、どのような戦略によって経営を行っていくべきであろうか。このような問いに、答えていけるようになる。

これまでの歴史から振り返ってみよう（**図表14-4**「農業革命・産業革命・○○革命？」を参照）。

まず、農業革命によって食料を得て、人間は生存を確保できた。次に、第1次産業革命によって蒸気機関による動力を得て、そして第2次産業革命によって石油や電力というエネルギーからの内燃機関による動力を得て、人間は力仕事という苦役から解放された。

さらに、第3次産業革命によってコンピュータを得て、人間は知能を高めることができ、生産性を高めることができた。最近では、第4次産業革命によってデジタルとアナリティクスを得て、人間は人知を超える水準まで知能を高められ、生産性をさらに高めることができるようになった。こうして、人間の欲

望というものを一貫したドライバーとして、生存の確保、苦役からの解放、知能の向上が図られてきたわけである。

　そうすると、次には、そうした人間の欲望として、「時間」「場所」「人間という個体」を飛び越えるといった分野に興味と関心が湧いてくる。

　時間を飛び越えると言ってもタイムマシンはないので、将来にわたって飛び越えるということで、再生医療などが進展するのかもしれない。場所を飛び越えると言ってもドラえもんの「どこでもドア」はないので、AR（拡張現実）やVR（仮想現実）やMR（混合現実）などが飛躍的に発展するかもしれない。人間という個体を飛び越えるというのは、生まれた瞬間から生体チップなどで社会や都市とつながっていくことかもしれないし、メタバースのような世界がひろがっていくことかもしれない。

　そして、このような将来の広がりの中で、企業は、事業機会を創出・獲得するチャンスを得る。だからこそ、そういった頭の体操をしつつ、情報を得て、未来予想図を描くことも重要なのである。

　こうして、過去・現在・未来という時間軸において、総合的にストーリーとして語っていくことは、単純に面白いだけでなく、これが成長や稼ぐ力を軸とする戦略からの企業価値創造型経営における、企業の戦略的な次の一手を考えることにもなっていく。

◉──頭の中にスプレッドシートを持っておく

　経営における対話は、ストーリーをベースにした仮説の構築と検証のプロセス（詳しく言えば、「仮説の構築と第三者への提示」と「第三者からの意見やフィードバックを踏まえた当該仮説の検証」のプロセス）である。このプロセスを効果的に回していくためには、頭の中にスプレッドシートを持っておくことが大切になる。すなわち、成長と稼ぐ力を軸とする戦略をインプットして、それが戦略施策につながり、各事業からのキャッシュフローの大きさ、さらには企業価値へとつながっていく計算が、直感的かつ簡易にできてしまうスプレ

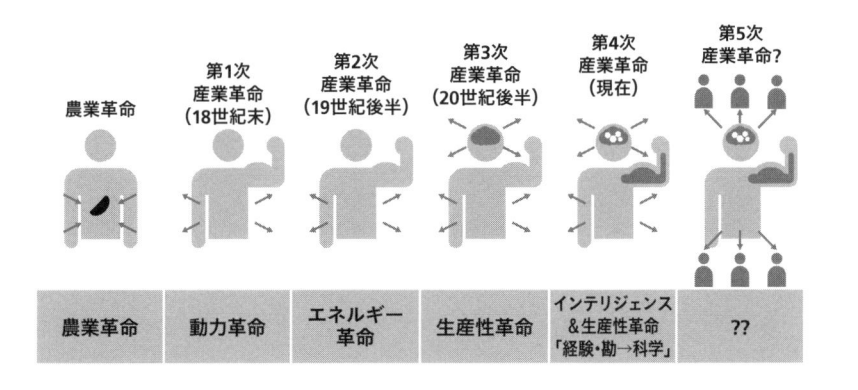

図表14-4 ｜ 農業革命・産業革命・○○革命？

| 農業革命 | 動力革命 | エネルギー革命 | 生産性革命 | インテリジェンス&生産性革命「経験・勘→科学」 | ?? |

ッドシートの構造を、経営者は頭の中に持っておく必要がある。

　スプレッドシートの縦方向には戦略や戦略施策が「行」として並び、スプレッドシートの横方向には時間が「列」として流れていき、スプレッドシートのセルにはキャッシュフローが示されるというイメージである。このスプレッドシートとしては、第11章の**図表11-15**「アサヒグループホールディングスの簡易的な企業価値評価【例示】」をイメージすると理解しやすい。

　投資家などとの対話の中では、相手方との議論を通じて、この縦方向の各行にある戦略やその実行のための戦略施策の内容をアップデートしたり、あるいはキャッシュフローの大きさをアップデートしていく。こうしたシミュレーションを頭の中でできてこそ、相手方との臨機応変かつ機敏なやり取りが可能となり、効果的な対話ができるようになる。

　逆に、こうした直感的かつ簡易なスプレッドシートを頭に入れていないと、相手方から何か予想外のことを問われた場合に、咄嗟のシミュレーションができないままとなって、何ら回答できないことになる。途端に黙り込むか、凍り付いてしまうということになり、そこで対話が終わってしまいかねない。

Column　3つの自分を持っておく

　経営における対話では、「3つの自分」を持つ、という頭の使い方も大切になる。「①いつもの自分自身」に加えて、

- 議論をしながら、その議論の内容で本当によいのかと冷静に客観的に突っ込んでくれるもう一人の自分（②突っ込みを入れる自分）
- そうした議論の状況を鳥の目をもって俯瞰しながら、いま本当にそのトピックを議論していてよいのかと確認してくれる自分（③俯瞰する自分）

を持ち合わせておきたい。こうして、仮想的に自分自身から独立した2人の自分を追加的に持って、自分自身の内部でこれら3人による議論を高速回転させながら、相手方との対話を首尾よく進めていくことが大切である。

Column　人格を攻撃されていると誤解しない

　経営者の中には、経営における対話で相手方から意見をされると、自分自身の「人格」を攻撃されるか非難されるかでもしたように捉える人がいる。時には怒りだし、時には悲しみ、時には自信を失って、そうした議論を避けてしまう傾向がある。

　対話での議論は、もちろん真剣を極めるが、それはあくまでも戦略や業績、それに関する意見に対してであり、人格に対するものではない。それ

でも、日本人は、小学校からの教育によって、教科書を暗記して試験で正確に再現し、正解が一つしかない条件下で採点されることに慣れてしまっているので、他人から意見されると、不正解と決めつけられたと思い込んでしまう。そして人格が否定されたか、あるいは恥をかかされたと感じて、議論が止まってしまうのである。

Case
Study

コニカミノルタの統合報告書

　戦略という行為から、企業価値という結果まで、因果関係の流れを含めて語る際には、もちろん、投資家への目線だけでなく、社員への目線、そして社会に対する目線も意識されている。たとえば社員に対しては、企業として健康体であることを語り、社会一般に対しては、環境問題や社会課題への進取の取り組みにも触れている。

　一例として、コニカミノルタの統合報告書における価値創造ストーリーを挙げておこう。

　コニカミノルタはミッションとして、「人間中心の生きがいの追求」と「持続的な社会の実現」を挙げている。またビジョンとして、「お客さまの『みたい』を実現することで、グローバル社会から支持され、必要とされる企業」を目指すことや、「人と社会の持続的な成長に貢献する、足腰のしっかりした、進化し続けるイノベーション企業」であることを定めている。そして価値創造ストーリーとして、「顧客接点」「技術」「人財」といった無形資産を活かして、独自の「画像IoTプラットフォーム」をベースとしたデジタルトランスフォーメーション（DX）を推進するという。

　将来的な社会課題の解決に貢献しながら、さまざまな業種・業態のビジネスの現場で働く「プロフェッショナル」が直面する課題を解決し、潜在

的な能力や創造性を発揮できるようサポートすることで、各事業の競争力
強化を図っていくことを語っている。そして、事業からのキャッシュフロ
ーの創出力を高め、無形資産と事業の強化に再投資することによって、持
続的な企業価値の創造を実現していくと明示している。

［補論］ 企業価値創造型経営の実現に 向けて乗り越えるべき3つの課題

　従来の日本企業では、損益計算書（PL）上の営業利益や当期利益といった期間損益や、自己資本利益率（ROE: Return on Equity）などの単年度の業績ばかりに関心が偏ってきた。その背景にある問題は、「日本の経営環境の変遷からくる課題」「企業の組織が内包する課題」「ビジネスパーソン個人における課題」の3つに整理できる。

　本書でも指摘してきたように、いまだに多くの日本企業や経営者は短期的な損益などの経営指標の上がり下がりや株価の動向に一喜一憂し、長期的な企業価値創造に向かうことができていない。あるいは、頭では成長や稼ぐ力の重要性が理解できていても、行動に移せていない。それはなぜか。日本独特の経営環境に起因する課題、日本企業が抱えがちな課題、また日本人ビジネスパーソンに多く見られる課題という3つに分類して、この補論で解説しておきたい。

1. 日本の経営環境の変遷からくる課題

◉──「売りさえすればよい」という時代が長く続いてきた

　従来、PL上の短期的な利益ばかりに日本の経営者がとらわれがちだった理由の第一に、右肩上がりの時代が続いてきたことがある。

　第二次世界大戦後の高度経済成長期から1980年代終盤まで、日本では人口増加によって国内の需要が伸び続けてきた。いわば製品やサービスを市場に投入しさえすれば売上が増加する時代が続いてきたのである（**図表15-1**「日本の人口およびGDPの推移（1946〜2021年）」を参照）。

　この時代を象徴する考え方の一つが、松下幸之助による「水道哲学」であろう。水道の蛇口をひねると出てくる水のように、良質なものを低価格で大量に供給することによって、製品が多くの消費者の手に容易に行きわたるようにし

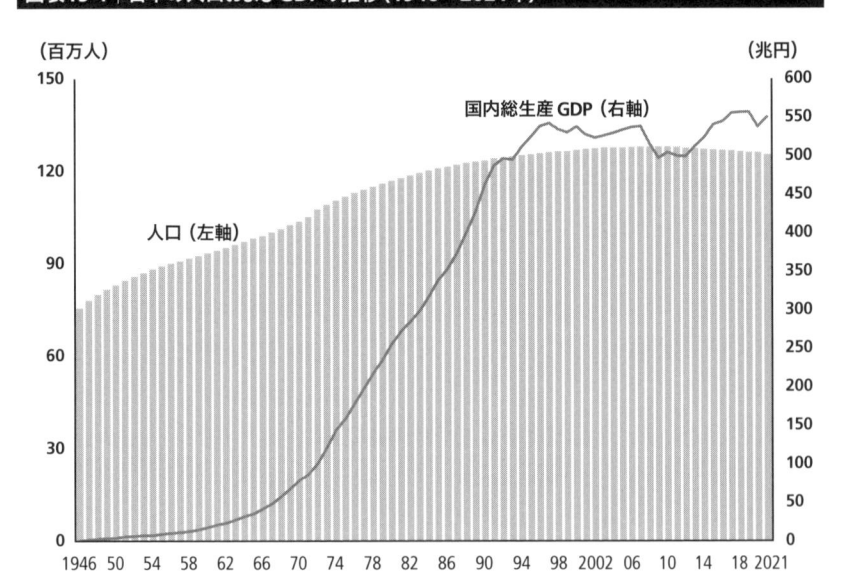

図表15-1 ｜ 日本の人口およびGDPの推移（1946〜2021年）

出所：内閣府、『近現代日本経済史要覧（2014年）』から筆者作成

ようという考え方である。良質・大量生産・低価格によって、人口増加による国内市場の成長を捉えていこうとしていたのである。そして、国内市場が大きく成長していく中にあっては、どれだけ売れたか、すなわち、売上高が最も重視された。

　その後、バブル経済が崩壊した1990年代中盤からは、さすがに売上高ではなく損益が注目されるようになった。そして、銀行による間接金融が中心であった時代において企業が銀行への利息支払後も利益を確保できているか否かを見るための指標として重視されてきた経常損益に代わって、事業の結果である営業損益が重視されるようになってきた。

　まさに「失われた30年」といわれる事業環境の中で、毎年の経営がいかにうまくいっているのかを示すもの、いわば経営の舵取りの上手さを表すものと

図表15-2 │ 日本企業（金融・保険を除く）の売上高および営業利益率の推移

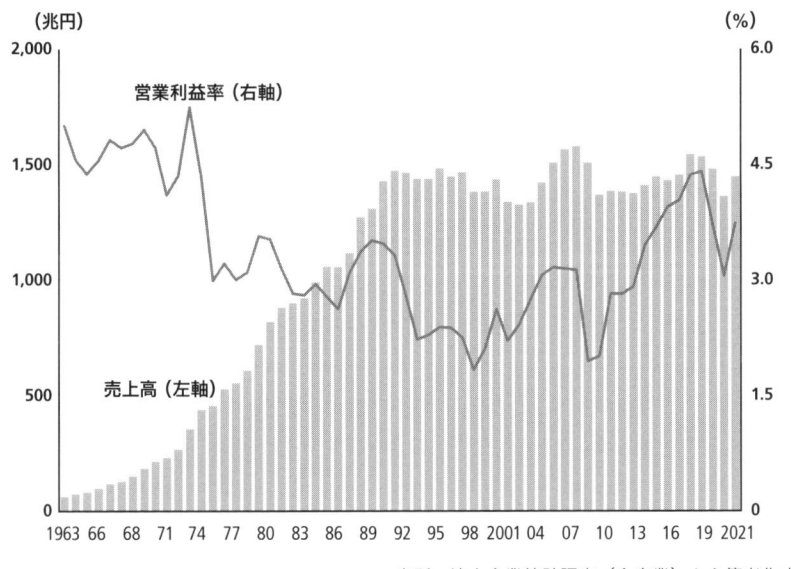

出所：法人企業統計調査（全産業）から筆者作成

して、営業損益という期間損益の金額や率が強調されてきた（**図表15-2**「日本企業（金融・保険を除く）の売上高および営業利益率の推移」を参照）。

　このように、第二次世界大戦後において、国内市場が人口増加によって大きく成長する中にあって、売上高を語ればよい時代が長らく続いた。そして、バブル経済が崩壊した後、経営の安泰を営業利益という期間損益によって語る時代に突入した。そのため、いまでも、日本企業の経営者はPLによって報告される期間損益という毎年度の業績を何よりも重視するようになってしまった。

　今後は、このPL型思考から、本書でも説明してきたPL&BS一体型思考に転換し、経営をお金の流れによって語っていくべきである。そして、投資家から調達した資金を元手とする事業がどれだけの収益を上げているかという本質的な稼ぐ力を表すROICに加え、企業価値を牽引する源泉である成長と稼ぐ力に

よるマトリックスでの事業ポートフォリオのマッピングによって経営を捉えるべきである。

●──国内の競合企業とのみ比較していればよかった

次に、グローバルに目が向かなかったことがある。

日本企業の経営では長らく、国内市場における競合企業との比較が最も重視されてきた。高度経済成長期において国内市場が成長している時代にあっても、そしてバブル経済が崩壊した後のいわゆる「失われた30年」のうちに世界的に競争が熾烈化してきた時代にあっても、同様であった。

日本には、各業界における競合企業数が多いという特徴がある。たとえば、化学会社は、2021年度の法人企業統計調査で「母集団」として推定されている企業のうち資本金が10億円以上の企業だけで331社もある。

伝統的に、国内市場における競合企業との比較が何よりも重視される中で、期間損益は、誰の目にも見える理解しやすい指標として重宝されてきた。そして、期間損益は、新聞や雑誌の記事においても、同業種における複数の日本企業を比較する際に、まるで経営者の成績表のように扱われてきた。こうして、国内市場における競合企業との比較が重視されてきた。

ますます経済のグローバル化が進み、日本企業だけではなく世界各国の企業とも熾烈な競争が繰り広げられている中では、日本企業が比較すべき対象は国内市場における競合企業だけではない。グローバル市場における競合企業まで含むべきである。

そして、ベンチマークの結果として改善すべきところが見つかれば、日本市場の特殊性を持ち出して言い逃れるのではなく、まずは「改善できる」と決めてから「どうやって改善していこうか」と考えるくらいの前向きな気持ちで取り組むべきである。こうして、グローバル市場における競合企業と伍していき、それを超えていかねばならない。

2. 企業の組織が内包する課題

◉──事業部門による組織縦割り経営になっている

　続いて、日本企業が持つ組織の特徴からくる問題を整理しよう。

　まず、日本企業は複数の事業を行っていることが多い。いわゆる祖業から始まって、そこで培われた技術力を展開していくことで、隣接する事業を中心に次々と進出しながら、事業分野を拡大してきたのが一般的であろう。そして、これは前述したが、各事業部門があたかも社内における自治権を持っているかのような組織縦割り経営になってしまっている。

　この事業部門による組織縦割り経営では、事業戦略や毎年度の予算などは事業部門単位で作成され、それが各事業部門によって運用されていく。また、人事でも、入社時に配属された事業部門の背番号を背負って、その事業部門内で本社と日本国内の拠点の間、あるいは日本国内と海外の拠点の間を異動していくようなことになっている。

　また、事業部門による組織縦割り経営の中では、いわゆる本社の経営企画部門も、事業部門からの社内出向というかたちになっている場合がある。そのため、本来は全社の目線で考えていくべき経営企画部門の人材も、いわば事業部門からの代表になってしまいがちである。

　企業経営には、「全社経営」と「事業運営」と「人材」という3つのサイクルがある。日本企業は、大企業になるほど事業部門による組織縦割り経営のため、この全社経営のサイクルが希薄になってしまっていて、うまく回っていないことが多い。また、そうした中で、企業として、どのような人材をどれだけ採用・育成・登用していくかという人材のサイクルも忘れられていることが多い（**図表15-3**「企業経営の3つのサイクル」を参照）。

　日本企業は、どうしても事業運営のサイクルに目を向けてしまうので、全社経営のサイクルが存在しないか、あるいは存在したとしても、それを回しきれていないのである。また、人材のサイクルも存在しないか、存在しても事業部

図表15-3│企業経営の3つのサイクル

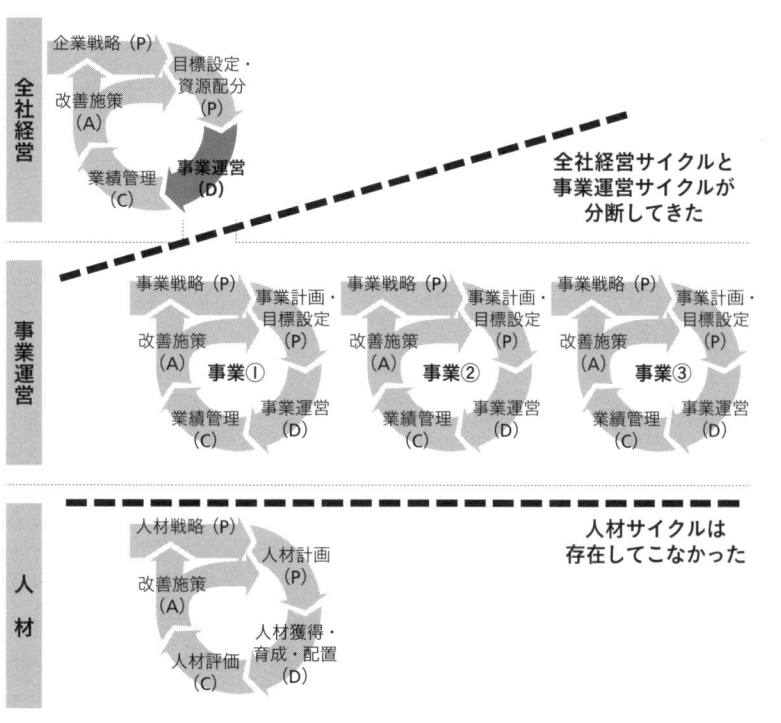

門や事業部の中だけのものになってしまい、全社戦略と紐づけたかたちで企業として将来にわたって必要な人材の質と量を念頭にすることがないのである。

　こうして、日本企業の多くが、事業部門からの積み上げによる「ボトムアップ型経営」になってしまい、企業としての目指す姿から各事業部門のやるべきことを導く「トップダウン型経営」になりきらない。そのうえ、そうしたトップダウン型経営のための全社ベースの視点を持つ経営者も育たなくなってしまっている（**図表15-4**「ボトムアップ型経営とトップダウン型経営」を参照）。

　もちろん、トップダウン型経営は善、ボトムアップ型経営は悪、と決めつけ

図表15-4 | ボトムアップ型経営とトップダウン型経営

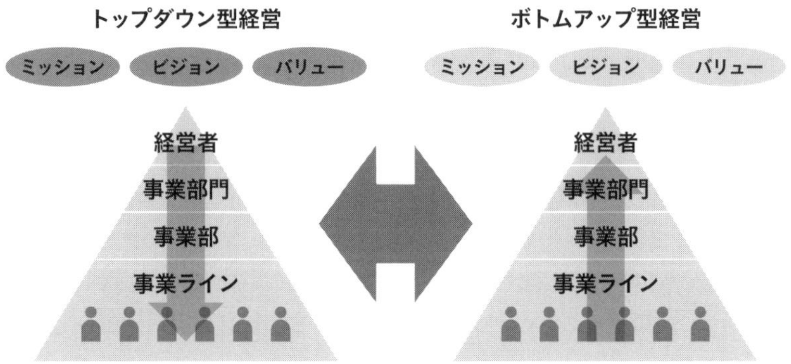

るものではない。両者が、求心力と遠心力として共振しながら経営が進むのが好ましい。また、前述したとおり、トップダウン型経営とボトムアップ型経営は、企業の成長のステージの変化などに合わせて、振り子のようにその重心を変えながら経営を進めていってもよいのである。

　この点、日本企業の経営は、ボトムアップ型経営ばかりで進められ、トップダウン型経営で進められることがほとんどないことが問題なのである。

　こうして、企業のミッション、ビジョン、バリューを踏まえつつ、企業ベースの全社戦略から、それぞれの事業戦略、事業からのキャッシュフローの創出、そして企業価値の創造に至るまでの経営をストーリーとして語ることができる人材が育たないままになっている。

◉──**社長就任がまるで「最後の昇進」になっている**

　日本企業が事業部門ベースの組織縦割り経営である結果として、社長への就任が、あたかも事業部門における実績の積み重ねによる最後の昇進のようになっている場合もある。

　それまで、自分が牽引してきた事業部門の事業に集中してきたので、それら

の事業については深く理解していても、その他の事業部門の内容や事業横断的な全社ベースの課題については、そこまで理解できていないということになってしまう。そして、キャリアのほとんどを同一の事業部門内の異動で過ごしてきたので、そうした気づきの機会もあまり持てないままになっている。

　さらには、事業部門ベースでの組織縦割り経営と相まって、たとえ社長に就任しても、出身母体以外の事業部門には遠慮もあってあまり口を挟まないというようなことが往々にしてある。

　最近では、経営の監督と業務執行を明確に分離し、監督機能の強化と経営の適法性を図る目的で2015年5月に導入された指名委員会等設置会社が徐々に増えている。指名委員会のメンバーは取締役会で3名以上選任され、過半数が社外取締役でなければならないことになっている。そして、指名委員会が、取締役会に提出する取締役の選任や解任に関する議案の内容を決定する。

　このため、社長の選任は、さまざまな要素や適性を総合的に判断するものになってきている。それでも、指名委員会等設置会社の数は、日本取締役協会の調査によれば、2022年12月現在、日本の株式上場企業3,869社のうち89社（2.3％）と少ないうえ、社長が指名委員会によって選任されたとしても、昔ながらと変わらない場合がないとは言いきれない。

　欧米などの企業においても、事業部門が事業運営のベースであることは同じである。ただ、将来の幹部候補生は若くして選抜され、事業・機能・地域をローテーションすることによって、全社を俯瞰する目を養うとともに、事業の経営力を鍛えていく。

　事業の経営力とは、事業戦略から始まり、最適な資源配分を行って、洗練されたオペレーションを実行し、高い業績を達成してキャッシュフローを創出していくことである。ただし、日本企業のように同一の事業部門においてその道で何十年というベテランではないから、事業について、端から端まで詳しく知っているわけではない。そのため、事業分野や機能分野における専門家と協働しながら、事業の経営を進めていくことになる。

　その際の「経営力」とは、経営全体を俯瞰する力、そしてそうした専門家に「正しい質問」を投げかけて、経営を導いていく力である。特に、専門家はその道のエキスパートであるので、彼らに対して重箱の隅をつつくような質問をするのではなく、本質的な質問を投げかけることによって、建設的に、ただし詰めるべきところは徹底して詰めながら、見誤ることなく、正しい針路へと進んでいく。

　たとえば、世界最大の化学会社であるドイツのBASFのCEOの経歴は、まさにそのようになっていて、事業・地域・機能の3つをバランスよくローテーションしている（**図表15-5**「BASFのCEO就任までにおけるローテーション」を参照）。

　こうして、全社ベースの俯瞰した視点を養いながら、特定の事業を超えた見識やスキルも習得して正しい質問力を磨きつつ、戦略という原因から企業価値という結果までを常に意識して、経営にあたっている。日本企業でも、これらの素養を持つ経営幹部の養成のために、事業・地域・機能でのバランスのよいローテーションによる人材育成を考えるべきであろう。

3. ビジネスパーソン個人における課題

◉──ファイナンスは「専門家」のツールと誤解している

　お金の流れによって企業経営の全体像を語るとき、ファイナンスの概念や理論が、共通言語となる、と述べた。その一方で、ビジネスパーソンにとって「戦略」は身近な存在であるのに、「ファイナンス」となるとあまり馴染みがなく、親近感も薄れてしまう。そして、ファイナンスは専門家が使うものであって、縁のない存在として遠ざけがちでさえある。

　ここでいう「専門家」としては、投資銀行や投資ファンドの人たちが、しばしば思い浮かべられる。そして、ファイナンスや企業価値は、株式や企業の売買による錬金術のための悪玉なのではないか、という誤解まで生じてしまっている。

図表15-5｜BASFのCEO就任までにおけるローテーション

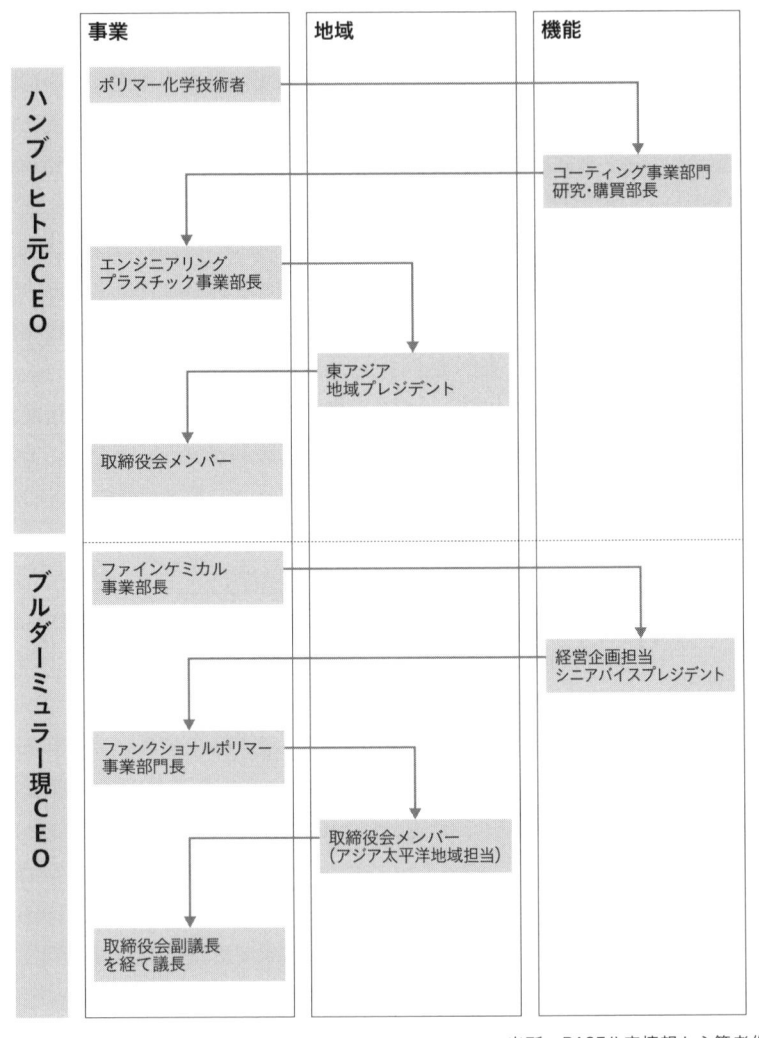

出所：BASF公表情報から筆者作成

　そもそも、投資銀行や投資ファンドの人たちは、なぜファイナンスの概念や理論を重宝して使っているのだろうか。それは、まさに、企業や事業について、お金の流れによって、戦略から企業価値の創造までを総合的に俯瞰して理解できるからである。

　経営者が戦略と業績目標を語るとき、気合と根性に走ってしまい、両者の因果関係がつながりきらない、ということがある。そこを、投資銀行や投資ファンドの人たちは、ファイナンスの概念や理論を共通言語として、原因である戦略から結果である企業価値までを、過去・現在・未来の時間軸において、一気につないで把握するのである。

　投資銀行や投資ファンドの人たちは、Microsoft Excel®などのスプレッドシートを頻繁に使い、いわゆる企業価値評価モデルを構築していく。これらの企業価値評価モデルは、もちろん巨大かつ複雑であるので、一般のビジネスパーソンからすればきわめて難解であり、人によっては目くらましにしか見えないかもしれない。

　実際には、原因である戦略をインプットとして、結果である企業価値をアウトプットとする、その因果関係の流れを表現している。そして、その因果関係の流れが明らかに構成されているスプレッドシートは、一見して美しくもあるのである（**図表15-6**「投資銀行や投資ファンドのスプレッドシート思考」を参照）。

　企業価値評価モデルのスプレッドシートでは、戦略について、市場規模、販売数量、販売単価、売上原価、販売費、一般管理費などの前提を変化させることによって、戦略という原因とキャッシュフローや企業価値という結果の変化のシミュレーションまでできる。さらに、投資銀行や投資ファンドの人たちはこのスプレッドシートの骨太なイメージを頭の中に持っているので、その前提を変化させながら「そうだとすると、こうなりますね」と臨機応変に議論を進めることができる。

　このように、ファイナンスの概念や理論は、戦略から企業価値までをつなげて語る共通言語として活用されている。このような共通言語を、ビジネスパー

図表15-6 ｜ 投資銀行や投資ファンドのスプレッドシート思考

行動型KPI（現場での戦略施策）　財務型KPI

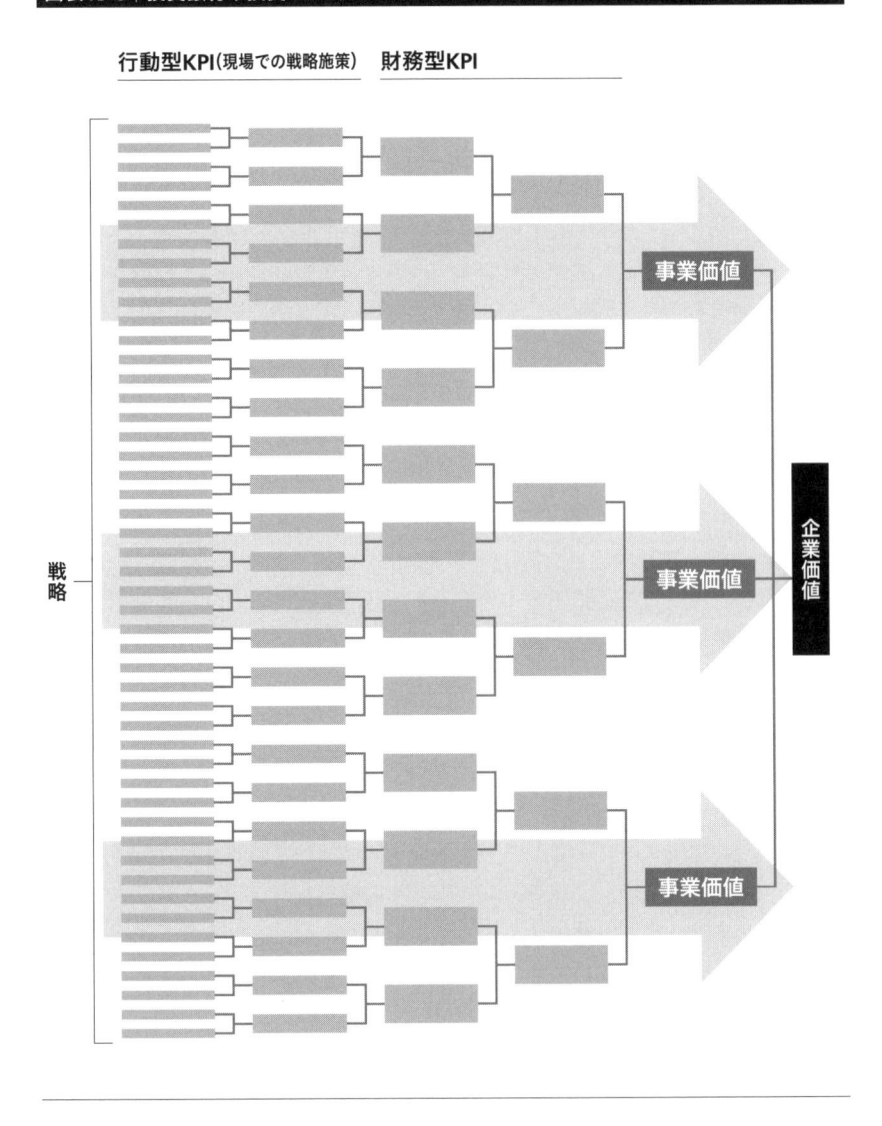

ソン、そして企業の経営者が活用しないままでいるのは、もったいない。

●──ファイナンスは「財務」のためのものと誤解している

　ファイナンスの概念や理論は、財務部門のためのものであって、自分にはあまり関係ない、と捉えられてしまっていることもある。

　これは、ファイナンスという英語が「財務」や「金融」として日本語に翻訳されてきたことによる影響もある。これは、まさに誤訳である。そして、企業には、経理部門と並んで財務部門があるため、ファイナンスが財務部門の行う資金調達と関連して位置づけられている。

　そもそも、ファイナンスは、資金調達のためだけのツールではない。企業においても、CFO（Chief Financial Officer）の役割には、資金調達（financing）と事業管理（controlling）がある。この事業管理において、CFOは「コントローラー」といわれる働きをする。それは、社内におけるお金の観点からの経営の高度化といえるものであり、経営資源配分の最適化や資金効率の向上などがある。

　たとえば、運転資金のマネジメント、すなわち売掛金・買掛金・在庫などの最適化による「キャッシュ・コンバージョン・サイクル（CCC）」の短縮などは、その典型例である。キャッシュ・コンバージョン・サイクル＝売掛金回転日数＋棚卸資産回転日数－買掛金回転日数として定義され、この日数が短いほど運転資金が少なくてすむ。日本企業は100日前後にさえなっていることがあるが、海外企業はキャッシュ・コンバージョン・サイクルの改善に取り組んでおり、2022年において、たとえば米国のゼネラル・エレクトリック（GE）では31.6日であった。また、キャッシュ・コンバージョン・サイクルがマイナスの企業さえあり、2022年において、Amazonは▲10.6日、Appleは▲74.1日という水準であって、競争力の源泉の一つになっている。

　このキャッシュ・コンバージョン・サイクルの短縮は、キャッシュフローの創出につながり、ビジネスパーソンが理解して実践していくべきものである。

図表15-7 | ファイナンスの分野

ファイナンス概論	資本市場論	証券投資論
コーポレート ファイナンス論	金融工学論	行動ファイナンス論

そして、これもファイナンスの概念や理論が基礎になっている。

　ファイナンスの分野には、一般的なビジネススクールの科目で見ても、キャッシュフローや現在価値などの基礎的な概念を扱う「ファイナンス概論」、株式市場、債券市場、投資家の行動などを扱う「資本市場論」、株式、債券、デリバティブ等への投資などを扱う「証券投資論」、企業の資金調達、事業投資、企業価値評価などを扱う「コーポレートファイナンス論」、投資家の行動の不合理性などを扱う「行動ファイナンス論」などがある（**図表15-7**「ファイナンスの分野」を参照）。

　このうち、コーポレートファイナンス論が、ビジネスパーソンや企業の経営者にとっては、最も使い勝手がよいものである。コーポレートファイナンス論も、企業金融論と翻訳されることがあり、金融と名がつくことから、自分には関係がないものとして遠ざけられがちであっただけである（ファイナンスが「金融」と翻訳されたことは、後世に禍根を残す罪深い誤訳であると思っています）。

　コーポレートファイナンス理論は、企業が投資家から資本を調達して、それを事業に投資し、そして事業を運営してキャッシュフローを生み出し、企業価値を創造していくメカニズムについての理論である。企業の経営者も、本書で

解説している内容くらいは身に付けておくべきといえる。

●───ファイナンスは「難解な理論」に終始するだけと誤解している

　ファイナンスや企業価値に関心を持った人の中には、それらが現実離れした難解な理論でしかなく日々の実務では使い物にならないと思い込んでしまったり、あるいはおびただしい数式の羅列に困惑してしまったりして、早々に退散したという人も少なくはない。

　たしかに、ファイナンスは経営科学の領域の一つであり、科学であるからには理論的な厳密さが要求される。本書で触れたように、現在価値の複利による計算から始まって、資本資産価格付けモデル（CAPM理論）、モジリアーニ・ミラー命題、ディスカウントキャッシュフロー法など、そのままではどれも難解でとっつきにくく、金融機関や企業の財務部門で働いていない限りは、そもそも実務で使うことなどなさそうだ、と思えてしまう。

　そして、これらの計算は、いわゆる卓上電卓ではできず、Microsoft Excel®などのスプレッドシートを使用することになる。そこでの計算には、いろいろなビルト・イン関数を使わなければならないし、セルの絶対参照や相対参照の使い分けなども必要となる。このようなスプレッドシート特有の難しさも加わって、さらに面食らってしまう。その結果、ファイナンスがますます嫌いになってしまうのである。

　数学の定理も、一見すると難解に見え、その導出を計算プロセスとしてだけ試みたり、その結果だけを覚えようとするのは、砂を噛むようで無味乾燥なものである。しかし、そうした数学の定理の根底にある、そもそものアイデアという本質を知れば、面白いように理解が一気に進むし、その定理を自在に使いこなせるようになる。ファイナンスも、まさに同様なのである。

　たとえば、アセットのリスクと期待リターンの関係を表す均衡モデルであるCAPM理論は、完全市場における合理的な期待をもつ経済主体について、効用関数を定めたうえで、その効用の最大化を、市場の均衡という観点を踏まえ

て導出するものである。そして、この導出プロセスは、微分やラグランジュの
未定乗数法（最大値や最小値を数理的に求める最適化という分野における代表
的な手法の一つ）による最適化などを使った、複雑で難解なものである。

　一方で、その根底にあるアイデアは、極めてシンプルである。たとえば、い
かなる個別企業の株式も、株式市場の総体であるマーケット・ポートフォリオ
と必ず比較できる。そこで、マーケット・ポートフォリオをいかなる個別株式
にも共通する比較の対象として、このマーケット・ポートフォリオを表すマー
ケット・インデックスの変動と個別株式の株価や株式時価総額の変動の関連性
の大きさによって、あらゆる個別株式のリスクを表すことができれば便利にな
る、というものである。

　このアイデアをベースの一つにして構築されたCAPM理論は、もちろんそ
の厳密な導出プロセスは複雑で難解である。しかし、その結論は、個別株式の
超過リターンを、マーケット・ポートフォリオを表すマーケット・インデック
スの超過リターンのベータ（β）倍というように単純に表せる。

　このように、ファイナンスの理論の根底にあるアイデアを理解すれば、それ
らの理論を直感的に理解でき、使い勝手がよいものとして、実務でも使いこな
していけるのである。

おわりに

　本書では、お金の流れによって企業経営の全体像を俯瞰して理解すること、そして成長と稼ぐ力を軸とする戦略によって事業から十分なキャッシュフローを生み出して企業価値を創造していくことについて、その考え方とプロセスを説明してきた。

事業家であり投資家でもある経営者

　日本企業では、大企業であるほど、事業部門による組織縦割り経営が強く、そして社長就任がまるで事業部門からの最後の昇進のようになっていることもあって、お金の流れで企業経営の全体像を捉えられないままになっている。また、日々の事業の運営には関心が高いものの、企業価値の創造にまではなかなか目が行き届いていない。

　本書で説明してきたPL&BS一体型思考によれば、企業は投下資本を使って事業を営み、その事業から利益を生んで、それがキャッシュフローとなって企業価値につながっていく。

　そこで、企業が年度単位で創造している企業価値の金額（税引前）を次のように定義して、東京証券取引所第一部に上場している1,969社（金融・不動産関連の企業は除く）について、コロナ禍前の2019年度で算出してみた（**図表16-1**「年間企業価値創造金額（東証一部上場企業、金融・不動産関連を除く1,969社）」を参照）。なお、加重平均資本コストは、一律に5.0%とおいた。

年間企業価値創造金額（税引前）
　＝営業利益－投下資本金額(純有利子負債金額＋株式時価総額)
　　　×加重平均資本コスト(WACC)
　＝投下資本金額×(税引前ROIC－WACC)

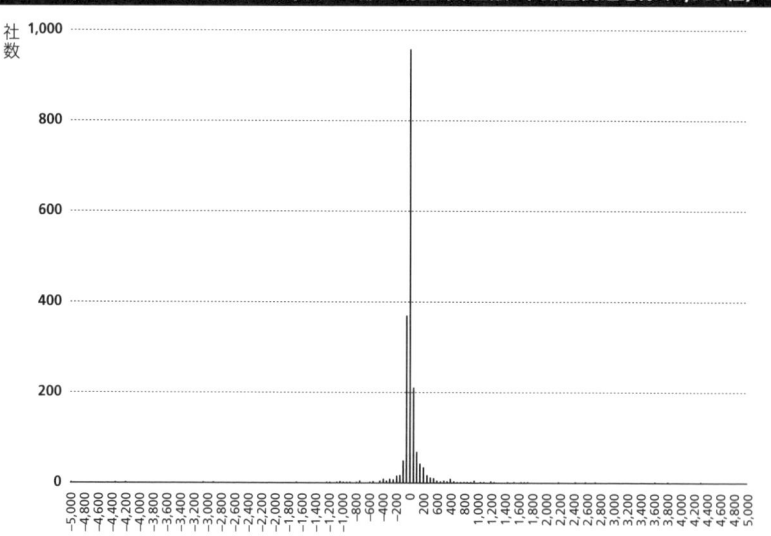

図表16-1｜年間企業価値創造金額（東証一部上場企業、金融・不動産関連を除く1,969社）

社数

年間企業価値創造金額(億円)

出所：有価証券報告書や株価データなどから筆者分析

　この結果、1,969社のうち、税引前で企業価値を創造している企業が1,434社（72.8％）、企業価値を毀損している企業が535社（27.2％）であり、年間企業価値創造金額（税引前）の平均値は49.1億円、中央値は11.6億円にとどまった。日本企業における企業価値の創造は、これまでのところ極めて厳しい状況にある。

　いまこそ、PL&BS一体型思考を持って、お金の流れによって経営の全体像を理解しながら、企業であっても本来の投資家から調達した資金を投資して事業を行っているのだという客観的で厳格で冷徹な視点を持つ「投資家としての経営者」によって、企業価値の創造を図っていかなければならない。ミッションやビジョンを大切にする経営、あるいはパーパスを大切にする経営にとって

も、企業が企業価値を生む経営を行っていることがベースになるのである。

　企業価値を創造するにあたっては、十分なキャッシュフローを生み出していくことがポイントである。そして、成長と稼ぐ力を軸とする戦略こそが、事業からのキャッシュフローを増大させ、企業価値を牽引する。

　日本企業において、日々の事業運営におけるオペレーションの磨き込みなどによって稼ぐ力を高めていくことは、もちろん重要である。そのうえで、事業環境の先行きがますます不透明になる中でも、成長を実現していくことこそが重要なのである。強烈な情熱を持って、稼ぐ力だけでなく成長も同時に追求していく「事業家としての経営者」となって、企業価値の創造を図っていかなければならないのである。

ネクスト・ノーマルの世界へ

　これまで、経済成長は加速度的に進んできた。世界のGDP金額の対数に直線近似がぴったりと当てはまるように、20世紀初めから現在に至るまでの経済成長は、まさに指数関数的に進んできたのである（**図表16-2**「20世紀以降の世界経済規模」を参照）。

　一方、今回のCOVID-19収束後には、特定の国・地域、特定の業種にとどまることなく、「ネクスト・ノーマル（Next Normal）」とも呼ばれる新たな世界が広がっていくであろう。そこでの経済成長のペースは、これまでと比較して鈍化するのか、あるいは加速するのか、いまだ明らかではない。

　ネクスト・ノーマルの世界は多くの不確実性に満ちている。それでも、地球環境問題をはじめとするサステナビリティを尊重すること、テクノロジーが急速に進展して社会システムや人々の暮らしが大きく変化していくこと、ダイバーシティやエクイティやインクルージョンがますます大切になること、その一方で、地政学的な要因が複雑化していくこと、そして実体経済を支えるためにマクロ経済政策や金融政策が変化を続けていくこと、などが予想される。企業の経営環境は、これまでになく速く大きく変化することは確実である。

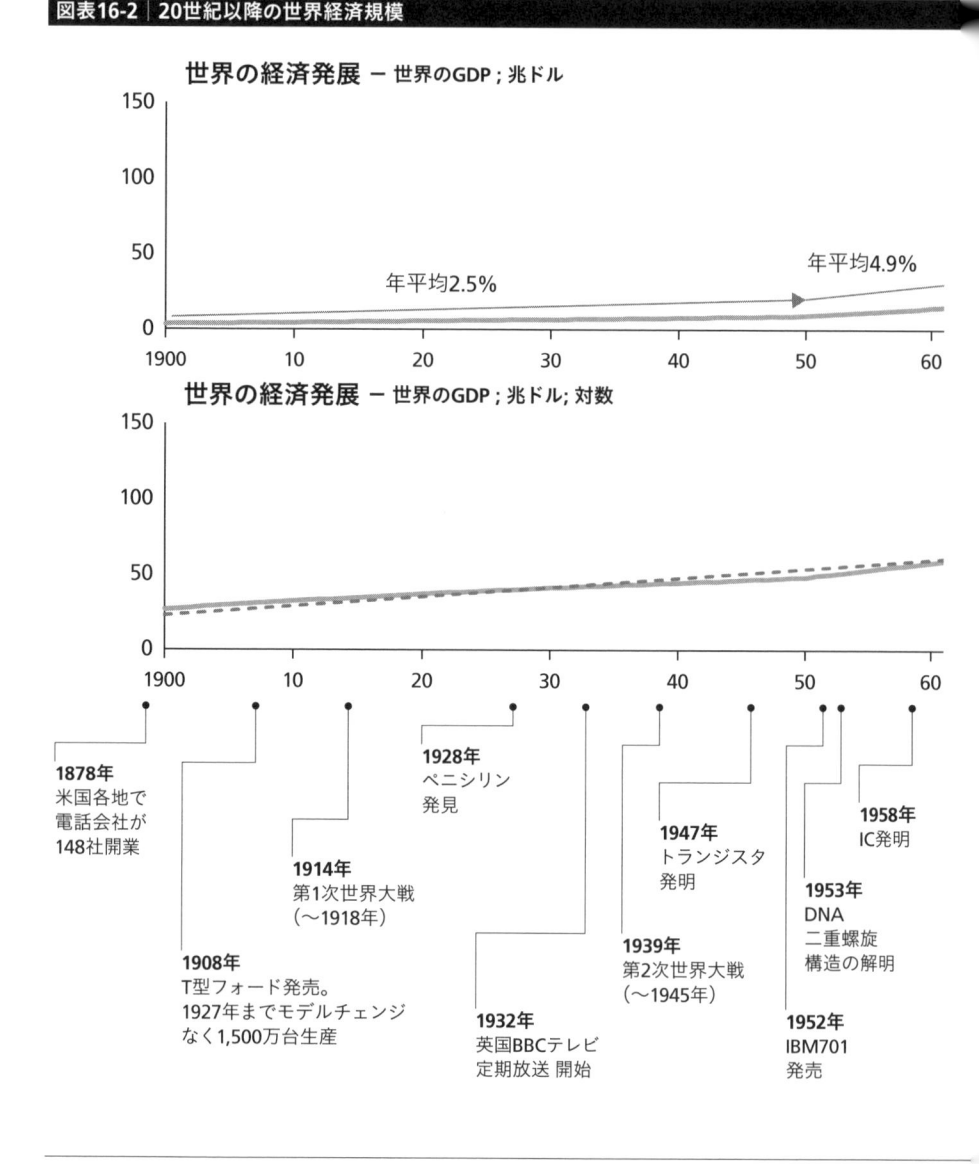

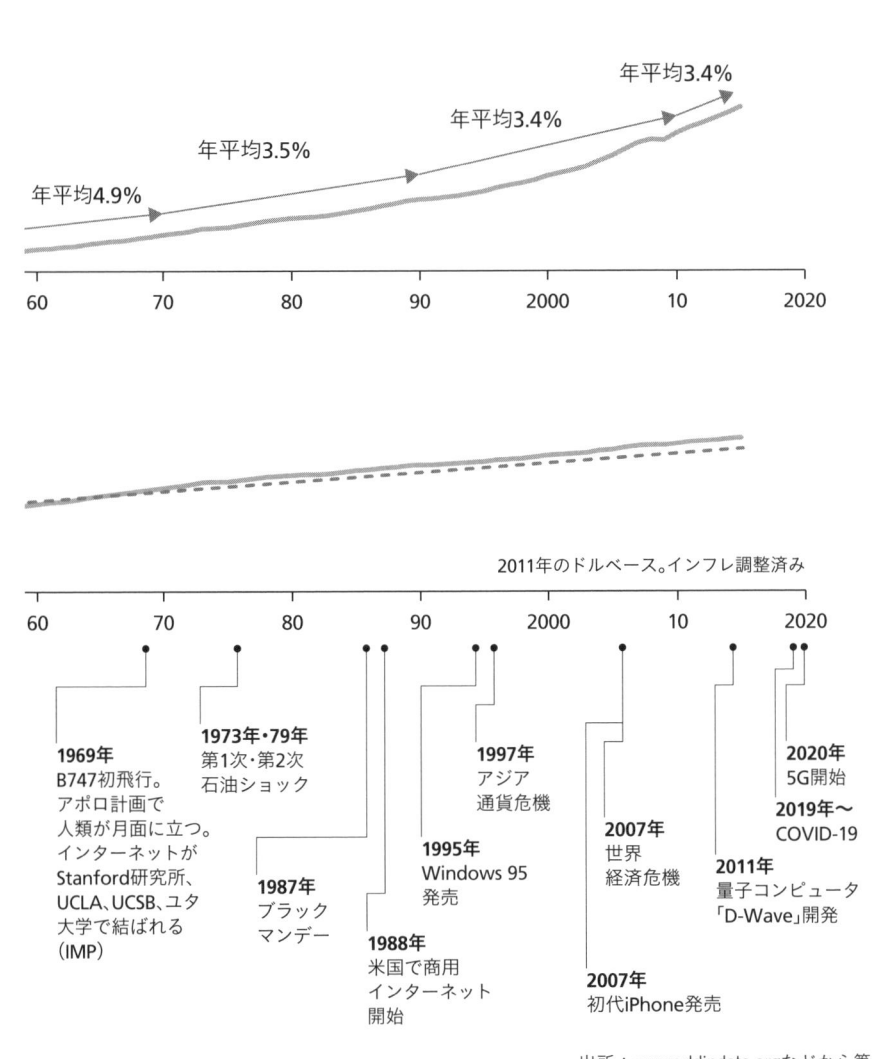

年平均4.9%

年平均3.5%

年平均3.4%

年平均3.4%

60　　70　　80　　90　　2000　　10　　2020

2011年のドルベース。インフレ調整済み

60　　70　　80　　90　　2000　　10　　2020

1969年
B747初飛行。
アポロ計画で
人類が月面に立つ。
インターネットが
Stanford研究所、
UCLA、UCSB、ユタ
大学で結ばれる
（IMP）

1973年・79年
第1次・第2次
石油ショック

1987年
ブラック
マンデー

1988年
米国で商用
インターネット
開始

1995年
Windows 95
発売

1997年
アジア
通貨危機

2007年
世界
経済危機

2007年
初代iPhone発売

2011年
量子コンピュータ
「D-Wave」開発

2020年
5G開始

2019年〜
COVID-19

出所：ourworldindata.orgなどから筆者作成

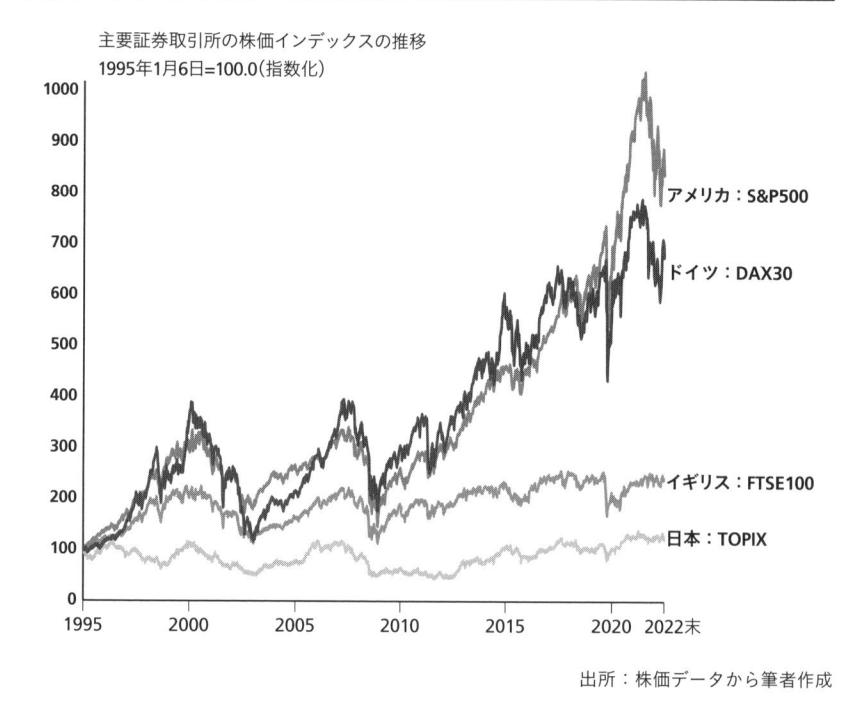

図表16-3│世界の株式市場におけるマーケットインデックスの推移

主要証券取引所の株価インデックスの推移
1995年1月6日=100.0（指数化）

アメリカ：S&P500
ドイツ：DAX30
イギリス：FTSE100
日本：TOPIX

出所：株価データから筆者作成

　そのような中で、企業の経営者にはまさに前例のない経営の舵取りの連続が求められる。経営者は、経営の基本に立ち戻って、事業家として成長と稼ぐ力を絶えず徹底して追求しながら、投資家としてお金の流れを意識した企業経営を行い、企業価値を持続的に創造していかなければならない。

　こうした企業価値自体は直接に観測できないため、日本企業の現状を理解するためにも、その代わりに日本を含む世界の主要な株式市場におけるマーケットインデックスの推移を見てみよう（**図表16-3**「世界の株式市場におけるマーケットインデックスの推移」を参照）。

　1995年1月時点から2022年12月時点までの約30年間で比較すると、アメリ

カやドイツが6〜8倍へと大きく成長しているのに対して、日本は極めて低位の推移を続けている。まさに、事業家であり投資家でもある経営者による経営によって、企業価値を創造する経営が、日本企業には求められている。

　そして、そのような経営は、もちろん短期的な株主資本主義のためではなく、社会の課題や産業の課題を解決しながら、社員の働き甲斐も実現しつつ、長期的で持続的なものとして行われていくべきものなのである。

　社会、経済、産業の構造が大きく変化していき、事業環境がこれまでになく速く大きく変化する時代において、そして有事が平時となって戦略の賞味期間が極めて短くなっていく中で、まさに、お金の流れによって企業経営の全体像を俯瞰して語れる投資家であり、強烈な情熱を持って成長と稼ぐ力を軸とする戦略によって企業価値を創造していける事業家でもある経営者が、日本企業には切実に求められている。

謝辞

　本書は、これまでの銀行とコンサルティング会社での職業経験を通じて、気づき、悩み、考えてきたことをまとめたものです。お世話になってきた諸先輩や同僚からの示唆や支援がなければ、このような形にまとめることはできなかったものばかりです。

　まず、戦略とファイナンスが両輪となって企業の経営が行われていくと、こんなに混沌とした時代においても目の前の霧がさっと晴れ、自信を持って次の高みを目指して進んでいけるんだということを教えてくれた、日本開発銀行（現・日本政策投資銀行）やマッキンゼー・アンド・カンパニーでご一緒させていただいてきたみなさんに、心から感謝いたします。ファイナンスの世界に出会わせていただき、戦略論の世界に誘なっていただいて、人生にわたって取り組んでいけるテーマを授けていただいたという幸せな思いで一杯です。

　次に、経営において実践と理論は表裏一体であることの面白さを教えていただいた、早稲田大学大学院経営管理研究科、京都大学経営管理大学院、大学院大学至善館の先生方および学生のみなさんに、心から感謝いたします。日頃から実務で感じている問題意識が、経営学の理論を通じて説明され証明されたときの清々しさは、何物にも代えられない喜びです。

　そして、この喜びを求め、その喜びを毎週一緒になって味わってくれている早稲田大学大学院経営管理研究科での「戦略とファイナンス」ゼミの学生の方々にも、感謝の気持ちで一杯です。

　また、経済産業研究所の方々からも、日々のセミナーなどを通じて、極めて多岐にわたる分野において、たいへん多くの知的な刺激をいただいております。最先端の分野への接点、そこでの興味深い視座や視点をいただいていることに対して、感謝しきれない思いでおります。

　ダイヤモンド社の藤田悠さんには、その内容や構成について、多くの示唆に

富んだアイデアをいただきましたことに心から感謝しております。また、同社の柴田むつみさんにも、これまでお世話になってきました。

　ここに、これまでご一緒させていただいたみなさまに心からのお礼を申し上げます。そして、本書が読者のみなさまの考える糧として何らかの役に立つようであれば、このうえない幸せです。

　2023年6月

佐藤　克宏

索引

あ行

アクションプラン ··············· 95, 208

アサヒグループホールディングス ········· 62-63,
96, 170-174, 198, 213

味の素グループ ························ 33-34

アスピレーション ···················· 46-47

アナリティクス ················ 107-108, 120-123,
125-126, 128, 210-211

アフターサービス ···················111-113

アントレプレナーシップ ···················128

イケア ······························· 26

意思決定 ········ 8, 36, 109-110, 124-125, 200

一般管理費 ······ 91, 96, 114, 132, 134-135,
140, 156, 158, 171-172, 199, 202, 227

井戸掘り経営 ······················· 78-80

因果関係 ·········· 22, 97, 121-122, 209, 211,
215, 227

インサイト ·············· 52, 151, 194, 209, 211

ウィルWill／スキルSkillマトリックス ······100-101

ウーバー ····························· 26

ウォッチリスト ······················· 76-77

ウォルマート ························· 26

売上原価 ·············· 89, 91, 96, 132, 134-135,
140, 156, 158, 171-172, 199, 202, 227

売掛金 ··········· 70, 88, 91, 93, 132, 142-143,
172, 229

——回転日数 ························229

運転資本··············· 70, 88, 91-92, 95-96, 113,
131, 133-135, 140, 141-143, 171-172, 181,
184, 199

永久還元法 ···················153, 155, 167-170

営業外損益 ·························132

営業活動 ···························133

営業損益 ················132, 167, 218-219

営業利益 ····· 13, 38-39, 57, 63-64, 67-71, 81,
83, 87-92, 95-96, 107-108, 115-117, 131,
134-135, 140-141, 159, 172, 180-181, 217,
219, 233

　　税引後—— →「NOPAT」参照

　　みなし税引後—— →「NOPLAT」参照

エグジット ························· 73-74

エコシステム ·················36-37, 196

エネルギー······43-46, 64, 83-84, 86-87, 179,
211, 213

オフ・ザ・ジョブトレーニング ················ 40

オポチュニティ・コスト··························144

オムロン ·························104-106

オン・ザ・ジョブトレーニング ··········· 40-41

か行

買掛金········63-64, 67, 70, 87-88, 91, 93, 132,
142-143, 172, 229

——回転日数 ························229

会計 ······ 8, 38, 75, 130, 133, 136-137, 181

——基準·················· 8, 133, 136-137

——原則·················· 8, 133, 136

——事務所·················· 75

外部性·················· 53-54

価格発見機能·················· 150

家計簿経営·················· 78-80

可視化·················· 57, 122, 123, 211

貸方·················· 131-132

加重平均資本コスト　→「WACC」参照

稼ぐ力 ·················· 3-4, 6, 8-9, 11-13, 2-24, 31-32, 35-39, 56-59, 62, 71, 82-83, 86, 88-89, 94-95, 97-102, 104, 106-107, 109-111, 113-116, 118, 120, 123, 126, 128, 175-177, 180, 184, 186-188, 190-193, 197, 201-202, 205-206, 208, 210, 212, 217, 219, 233, 235, 238-239

仮説 ·················· 11, 51, 205, 208-209, 212

株式時価総額·················· 48, 116-117, 146-150, 160-165, 167-168, 172, 176, 187-188, 198, 200-201, 232-233

株式市場·················· 71, 146-150, 156, 163, 174, 198, 200-201, 230, 232, 238

株主 ·················· 4, 6-7, 9, 13, 52-53, 57, 89-90, 130-131, 133-135, 139, 144, 146, 149, 153, 156-163, 172, 177, 180-181, 187-188, 192, 197

——価値　→「EQV」参照

——資本コスト·················· 153, 156, 158, 172, 177, 199, 203

——資本主義 ·················· 9, 52-53, 239

——資本の要求リターン·················· 144, 146, 149

——総会·················· 163

借入金·················· 132, 172, 145

借方·················· 131-132

為替政策·················· 51

間接金融·················· 218

機会費用　→「オポチュニティ・コスト」参照

企業価値創造型経営·················· 13, 138, 210, 212, 217

企業価値評価（バリュエーション）·················· 9, 75-76, 130, 138-139, 152, 156-158, 160, 162, 166-167, 169-172, 174, 191, 198, 200-201, 213, 227, 230

企業戦略·················· 23, 29, 222

気候変動·················· 43, 48, 53

機能スキル（ファンクショナル・スキル）·················· 107-110, 114, 116, 118, 120, 122, 123, 126, 128

機能戦略·················· 4-5, 9, 13, 24, 31, 39-40, 192, 210

キャッシュ・コンバージョン・サイクル　→「CCC」参照

キャッシュカウ·················· 58, 62, 68

キャッシュフロー·················· 5-9, 22-24, 31, 35-37, 39-40, 43-44, 46-47, 50, 56, 75, 83, 89, 94-95, 97, 114, 116, 118, 126, 128, 130-131, 134-141, 159-161, 175, 179, 191, 197-198, 204, 210, 212-213, 216, 223-224, 227, 229-230, 233, 235

——経営·················· 137-138

——計算書·················· 70, 88, 131, 133, 138, 145, 170, 172

フリー——·················· 13, 68, 70, 86, 88, 116, 131, 134, 139-142, 152-155, 157-158, 164, 169, 171-172, 175-176, 192, 199-201

業界構造············ 12, 170-171, 190-195, 197, 199, 202, 209
　　──変化ストーリー ················193-194
業績評価·················· 29, 100-101
業績連動報酬···················· 62
業績をめぐる対　→「パフォーマンス・ダイアローグ」参照
競争環境··········· 12, 25, 28, 109, 170-171, 190-192, 195, 197, 199, 202, 209
共通言語········· 8-9, 12, 130, 136, 138, 211, 225, 227
共有価値····················· 98-99
拒否権··················· 163, 165
銀行········· 4, 6-7, 13, 57, 130-131, 133-135, 144-145, 159, 204, 218, 240
金融緩和·············· 167, 203, 209
金融工学（フィナンシャルエンジニアリング）
　　··················· 203, 210, 230
金融政策·············· 51, 209, 235
金利········ 139, 142-144, 147, 150, 154, 172
グーグル····················· 27, 30
クラウドエンジニア ················122
クレジットスプレッド········ 144-145, 199
経営権··················· 163, 165
経営資源配分········· 5, 23, 31, 193, 208, 229
経営理念······················ 79
経験学習·············· 77-78, 80-81
経済政策··················· 209, 235
経常損益··················· 132, 218
継続価値　→「CV」参照
原因行為··················· 7, 22, 97
減価償却費········· 63-64, 67, 70, 87-88, 96, 131-132, 134, 140-141, 167, 172, 186

原価積み上げ型 ···················· 39
現金········· 10, 93, 105, 130, 132-134, 140, 142, 156-157, 161-162, 172
　　──主義·····················133
　　──同等物········ 156-157, 161-162, 172
研修················· 40-41, 101-102
検証······· 11, 50, 51, 84, 190, 192, 193, 205, 206, 208, 209, 212
現預金······················· 10
コア事業·············· 58-59, 203
公正な価格（フェアプライス）··················111
高度経済成長期··············· 217, 220
購買・調達········ 24, 39-40, 76, 107-108, 112-116, 193, 202
効率性·········· 58, 107, 114, 126, 127
ゴーイングコンサーン ········ 49, 140-141
コーチ················· 41, 101-102
コカ・コーラ··················· 26, 30
顧客満足··················· 111, 113
国内総生産　→「GDP」参照
コスト効率·········· 112, 114, 123, 126
コスト削減··········· 39-40, 58, 116, 118
固定資産··········· 90, 132, 162, 172
　　無形──······ 91-92, 95-96, 131, 133-135, 181, 184, 199
　　有形──···· 68, 70, 86, 88, 91-92, 95-96, 131, 133-135, 172, 181, 184, 199
固定負債··················· 132, 172
コニカミノルタ·····················215
個別最適······················112
コマーシャルペーパー··················145
コミュニケーション ········· 112, 205-206, 208
コンサルティングファーム··················75-77

コントローラー ……………………………229
コントロールプレミアム …………163-165, 174
コンパラブルズ →「類似比較企業」参照
コンピュータサイエンス ……………………122
コンプス →「類似比較企業」参照
コンプライアンス ……………………………190

さ行

サイクル ………………50, 201, 204, 221-222
在庫 ……………112, 113, 116, 118, 123, 132,
　142-143, 229
　　──マネジメント……………………113
最終利回り ……………71, 144-145, 147-149
最適資本構成…………………… 177-178, 199
財務改革…………………… 190, 201, 203-205
財務活動……………………………………133
財務三表……………………………………131
財務諸表…………………… 94, 136, 138, 190
財務戦略………………………4-5, 13, 24, 192
財務比率……………………………………145
債務不履行…………………………… 144-145
サインポスト………………………………193
サステナビリティ………43-46, 48-50, 209, 235
サプライチェーン …………………5, 24, 39, 45, 55,
　107-108, 111-113, 116, 118, 123
産業構造 ………25, 28, 51, 55, 59, 197
参入障壁 ……………………………………38
事業家………3-4, 9, 12-13, 188, 233, 235,
　238, 239
事業改革………………190, 201-202, 204-205
事業価値 ………………… 58, 134, 228
事業環境……… 9, 11, 23, 29, 51-52, 62, 218,

235, 239
事業管理……………………………………229
事業機会……………………53-55, 178, 212
事業セグメント……………… 57, 62-64, 67, 87
事業売却………………11, 73-74, 84, 86, 202
事業ポートフォリオ ………5, 23, 31-32, 35-36,
　56-60, 62-67, 71, 82-84, 86-87, 105, 193,
　201, 203, 208, 220
事業用資産…………131, 134, 160-161, 184
資金調達…………5, 57, 90, 131, 133, 136, 149,
　160-161, 177, 184, 191, 197, 201, 204,
　229, 230
　　事業用──……………………………184
自己資本利益率 →「ROE」参照
資産 ………4, 13, 63-64, 83, 87-88, 130-135,
　137-138, 160-162, 172, 184, 197
自社株買い…………………………………139
市場ビュー……………156-157, 174, 198, 200
市場創造……………………………37-38, 54
資生堂………………………………115-119
持続可能性 ……………………44, 49, 53
持続的な差別化 ………………37-38, 54, 192
持続的な成長………27-28, 31-33, 43-46, 56,
　82, 84, 190, 203, 215
実現可能性 ……………………… 76-77
実効税率………………71, 141, 150, 172, 181
シナジー…………………………74-76, 78-82
支配権……………………………… 163, 165
資本資産価格付けモデル →「CAPM」参照
資本市場………………………150, 167, 230
資本の部 …………………… 131-133, 137
シミュレーション ………9, 125, 186, 195-196,
　202-203, 213, 227

指名委員会 ··224
　　——等設置会社·······························224
社債 ················ 131, 135, 144-145, 172, 204
　　——権者··········· 4, 7, 13, 130-131, 133,
　　144, 159
社風 ···98-99
宗教 ···209
需要予測 ············· 112, 113, 116, 118, 123
少数株主持分（非支配株主持分）
　　·······································156-157, 172, 192
商標権　→「NPV」参照
証明責任 ···114
ショートリスト ··76
職務説明 ···101
食料・栄養・農業 ····················43-46, 179
ジョブ・ディスクリプション ··················101
人権 ···44, 48
人口減少 ··62
新興国における中間層 ························43-46
新興国の台頭 ······································43-46
人口増加 ·······················43-46, 82, 217-219
人材 ············· 5, 45, 74, 81-82, 98-101, 104,
　　118, 122, 128, 221-223, 225
　　——マネジメント·········· 4-5, 13, 24, 192
新自由主義 ··52
深層学習 ···120, 125
信用リスク ···145
水道哲学 ···217
スキル ········· 3, 40-42, 46, 59, 73-77, 100-102,
　　107, 109, 126-127, 197, 225
ステークホルダー···········11, 53, 76, 205-206
　　——資本主義···································53

ストーリー ········· 9, 11, 193-195, 209-210, 212,
　　215, 223
ストック ···131
スプレッドシート·········200, 212-213, 227-228,
　　231
3M ··44
成功の要因（Key success factor）······195-196
生産計画 ·······································112-113, 123
生成 ···122, 124
製造原価 ·······························39-40, 89, 132
成長 ············· 3-4, 6-13, 22-24, 27-29, 31-33,
　　35-36, 43-46, 56-62, 65, 68, 71, 73, 79-80,
　　82-84, 86, 88-90, 106, 110, 115-116,
　　118-120, 126, 154, 156, 175-180, 182,
　　186-188, 190-193, 197, 201-203, 205-206,
　　208, 210, 212, 215, 217-220, 223, 233,
　　235, 238-239
成長率················ 57, 72, 106, 153-156, 158,
　　168-170, 172, 178-180, 186-187
　　　売上高——······· 56-57, 60-61, 63-64,
　　67, 71-72, 87, 105-106, 171-172, 179,
　　187
生物多様性 ·······································45, 48
セグメンテーション ·························123, 125
節税効果 ···························149-150, 178, 203
設備投資 ································· 10, 171-172
7S ···98-99
千切り経営 ··78-80
センサー ··122, 125
潜在力（ポテンシャル）·····················65, 192
全社戦略·················3-5, 9, 11, 13, 23-24, 29,
　　31-32, 35-37, 41, 43, 50, 73-77, 82-84, 86,
　　192-193, 197-198, 200, 202, 208, 210,

222-223
全体最適 ……………………………………112
戦略施策 ……… 95, 192, 208, 212-213, 228
戦略の自由度 ………………………………114
戦略の全体構造 …………………5-6, 13, 22-24
組織運営 ……………… 4-5, 13, 24, 98-100, 192
組織スキル …… 4-5, 13, 24, 40-42, 98-100, 192
組織体制 ………………… 4-5, 13, 24, 98-100, 192
組織縦割り …… 7, 29, 112, 221, 223-224, 233
ソフトウェア ………………………10, 91, 93, 133
損益計算書　→「PL」参照
　　予想── ……………………………152, 169

た行

ターゲット企業 ……… 73-77, 80-81, 190-191
貸借対照表　→「BS」参照
　　予想── ……………………………152, 169
退職給付債務 ……………………156-157, 192
ダイナミック・プライシング …………………123
ダイバーシティ ………………45, 48, 197, 235
対話 …… 11, 52, 205-206, 208-210, 212-214
正しい質問 …………… 109-110, 114, 209, 225
脱炭素化 ………… 43-45, 48, 84, 179, 209
棚卸資産 ……70, 88, 91, 132, 142-143, 172
　　──回転日数 …………………………118, 229
単価 ……… 89, 114, 171, 179, 200, 202, 227
小さな池の大きな鯉 ……………………… 38
地球環境 ………………………35, 48, 53, 235
地政学 ………………………… 51, 209, 235
中央値 ……… 160, 162, 164-165, 170, 234
強み ……… 33, 35-38, 45-47, 50, 54, 66,
　　73-76, 83-84, 102-105, 192, 197, 203

ディール ………………… 75-81, 171, 191
提供価値 ……………… 37-39, 54, 111-112
ディスカウント ……………………………142
　　──キャッシュフロー法　→「DCF法」参照
　　コングロマリット── …………………… 58
定性評価 ……………………………………197
定量評価 ……………………………………197
データエンジニア …………………………122
データサイエンス ……… 120, 122, 125
データサイエンティスト …………………122
テクノロジー ………65-66, 83, 126-127, 235
デジタル ……… 5, 45, 83-84, 86, 88, 120-128,
　　210-211
　　──・アンド・アナリティクス
　　…………………………………107-108
　　──トランスフォーメーション（DX）
　　……………………… 84, 126-128, 215
手数料 ………………………………78, 80
テスラ …………………………………26, 48
テトラパック …………………………… 26
デューデリジェンス ……… 75, 82, 171, 190-191
　　セルフ・── ……190-192, 197-201, 204
　　ビジネス・── …………………190-191
デュポン …………………………………109
投下資本 ……… 38, 57, 71, 81, 89-92, 94-97,
　　105, 134-136, 160-161, 175, 177, 180-181,
　　184, 186, 199, 233
　　──利益率　→「ROIC」参照
当期損益 ……………………………………133
　　税引前── …………………………132
当期未処分利益 …………………………133, 137
東京証券取引所 …… 146, 167, 187, 206-207,

233

当期利益……13, 89, 131, 135, 137, 150, 172, 188, 217

倒産確率　→「PD」参照

倒産時損失率　→「LGD」参照

倒産リスク……………………………178

投資家…………3-4, 7-9, 12-14, 27, 49, 89-90, 119, 130, 132, 135-136, 139, 149-151, 156-158, 168-169, 180-181, 186, 188, 197-198, 200-201, 204-208, 210, 213, 215, 219, 230, 233-234, 238-239

投資活動……………………………133

投資銀行…………8, 73, 75-78, 80, 136, 225, 227-228

投資ファンド…………7-8, 52, 136, 203, 225, 227-228

透明性………………………111, 113

トータルコスト……………………112-113

特別決議……………………………163

特別損益……………………………132

都市化……………………………43-46, 82

特許……………………91, 99, 133, 197

トップダウン型……………127, 222-223

トランスレーター……………………127-128

取締役……………………………62, 224

　　――会……………………………224, 226

　　社外――……………………………62, 224

取引仲介機能………………………150

ドローン……………………………125

な行

内部格付け…………………………145

内部留保……………………4, 13, 139

ニッチ市場…………………………38

ネスレ……………………………26

のれん…………63-64, 67, 87, 91, 93, 96, 181

は行

パーパス………………5, 25, 52-55, 234

買収価格……………………………79-80

買収交渉……………………………75, 82

買収後の経営………………………75, 81-82

配当（金）…………132-133, 137, 139, 147

発行済株式総数………………156-157, 172

発生主義……………………………133

パフォーマンス・ダイアローグ（業績をめぐる対話）………………208-209, 211

バブル経済…………………………218-220

バリュー………4-5, 9, 13, 23-25, 28-31, 33-34, 111, 192, 195-196, 208, 210, 223

バリューチェーン……………51, 195-196

バリュエーション　→「企業価値評価」参照

販管費………………89, 96, 171-172

反証責任……………………………114

販売・輸送・配送…………………112-113

販売費………40, 91, 96, 132, 134-135, 140, 156, 158, 171-172, 199, 202, 227

ピーター・ドラッカー……………………110

ビジョン………4-5, 9, 11, 13, 23-26, 28-29, 31, 33-35, 53-54, 75, 126-127, 192, 208, 210, 215, 223-234

日立製作所…………………66, 74, 82-88

ビッグピクチャー……………………………49

ファイナンス………3, 7-9, 12-13, 22, 92, 94,

97, 107-108, 136-138, 146, 150-151, 187, 225, 227, 229-232
　　コーポレート——……………………138, 230
フィナンシャル・アドバイザー…………75, 191
フィナンシャルエンジニアリング　→「金融工学」参照
フェアプライス　→「公正な価格」参照
フォロワー……………………………………102-103
不確実性（リスク）…………51, 144, 146, 191, 193, 235
負債………………4, 6-7, 13, 57, 130-135, 139, 144-145, 149-150, 156-157, 159-163, 172, 177-178, 180-181, 199, 203-204
　　——コスト………153, 158, 172, 177, 197, 199, 203
　　——の提供者………7, 89-90, 130-131, 134, 139, 144, 149, 156, 159, 180-181
　　——の部…………………………………131-133
　　——の要求リターン………144-145, 149
　　——比率　→「DEレシオ」参照
富士フイルム……………………47, 65-72, 85
普通決議………………………………………163
プライシング………………………………39, 111
　　バリュー・ベース・——………111-112
プラネタリー・バウンダリー……………… 54
ブランディング………………………………110
振り子………………………………31-32, 223
ぶれない約束………………………………110-111
プロジェクトマネジメント…………………128
プロフィットプール………………………195-196
平均回帰性…………………………………180, 182
β（ベータ）………71, 146-148, 158, 199, 232
ベスト・オーナー……………………………74, 202

ヘルスケア………34, 43-46, 55, 64-65, 67, 69, 104, 179
法人税………………………70, 88, 132, 172
　　——等調整額…………………………181
法律事務所………………………………… 75
簿価………………149-150, 156, 161-163
ボトムアップ型……………………………127, 222-223

ま行

マーケット・インデックス…………146-149, 232
マーケットシェア……………………38, 178-179
マーケティング………3, 23-24, 39, 76, 107-111, 115-116, 118, 123, 202
マイクロソフト………………………………… 26
マインド……………………………………41, 126-127
マクロ経済………………………4, 51, 194, 235
松下幸之助………………………………………217
マルチプル法………78, 80, 152-153, 158-170, 172, 174
ミッション…………4-5, 9, 11, 13, 23-31, 33-35, 53-54, 192, 208, 210, 215, 223, 234
ミルトン・フリードマン…………………… 52
無借金企業………………………………………203
メインバンク……………………………………204
メガトレンド………4, 11, 35, 43-48, 50-52, 65, 73, 82-84, 178, 203
メンター………………………………41, 101-102

や行

役員賞与……………………………………133, 137
有利子負債…………131, 135, 145, 149-150,

156-157, 161-162, 172, 184, 192

　純—— ·············156-157, 160-162, 165, 167-168, 172, 233

ユニバース·························76-77, 110

予知メンテナンス·····················123-125

ら・わ行

羅針盤···············9, 11, 25, 27-28, 33, 210

リキャピタリゼーション ···························203

　リーダー ·········47-48, 83, 102-103, 158

　リーダーシップ·····················102-103

　カリスマ——·····················102-103

　シェアード——·····················103-104

　トランザクショナル——·············102-103

　トランスフォーメーショナル—— ····103-104

利益金処分 ························133, 137

リスク ·········10, 57-58, 125, 142-148, 190, 193, 231-232

リスクフリーレート·······71, 144-149, 173, 199

リスクプレミアム··········71, 146-149, 173, 199

利払前税引前償却前利益　→「EBITDA」参照

流動資産················131-132, 135, 162, 172

流動性提供機能·····························150

流動負債·····························132, 172

理論株価····152, 156-157, 172, 174, 198, 200

類似比較企業 (コンパラブルズ/コンプス)

·················160, 162, 164-166, 174

レコメンデーション ·····················123, 125

連結営業利益·····························90

ロボティクス·····················122, 125

ロングリスト·····························76-77

割引 ·············139, 142, 153-154, 158

——率 ·····················153, 168

アルファベット

AI (人工知能)···············50, 120, 122, 125

BASF·····························225-226

BS (貸借対照表) ·······4, 13, 130-135, 137, 145, 149-150, 152, 161-162, 169-170, 172, 180, 191

CAPM (資本資産価格付けモデル) 理論 ·················· 71, 146-147, 231-232

CCC (キャッシュ・コンバージョン・サイクル) ·························· 116, 118, 229

CFO (Chief Financial Officer)·······229

CoE (Center of Excellence)·················41

Corporate Academy ·····················41

CV (継続価値) ·············152-155, 157-158, 169-173, 193

DAX30 ·························146, 238

DCF法 (ディスカウントキャッシュフロー法) ·········78, 80, 130, 138, 152-153, 156-158, 163-166, 169-171, 174, 231

DEレシオ ·····························178

EBITDA (利払前税引前償却前利益) ····· 56-57, 63-64, 67-68, 87, 159, 162-169, 174

——マルチプル ·············78, 80, 162-164, 166-168, 174

EQV (株主価値)·······152, 156-157, 163-164, 172, 192, 198, 200

EVA ·························81-82

FT100·····························146

GDP（国内総生産）··········· 10, 57, 153, 180, 217-218, 235-236

How-to-compete ················· 37, 54, 75

IT 107-108, 116, 148

LGD（倒産時損失率）························145

M&A ········· 5, 11, 66, 68, 73-82, 84, 86, 141, 167, 171, 178-179, 190-191, 203

──スキル ······························ 78, 81

プロアクティブな────··················· 73, 76

NOPAT（税引後営業利益）····· 38, 91-92, 181

NOPLAT（みなし税引後営業利益）········ 181

NPV（正味現在価値）····················160-161

OECD ································144

Order-to-Delivery ·······················111

PD（倒産確率）························145

PL（損益計算書）········ 83, 130-131, 134-135, 137, 180, 191, 217, 219

PL&BS一体型思考 ········· 89, 130, 134-135, 180, 219, 233-234

PMI（Post Merger Integration）············ 79, 81

ROE（自己資本利益率）········· 89, 188, 217

ROIC（投下資本利益率）········38-39, 56-57, 59-64, 67, 71-72, 83, 86-87, 89-92, 94-97, 104-106, 118, 136, 175-177, 180-181, 184-187, 208, 219, 233

──スプレッド ····························· 71-72

──分解ツリー········· 91-92, 94-97, 105

Royal DSM ······························ 44

S&P500 ·····························146, 238

SCM ·································116

TOPIX ···················· 117, 146, 149, 238

WACC（加重平均資本コスト）········6, 56-57, 59-61, 63-64, 67, 71-72, 81, 87, 90, 94,

106, 118, 136, 149, 152-155, 158, 168, 171-172, 175-177, 181, 184, 186-187, 199, 201, 203, 233

What-to-compete ························37, 54, 75

Where-to-compete ·······················37, 54, 75

著者略歴

佐藤克宏（さとう・かつひろ）

早稲田大学大学院経営管理研究科（早稲田大学ビジネススクール）教授

慶應義塾大学法学部法律学科卒業、スタンフォード大学大学院修士課程修了、京都大学経営管理大学院博士後期課程修了（博士、経営科学）。

1995年、日本開発銀行（現・日本政策投資銀行）入行。2006年、マッキンゼー・アンド・カンパニーに入社し、20年近くにわたり同社パートナーなどを歴任。資源・エネルギー・素材業界グループのリーダーとして、戦略的視点での企業変革、新規事業立ち上げ、ビジネスモデル構築、デジタル・アンド・アナリティクス、B2Bマーケティング、M&A、組織的なケイパビリティ構築などの領域でおもに日本企業を支援してきた。

マッキンゼー時代から大学で教鞭をとり、2014年度に「早稲田大学ティーチングアワード」、2020年度に「京都大学経営管理大学院 優秀教育賞」を受賞するなど、講義のクオリティにも定評がある。2023年4月より現職。そのほか、独立行政法人経済産業研究所（RIETI）コンサルティングフェロー。

近年は、「企業価値評価のバイブル」として世界累計80万部超を誇る『企業価値評価』（マッキンゼー・アンド・カンパニー他著、ダイヤモンド社）シリーズの翻訳チームでリーダーを務めてきた。本書が初の単著となる。

戦略としての企業価値

2023年6月6日　第1刷発行

著　者───佐藤克宏
発行所───ダイヤモンド社
　　　　　〒150-8409　東京都渋谷区神宮前6-12-17
　　　　　https://www.diamond.co.jp/
　　　　　電話／03-5778-7233（編集）　03-5778-7240（販売）
ブックデザイン─竹内雄二
DTP────ニッタプリントサービス
校正────鴎来堂
製作進行──ダイヤモンド・グラフィック社
印刷────勇進印刷
製本────ブックアート
編集担当──藤田悠（y-fujita@diamond.co.jp）

本書の感想募集

感想を投稿いただいた方には、抽選でダイヤモンド社のベストセラー書籍をプレゼント致します。▶

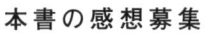

メルマガ無料登録

書籍をもっと楽しむための新刊・ウェブ記事・イベント・プレゼント情報をいち早くお届けします。▶